故事交大

范祖德 著

内容提要

本书作者在上海交大任职中层领导至校级领导达40余年，1996年离休后仍潜心上海交大校史研究，本书是作者已经发表和最近新作的有关上海交大历史文化、改革发展、人物春秋及个人感悟的文章集结。本书内容丰富，语言流畅，可读性强，可供高校工作者及青年学生阅读。

图书在版编目(CIP)数据

故事交大/范祖德著. —上海:上海交通大学出版社,2016

ISBN 978-7-313-14975-6

Ⅰ.①故… Ⅱ.①范… Ⅲ.①上海交通大学—校史

Ⅳ.①G649.285.1

中国版本图书馆CIP数据核字(2016)第110977号

故 事 交 大

著　　者:范祖德

出版发行:上海交通大学出版社　　地　　址:上海市番禺路951号

邮政编码:200030　　电　　话:021-64071208

出 版 人:韩建民

印　　制:上海景条印刷有限公司　　经　　销:全国新华书店

开　　本:710mm×1000mm　1/16　　印　　张:23.25　插　页:6

字　　数:315千字

版　　次:2016年6月第1版　　印　　次:2016年6月第1次印刷

书　　号:ISBN 978-7-313-14975-6/G

定　　价:69.00元

版权所有　侵权必究

告读者:如发现本书有印装质量问题请与印刷厂质量科联系

联系电话:021-59815625×8028

1896年大清国高官盛宣怀上奏光绪皇帝要在上海创建现代大学，培养“致远”人才，取名“南洋公学”，光绪核准，批示所需经费，由政府“按年拨给”。照片中端坐者为盛宣怀，白色碑石为奏折“请设学堂片”。盛氏雕像和碑石置于上海交通大学闵行新校区。

福开森（1866–1945），美国人。1897年–1902年任南洋公学监院、西学总教习，大力负责引进西学。福开森后任民国北洋政府和南京政府顾问。1941年日军偷袭珍珠港。福开森在北京被日军扣留，因年高遣返美国，1945年在美逝世。

唐文治（1865–1954）。从1907年起到1920年担任交大校长长达13年，办学思想“中体西用”，为早期交大的办学作出重大贡献。唐文治是著名儒学大师，离开交大后任“无锡国学专修学校”校长。建国后陈毅市长尊称唐文治为“上海十老”之一。

一百多年前坐落上海徐家汇地区“交通大学”的大门。当时校名：南洋公学。大门马路对面为法国在中国半殖民地——上海法租界。交大师生每天面对的是中国国耻之一。

①中院（右上）。已跨越三个世纪的教学楼。
②体育馆（右下）。1925年建成。
③工程馆（左上）。由斯洛伐克建筑名师邬达克（上海南京路国际饭店设计者）设计，1931年建成。
④上院（中间）。1953年拆除后新建了“新上院”。
⑤总办公厅（体育馆左上）。中国建筑师庄俊设计。1933年落成。以中国第一位出国留学生容闳为楼名：容闳堂。

从1985年起上海交大在闵行创建新校区。这是建在莲花南路上的新校门。

1993年闵行新校区初期的一部分。远处最高建筑为物理大楼。中间为包玉刚图书馆。右边为教学楼。中为思源湖。当时在校学生7000人。

发展至2013年底，全校占地4839余亩（闵行校区3876余亩），各类建筑181.44万平方米（内闵行校区110万平方米）。

中院。老交大的教学楼，由福开森1898年设计、监造。建筑面积4950平方米。近代名人蔡元培、李叔同（弘一法师）等曾住宿在此。

闵行校区的教学科研楼群之一，右为海洋深水实验池国家重点实验室，左为2007年建成的以赵锡成夫人赵朱木兰命名的“木兰船建大楼”。

老交大学生在做物理实验。学生称交大的“普通物理”课为“霸王课”，学时多、习题多、实验多、要求严。新中国建立后，交大保持这一传统，“基础厚”体现之一。

图为设在交大的国家重点实验室的海洋深水试验池，工作井深40米。照片显示正在做风浪流环境下的深海平台试验。

交大老图书馆。1916级毕业同学发起集资兴建。唐文治校长上报民国政府黎元洪大总统批准。黎元洪本人捐1000大洋，无锡荣氏家属捐10000大洋。1919年落成。建筑面积2687平方米。1934年扩建书库550平方米。现为交大校史博物馆，属历史保护建筑。

新图书馆。闵行校区发展至在校学生近4万人，1993年建成的12000平方米包玉刚图书馆已不能满足需要。2007年乃建成新的图书信息中心，建筑面积57000平方米。

老体育馆。建成于1925年。2957平方米。底层设温水游泳池、健身房。二层为篮球场。三层设室内环状跑道。室顶玻璃天窗，采光、节能。建成之时，为中国高校之最。黎照寰校长聘申国权为体育主任。申为韩国人，当时也有中国国籍，是中国1932年第一次参加奥运会的6位代表之一。

闵行校区新体育馆。7600座观众席，建筑面积21000平方米。图为毕业典礼上张杰校长致词。

闵行校区还有香港胡法光校友赠建的“光明体育场”，6000座观众席，具有符合国际比赛要求的田径场和足球场。2014年又建成室内游泳池。

1928年铁道部部长孙科兼任交大校长，提出交大建设“十年规划”，学生宿舍列为重点。这幢4326平方米的学生宿舍，1930年1月竣工。为纪念追随孙中山英勇就义的革命者朱执信，定名执信西斋。即将毕业的1930届学生首先入住，他们毕业时为感谢母校，集资在“西斋”前捐建“饮水思源”纪念碑。

建在闵行校区涵泽湖边的交大学生公寓群。从1987年交大闵行新校区启用起，交大学生比较沪上大学学生宿舍称：住在交大。

为缅怀一百年来为中国的民族独立、人民幸福、国家富强而献身就义的交大师生、校友中的先烈，1991年在徐汇校园建立“英烈群雕“纪念碑。

一百年来的先烈（部分）

白毓崐 师范院学生。辛亥革命时1911年组织滦州起义失败，1912年1月被捕，拒绝下跪被斩断一条腿，壮烈就义。

陈虞钦 附中学生。1925年5月30日参加反帝大游行，在南京路上被英国巡捕枪杀。

候绍裘 土木科学生。1927年北伐成功，国民党接着“清党”反共。4月11日候任中共江苏省委负责人时被害，遗体沉入秦淮河。

钟森荣 电机科学生。曾任第四军政治部副主任，1927年参加广州起义失败殉难。

陈育生 电机科学生。曾任本校中共支部书记。参加1927年上海三次工人武装起义。1931年在开封被捕就义。

周志初 电机科学生。归国华侨。1931年任中共闸北区委书记时被捕，逝于狱中。

杨大雄 机械科学生。在重庆交大参军抗日，任79军少校翻译官。1945年6月2日与美军上校在柳州前线遇日寇殉难。

杨　朝 机械科学生。中共党员，著名“新闻巨子”，民主斗士，1945年被国民党特务逮捕，折磨而死。

穆汉祥 电机系学生。本校中共地下党总支委员。1949年4月30日在虹桥路上饮食小店遇特务被捕。5月20日就义。

史霄雯 化学系学生。本校学生自治会委员。1949年5月2日在电车上遇特务被捕，5月20日就义。

陈伯康 工管系教授。1949年5月在上海工商专科学校讲课时特务闯入教室抓捕学生，陈仗义执言，一起被抓。5月22日被抛进黄浦江殉难。

曹　炎 电机系学生。在校参加学生运动，被列入“黑名单”，1947年回湖南故乡，参加游击队，1949年6月3日在战斗中牺牲。

薛传道 重庆交大土木系学生。中央工业大学教授，国民党中央候补监委。因反对国民党政策，1949年5月25日被捕，关在重庆渣滓洞，11月27日与180位难友同在歌乐山被杀害。

“文革”后，“老交大传统”得到平反。上海交大重视文化传承和校史研究。1986年与西安交大合编《交通大学史》。之后上海交大陆续出版《上海交通大学志》，《上海交通大学纪事》，《上海交通大学史》（八卷），《民主堡垒》，《青春犹在》（烈士传）《交大老教授》等数十种校史著作。

2005年交大一部分校史工作者访问延安。照片的背景为延安大学的窑洞。校方介绍窑洞现为学生宿舍。第二排左5位为原校党委书记、校史编纂委主任王宗光。

前　言

2002年我用随笔、故事的形式撰著了一部《风雨交大》，写交大百年的人与事。

由于参加一点校史研究和担任离休干部支部工作，仍能了解学校发展和改革的一些情况。人虽已到晚年，自觉头脑还没有糊涂，体力也能支撑思考，于是十年来又写了不少故事、随笔、杂文等，有长达万余字，也有一页不到。主要涉及交大的历史和人物；也有几篇写我来交大前的经历和退下来后如何过日子？如人生思考、游记等。就这样集结在一起取名《故事交大》。

张杰校长引用《周易·泰卜》："天地交而万物通，上下交而其志同"，表达交大文化的核心意境，交大人的"万物通"和"其志同"。我在交大60年整，《故事交大》或许能为现在的交大人穿越历史看看交大人、前辈、先贤和离我们还不远的同事、同学，他们的探索、追求、奋斗、拼搏。

《故事交大》出版过程中得到上海交通大学党史校史研究室、档案馆、宣传部、校刊室、基建处、校友会、老干部处等支持；得到朱积川、蒋宏、周陆瑛、浦芳等同事和肖宇、许斯婷、史梁、梅寒雪等研究生的协助，特此表示感谢。

《故事交大》中有几篇写就后由于各种原因过了相当长时间才发表，因此在文末注明写作日期与发表日期，有的写就后未发表。

《故事交大》的大部分文稿曾刊载在《上海交大报》和《思源》杂志，以及《解放日报》、《文汇报》、《新民晚报》和有关书刊上。写稿子是准备给别人看的，写到的真人真事，要慎重，不可信口开河；少写空话、套话、废话；读起来要通顺，事实要有根据，观点要经得起推敲。我努力如此做，但难免仍有不实、不妥、不通之处，请看到《故事交大》的同志、同事、同学、朋友、读者指正。由于本书收集的每篇都是独立的，不同主题，且写在不同年月，内容难免有重复之处，敬请见谅。

范祖德

2016 年 4 月

目录

历史文化篇

改革开放篇

人物春秋篇

附　录

历史文化篇

论交大传统*

——上海交大校史的亮点

近代中国大约10所左右的大学不时对国家政治、经济、文化发生重大影响，交通大学是其中之一。这几所大学能推动中国的前进，也能把社会搞得昏天黑地。五四运动主力是北大，一二·九抗日运动清华带了头，解放战争时蒋管区的“民主堡垒”是交大，“文革”灾难的第一张“马列主义”大字报出在北大，1989年政治风波首发地又是北大……。研究这几所高校及其历史，不只是一个过去问题，也是一个现实问题。一流大学的“一流”影响是历史的凝聚与积累，不会凭空冒出来的。

如何建一流大学，如何稳定校园，使学生受到最好的教育，能培养出各方面的创新人才和领袖人才，要研究高校历史。交大的人应该了解交大的史。

现在校史研究中有二种现象。一是造假拔

---

* 2005年11月19日，作者曾以本文为提纲，在闵行校区对部分学生作报告。

高。一所城市有一位清代高官办了一所知名“书院”，这个城市的一所学校就嫁接上去，成为全国历史最悠久的高校，电视上出现这位高官的画像似乎就是他们学校的创始人，主管部门办事者不了解历史，你怎么报我就怎么发贺电。也有学校把没有关联的事拿来当做校史……。校史可以作假，试想如有人冒称是他们学校的毕业生，岂不成了假对假。

二是自我贬低。1986 年版交大校史把盛宣怀办交大定位为“封建主义文化和帝国主义文化结成同盟的洋务运动产物，为洋务运动的兴衰作了陪葬”。交大成了洋务运动的陪葬品真是不可思议的自贬。

校史研究的造假拔高是为了增加底气；自我贬低又是为了什么？只能说是史学研究中“左”的理论在作祟。当然上面二种情况不是主流。校史研究必须以事实为依据，讲述校史上的亮点，既是尊重前辈，也能鼓舞当今；研究校史上的曲折，或可作为借鉴避免发生失误。

一、老交大的“老”

1895 年和 1896 年，清末高官、洋务派核心人物盛宣怀先后在天津和上海创办了二所中国最早的现代大学——北洋大学堂和南洋公学。这是中外公认的，教育史上已有定论的中国人自己办的最早的两所大学。老交大的“老”，首先就是历史老。

盛宣怀办南洋公学有明确的办学目的：“自强储才”；有完整的办学理论：“中体西用”；有清晰的培养目标：“致远大才”；有可行的操作办法：“开放引进”。盛宣怀在办学过程中顶住各方压力，克服种种困难，从皇帝到学生他都直接面对，讲道理，做工作，办起了两所大学，而且办成功了，在中国近代史和教育史上留下了开创性一页。盛宣怀是一个有大手笔的爱国的大教育家。1986 年版交大校史把盛氏当作一位没落的官僚来写，没有一处说他是教育家。有一次我问研究盛宣怀的权威、《盛宣怀传》的作者夏东元教授：盛宣怀是不是教育家？答复：“当然是教育家，而且是先进教育家”。为此夏教授专门写了一篇文章发表在人民日报上。

说盛宣怀创办交大时的故事。首先为什么叫南洋公学？当时中国除私塾外，各省、府、县办了不少书院，书院是中学性质，以后也都改称中学。1895年盛在天津办了北洋大学堂。第二年在上海办大学上奏时却叫“公学”。盛说：“西国以学堂经费半由商民所捐，半由官助者为‘公学’”。盛的奏折上说了经费由他筹集，但没有解释“公学”取名的道理。光绪很高兴批了一段：“京师、上海两处，既准设立大学堂，则是国家陶冶人才之重地，与各省捐设立书院不同，着由户部筹定的款，按年拨给，毋庸由盛宣怀所管招商、电报两局集款解济，以崇体制”。就这样，南洋公学一开始定位为“国立大学”。校名问题光绪没有表态，但明确这是办在上海的“大学堂”。光绪批准后，有人问盛氏是否改称“南洋大学堂”，盛说还是叫南洋公学。9年以后即1905年，马相伯先生办复旦，私立性质，仿照南洋，校名也定为“复旦公学”。为什么盛要坚持称“公学”？盛办了北洋大学堂后发现全由国家拿钱就得全听北洋大臣和清政府管学官僚，而和这些人难打交道。而且政局动荡，主管大臣随时可能变化，盛也随时会失去对南洋公学的办学构想和控制。盛的思虑不是多余的，盛创办的天津北洋大学堂（天津大学前身）体制上属天津海关道，完全官办，盛也以天津海关道身份兼任学堂“督办”，但不到一年盛调离天津海关道，督办也由继任海关道的官员接任。盛失去了对北洋大学堂的领导和控制。1902年李鸿章死后袁世凯接任北洋大臣，袁借口南洋公学发生学潮，要盛停办南洋公学，但终因南洋公学不属中央政府具体“部”或什么“道”主管，被盛顶过去了，但招商局、电报局拨的经费由于两局已被袁控制而被袁停发了。盛宣怀取名“公学”起了作用，躲过了袁世凯的封杀，但也留下了后遗症。1901年清政府出台了一个《钦定高等学堂条例》其中没有“公学”的定位，即“公学”是高等学堂、大学堂、还是中学堂，不明确。盛一看苗头不对，当即上奏光绪要求改名为“南洋高等公学堂”，这次光绪批：“管学大臣议”。管学大臣却来了一个议而不决，不了了之。拖了三年清政府才批准改名“商部高等实业学堂”，校名中出现“高等”二字。

盛宣怀办南洋公学定位很高，他千方百计要请最好的名家如：蔡元培、张元济、吴稚晖等中国第一流的人物到南洋任教。他还把已在中国当了九年南京汇文书院院长的美国专家福开森请了过来。这位福开森，当时在中国教育界已很有名气。办学有实绩，又了解中国情况，且会说一口南京话，是一位有真才实学的美国教育家。但请他来担任什么职务？盛自己是一把手叫“督办”，决策者。第二把手叫“总理”，全面管理公学日常事务。然而南洋公学创办初期的重点是引进西学。美国人福开森担任什么职务？盛很灵活，想出了一个新职位：“监院”。1986 年版校史和 1996 年版校志把“监院”说成是“教务长”，其实是不确切的。福氏在南洋开创的四年，从校园选址、购买地皮、总体规划、设计监造都是福开森自己动手完成的。福氏设计监造了当时中国面积最大最现代化的校舍——中院和上院。4 000 平方米的中院迄今仍完好，成为中国高校中唯一跨三个世纪的校舍建筑。1902 年蔡元培从浙江来南洋任特班主任就住在中院三楼。负责学校的基本建设显然和“教务长”这个职务对不上号。而且福氏除了中文教学不管外，南洋公学的教学计划、聘请洋教师、开设体育课、学生保健卫生直到如何办食堂，什么都管。因此以后福氏写的回忆中说：他是“校长”，而“总理”则是董事长，看来这更符合实际。福氏在南洋公学出了名。时任两江总督刘坤一、两湖总督张之洞都聘请他担任总督顾问。福氏离开南洋公学后先后担任北洋政府总统府顾问，出席第一次世界大战后华盛顿会议的中国政府代表团顾问和南京国民政府行政院顾问。他还是上海“新闻报”老闆。现在上海的武康路曾叫福开森路，徐汇校区的大草坪则叫福开森田径场。日本偷袭美国，太平洋战争爆发，他住在北京，日本人把美国侨民都关到山东潍坊集中营，福氏实在年事太高，网开一面留在北京。第二年遣返回美国，过了一年病死。福氏办“新闻报”赚了不少，有本钱收藏和研究中国文物书画。他把一部分文物送给故宫。一部分送给金陵大学，现藏南京大学博物馆，其中有几件珍品，南大称是“镇校之宝”。福氏也送给交大一部分中国文物，这样一位身份极高的外国专家在中国人创办的大学中担任的角色、所起的作用是独一无二的。

讲了盛宣怀，讲了福开森，说交大的“老”，还有一位老夫子一定不能忘记，这就是从 1907 年起担任交大校长达 13 年之久的唐文治。在唐文治之前，10 年交大担任总理、校长的多达 11 人，其中 9 人都只有几个月，有的根本没有到任。好在有盛氏十年的直接控制和福氏四年的实干，有他们制定的办学方针和一系列规章制度，因此尽管校长频繁地换，学校还能坚持下去。唐文治上任后情况就变了。唐是一位清中央政府副部级官员、国学大师、著名大儒，是老夫子一级人物。唐对交大贡献很大；第一：接受美国专家意见把学制整合成与美国 MIT(麻省理工学院)一样。20 世纪 30 年代钱学森到美国 MIT 读书发现交大课程抄 MIT，1985 年钱学森回忆说：“上海交大的课程全体是抄 MIT 的，因此可以说上海交大当时的大学本科教学是世界先进水平”。交大几乎在 20 世纪初学制已与国际最先进的大学“接轨”，乃出于唐文治之手。第二：1911 年辛亥革命，唐文治乘机像各省总督拥护共和自行换旗一样，宣布学校正名为“南洋大学堂”。虽然这个校名民国初期的北洋政府一直没有正面认可，也不敢明确否定，可见唐文治的办学勇气和革命精神是极其鲜明的。第三：唐文治说：“鄙人办学时不自量力，常欲造就领袖人才，造就中国之奇才异能，冀与欧美各国颉颃争胜”。这是多么大的气魄。以后的事实证明唐文治的目的达到了，交大培养出江泽民、钱学森这样一流领袖人才。为了这个目标，唐文治不唱高调，不说空话，采取一系列办学措施。他通过中国驻外使馆，收集各先进国家办学的方法，他继承了盛宣怀的方针、重金礼聘外国专家。在他主持下交大门槛高，基础厚，要求严的教学特点形成了。那时交大属中央业务部门主管，唐校长自己每周坚持讲儒学，提倡体育，每逢比赛，虽然眼睛有疾，仍出现在赛场上加油打气。他认认真真落实“中学为体，西学为用”，是那个年代极难见到的坚持自己教育思想毫不动摇的老夫子。

总之，上面这三位是交大建校初期“老”的标志性人物。时代变了，但今天交大的“新”之中老交大的“基因”还是在起作用。这就是历史，这就是传承，这就是文化底蕴。

“交通大学”这个校名，中国人是很喜欢的，是很值钱的。中国有五所同根生的交大。最近几年国内又出现几所交大，可见中国人对“交通大学”的喜爱。由于“交通大学”没有作为商标进行注册，这几所交大也上了教育部的大学官方名单。

二、传统问题

讲交大校史离不开讲交大传统。高校传统是历史问题，也是教育学的理论问题，还是一个现实问题，在“左”的年代更是政治问题。文革初期“四人帮”张春桥曾几次说“要把老交大兜底翻”，就是要把老交大的传统、老交大的文化彻底革掉。1966 年文革开始，我因为鼓吹老交大传统，在 1966 年 8 月的全校斗争大会上差一点送了性命，由于职工的一支队伍挡住了打手，命是保住了，也引起我对传统问题的思索。什么是传统？离休后，2000 年 6 月先后写了两篇关于“老交大传统故事”的文章，发表在校刊，收集在“风雨交大”一书中。“传统是历史，是岁月的长期积累又经过实践反复检验形成的历史概念。一个民族、一个地区、一个单位的好的老传统能够用简练而又清晰的文字表达时，是一种无形的精神财富、凝聚力，可以转化成物质力量”。“后来主事者对传统要谨慎，简单否定，任意增删，乱扣政治帽子都不可取；也不可任意把一个政治概念宣布为‘传统’，也不能用某一方面好的传统来排斥其他方面好的传统。讲传统绝不可固步自封，墨守成规。传统既然是一个历史概念，因而也是发展的、变化的。现实生活中提出的许多新的问题，并不是用老传统都能求解的，要不断解放思想，不断创新”。

通过几年来的观察，传统问题上这些观点，好像能站住脚。教育部教学评估专家们 2001 年来交大时，他们肯定老交大传统的内涵。这几年继续思索，又有一点所得，写在下面：

一是教学传统。“门槛高，基础厚，要求严”是老交大教学传统非常精确的表述，通俗、传神、上口、易记，很个性化，经过千锤百炼在中国是独一无二的，是交大的招牌，是交大人的骄傲，要爱护，要宣扬。如果说有什么问题？今日交大门槛可能没有过去高了，基础没有过去厚了，要求没有过去严了。总之交大教学传统，千万不要褪色，更不要搞砸了。

二是精神传统。改革开放以来，学校一直在提倡“饮水思源”，以后上海交大又加上“爱国荣校”，一共八个字。这是交大人的精神传统、人文传统。一百年来在交大学习过工作过的人都认同，也深入人心。“饮水思源”抒发着诗情画意的动态情景，与交大是剪不断的感情上的“传统”。新竹交大校长张俊彦在解释“饮水思源”四个字时说：“这是一句世人皆知的名言。能将全体交大人凝聚、结合在一起的最重要的精神传统”。

三是革命传统。解放战争年代，国民党统治区的上海，交大师生争民主求解放，不畏艰险，不怕牺牲，前赴后继，形成爱国革命传统。1947年，交大学生自己开火车去南京请愿，震动全国。远在陕北的毛泽东过了10年还记住这件事，他在上海参观一个内部科技展览会，问一位担任讲解的同志，什么学校毕业？当回答交通大学时，毛主席说：“就是学生开火车去南京请愿的上海交大”？1948年上海人民称交大为“民主堡垒”，这个称号不是交大自封的。敌人眼里的交大又如何？1948年7月28日国民党党报《中央日报》发表社论称：“交通大学在上学期之内是匪党职业学生所夸称的‘民主场’，他们的公共集会都在交大举行；在暑期之内，交大又变成了南北各地职业学生匪党间谍的‘民主宿舍’”。“悠久历史和最高舆望的交通大学在国家之内自成一个独立国家”。“北平清华燕京的职业学生之猖狂无忌与上海交大职业学生之得意忘形，决不是任何民主国家所能忍受”，“唯一救治方法就是操刀一割”。1949年史霄雯、穆汉祥二位交大学生为争民主、求解放，在上海解放前夕被反动派杀害于闸北刑场，烈士的忠骨葬在校园，成为交大的永远怀念。

“门槛高，基础厚，要求严”的教学传统，“饮水思源”的精神传统，“民主堡垒”的革命传统，都有简洁的文字表达，又为交大师生、社会各界人士所认同。除此以外，还有什么可表达为交大的传统？有两点特别值得注意。第一是“多办实事、少讲空话”的校风。这与交大创办以来长期受中央业务部门、办实业的部门主管是分不开的。主管过交大的有前清政府的商部、邮传部；民国政府的交通部、铁道部；新中国人民政府的国防科委、海军、六机部、中船总公司等等。这些部都是讲“实”的。有些部还派出部长或副部长兼交大校长或改为专任交大校长。民国年代先后中央政府的正部长（叶公绰、蔡元培、王伯群、孙科）兼任交大校长。新中国成立后国务院副总理王震兼任过交大校务委员会主任。这在中国也是不多见的。他们的办学思想除了受政治大环境左右外，都有一个共同特

作者向 500 多位学生讲述“老交大传统”

点就是办实业行实事，因此要求交大实事实办，少讲空话，也是顺理成章的。第二：在办学思想上上海交大敢于冲破陈规，突破难点，从创办时盛宣怀起就是如此，20 世纪 80 年代初交大校党委书记邓旭初团结教师和干部进行的管理改革，引起全国高校和社会的关注，后来写入国务院的《政府工作报告》。“多办实事，敢于突破”或许可以称之为上海交大的办学传统。

研究校史的传统，还要回答一个问题，交大有没有校训？要不要校训？交大历史上曾经有过几次“校训”的文字表述，如唐文治校长曾把“勤、俭、敬、信”作为校训；以后又曾把校训定为：“精勤、敦笃、果毅、忠恕”。但蒋介石反对各校自订校训，国民政府教育部干脆下令把“礼义廉耻”作为各校“共通的校训”。新中国成立后，20 世纪 90 年代初上海交大管理层又曾把“求真、务实、开拓、创新”作为校训提出。历史上学校主持者提出的校训文字都很好，当时也没有人反对，但也没有坚持下来，也没有流传至今。如若不信，可在校园里随便找一位师生问问他交大校训是什么？几乎都回答不上来，或者把上面讲的传统作为校训。因此“校训”作为一个问题值得研究。

中国现代大学产生于清末封建社会，那时师与生关系，校方与学生关系不是平等政治关系，对学生要“训”。进入民国，孙中山先生也提出中国要经过“军政、训政，才能到达宪政”。对人民也要训，对学生要训更是天经地义，因此学校要搞校训，学校也为此普遍成立“训导处”。新中国成立后，“训导处”一律取消。对学生的“训”也不提了。进入 80 年代随着传统文化的肯定，“校训”这个问题在一些学校又一次出现了。校训要“训”的对象是谁？当然是学生，不会是教师。但是时代已经不同。现在的政府官员，包括中央领导，对下属讲话，用的体式是：报告、讲话、重要讲话、指示。没有谁说是“训话”。教师与学生、校方与学生都是平等的民主的关系，不是“训”与“被训”的关系。学校对学生的教育方法主要是教与导，即使学生犯了错误，给予必要处分，也不是“训”。除此之外，制订校训的技术层面也有一些问题，用几个刚性的独立单词组合在一起枯燥、刻板，没有意境，没有稳定性，学校主持者根据需要可以不断改变，这类“校训”又大都雷同，有的学校干脆把党的思想路线“实事求是”拿来当校训，当然没有错，但也就没有特色。

“校训”这个概念已落伍于时代，学生不接受，教授无兴趣，没有生命力。看来没有必要在制订新校训上化功夫，这也是与时俱进。

三、爱国与学潮

爱国这面旗帜从创立起一直是交大师生和管理层的精神支柱和办学目的。盛宣怀办南洋公学就是要把西方先进的政治、经济、科技学过来，“和外国人打交道才不吃亏”。他要南洋公学的译书院译西方政治经济方面的书，不要只译如何造枪造炮，修枪修炮。他的一生不停地在研究西方为什么能强盛，中国怎样才能强盛。他留下了大量文字记载和创办了许多企业事业都可查证。

受着爱国传统熏陶出去的交大学生以言行表明绝大多数是爱国者，这是史实。而交大作为“群体”在爱国这个主题上对中国社会的发展又有什么影响？发生在交大的“学潮”与爱国的关系又如何，值得作一些研究。

学潮无论在中国还是在外国都是“客观存在”的社会现象。学潮对社会影响既可能是正面、也可能是反面，不能一讲学潮就等于“爱国的革命的学生运动”，更不能听信林彪煽动“打砸抢”的假马克思主义理论：“群众运动天然合理”。学潮可能的正面作用是唤起民众，投身爱国的革命的实践，推动社会和国家前进；学潮可能的反面作用是煽动民众，提出极“左”或极右的口号，制造动荡，搞乱社会，损害国家和人民利益。

交大历史上起正面作用的学潮：如1911年辛亥革命，交大曾成立学生军，直属黄兴将军指挥，准备攻打军火制造局(江南制造厂)；因上海地方政府宣布拥护共和，学生军没有出击。积极参加1919年的“五四运动”。1925年发生在上海的反帝“五卅运动”，工人是主力，学生则交大带了头，交大学生陈虞钦为此献出了生命。从1931年起交大学生持续投入反对日本侵略东北三省和蒋介石的不抵抗政策。抗战胜利后积极投入国民党统治区以学生运动为主体的反蒋斗争,为形成“第二条战线”出了力。1950年朝鲜战争爆发,当战火烧到鸭绿江边,1951年交大在校学生投笔从戎,保卫祖国,共计382人被批准参加中国人民解放军,占在校学生15%。1976年中央一举粉碎“四人帮”,但还没有公布,交大学生闻讯,不顾“四人帮”在上海余党可能的镇压,走上街头,贴出打倒“四人帮”标语,为稳定上海局势起了应有作用。

交大历史上也有对社会对国家以至对学校自身影响很复杂的学潮,例如近代中国大学中最早的一次学潮,1902年发生在南洋公学的“墨水瓶事件”。起因是一位学生在一位思想顽固守旧教师的座席上放了一只墨水瓶,一件小事,触犯了这位教师的尊严,校方应这位教师的坚持,开除了这位学生,引起全班大哗,决定“悉行退学”,校方进而决定开除全班学生。这样又激起全校公愤,当即全校罢课集会,要求校方收回决定,罢免校长,否则全体学生退学。蔡元培当时是南洋公学教师,出面调解。但盛宣怀对此事作了错误判断,以为学生全体退学讲讲罢了,以“别有要事”为由,不见蔡元培。于是全体学生集体离校,蔡元培也愤而辞职。等到盛宣怀醒过来下午派人来校挽留学生时已“人去校空”。以后盛宣怀虽派人四处劝说学生回校,离校仍达145人,走了一半,南洋公学元气大伤。1903年1月24日清政府掌控实权的袁世凯闻讯致电盛宣怀:“闻南洋公学已罢散,能否趁此停办,或请南洋另筹款”。2月3日盛宣怀复电袁世凯:“十月间,诸生教习小有口舌,旋即安静,并未罢散。……报纸张大其词,皆系妄说”。在盛坚持下南洋公学保存下来了。袁世凯的“断粮”也没有难倒盛宣怀,采取紧缩和自行筹款渡过这次危机。南洋公学这次学潮对冲击封建思想起了巨大影响,但是学生方面终究没有经验,采取了没有回旋余地的“全体退学”的决定,差一点搞垮南洋公学。如果当年南洋公学因此而解体也就没有今天的交大。

近代社会,政党出现以后,无论中国、外国凡具有一定规模的带有政治倾向的学潮都有政党背景。区别在于是否某政党公开策动,还是暗中谋划；是预谋在先还是见机插手；是借题发挥还是制造籍口；是涉及全局性的政治问题，还是域方性的或学校内部的某些局部性的问题。100多年来交大发生的学潮除了“墨水瓶事件”时孙中山的革命党还在筹备中，中国共产党也还没有出世，在档案中也找不到政党背景外，之后交大发生的有影响的学潮都是有政党背景的。

总之现代大学发生的学潮不能简单与爱国划等号。网络时代更要对一些口号高昂、煽情的帖子，要作具体分析，要作政治分析，不能跟着起舞。历史的经验教训即使是当局发动的学潮，如红卫兵运动，也得作冷静的分析，在爱国的口号下完全可能出现害国的行为。

今天讲爱国，一定要从中国历史、文化、国情出发，走有中国特色社会主义道路，爱国的目的是民富国强。开放引进外国先进的科技、经济、政治、法制、教育、文体等，但必须坚持“中学为体”、中国特色。100年以来的中国历史证明西方资本主义的政体不适合中国，同样西方社会主义（前苏联）的政体也不适合中国。中国要走自己的路——中国特色的社会主义。

四、交大的贡献

讲了那么多的交大校史问题，回到一点上，一百多年来交大对中国究竟有过什么特别醒目的贡献？交大校史有些什么值得自豪的亮点？

第一，培养出了中国顶级领袖人才：江泽民和钱学森。江是共和国第三代国家领导人，钱是中国科技界领军人物。这两位今后几十年甚至几百年都会被评论与研究下去，谁也改变不了，他们出在交大也是铁定的事实。

第二，引进西学，对外开放。交大从创办时大胆聘用美国专家福开森起，一直坚持这一方针，无论遇到什么风浪阻力，一路走到现在。学MIT与国际接轨，“文革”后又率先打破闭关锁国等等。交大把“中学为体，西学为用”变成了可操作的实干办学思想。

第三，创造了积累了社会认同的知名度极高的交大教学传统、人文传统、革命传统。

第四，一个交大裂变成多个交大，这是量的贡献，交大培养出大量人才，分布在中国社会的方方面面，几乎所有重要的部门、企业、事业都有交大学生。一部分学生走向世界，也是对世界作出了贡献。

总之，100 多年来，交大为领袖级人物提供了良好的大学教育；形成了斗不垮、反不了的交大传统；把“中体西用”的理论落实为可操作的办学思想；一个交大裂变成几个交大，桃李满天下，这是交大校史上最亮的亮点。

名校要有名人、名事，还要培养出名人。交大就是这样一所大学，要珍惜爱护，要发扬光大。

南洋公学的亮点*

新编《上海交通大学史》300 多万字，分八卷。前四卷现在出版了，第一卷为《南洋公学》。

1896 年，晚清高官盛宣怀直接上奏光绪帝，获准在上海创办“南洋公学”。南洋公学成为交通大学最早的校名，聚集众多名人办学，名儒何嗣焜、张元济先后出任校长，以后曾任民国中央政府顾问的美国人福开森，被聘为“监院”和西学总教习，蔡元培则任六年制的特班主任。南洋公学招生设置“高门槛”，第一届师范班只录取 30 人，鼎盛时公学规模没有超过 400 人，但培养出许多学者、教授、实业家、大学校长、爱国将领。研究中国高等教育史，一定要研究南洋公学。

校史《南洋公学》的编著者收集、挖掘、考证、整理了大量有关史料，以新的视角作了详尽的论述。那么，它的亮点和看点在哪里？

第一，盛宣怀是什么人？说得最多的是清末洋务运动的骨干，李鸿章的门徒，一个官僚买办。

* 本文 2011 年 5 月 14 日以《“南洋公学”的亮点》为题发表于《解放日报》。

1986 年出版的《交通大学校史》，收集引证大量翔实史料，是一部很好的学术著作，但到了对盛的“论”定，却没有一处说盛是“教育家”。1988 年四川人民出版社出版了夏东元教授的《盛宣怀传》，其中有一章专门写了盛的“教育思想与人才培养”，但全书还是回避了盛是“教育家”。一直到 2004 年，夏教授说盛是教育家，并在《人民日报》发表了一篇论述文章。

上海交大 1986 年校庆时，在徐汇校园“新上院”大厅内树了一尊盛宣怀半身铜像表示纪念。上世纪末本世纪初，《上海交大校刊》和《交大通讯》上，发表几篇论述文章称盛宣怀为“教育家”。2010 年上海交大在闵行新校区室外铸造落成一尊盛宣怀全身铜像，并把盛宣怀办南洋公学的奏折全文刻在石碑上，安放在校门内侧大道边，一条校内干路取名“宣怀大道”。

第二，盛宣怀在上海办大学为什么要取名“南洋公学”？盛宣怀称公学是“官督商办”，经费由他从商家筹集，经中央政府批准，并自任“督办”。盛在很多企业中官方职务也叫“督办”，因此他在南洋公学的头衔为“督办”也属顺理成章。

盛宣怀在上海办大学，不叫“大学”叫“公学”，这有什么好处？盛始终没有明说。从南洋公学的十年实践看，此举减少了清中央政府有关部门的干预，取得了办学自主权。南洋公学不属于任何中央部门主管，有事盛直通光绪皇帝和军机处。交大档案馆中没有发现清政府对南洋公学“督办”和“总理”的任命文件。总理（校长）由盛聘任，但向军机处备案。南洋公学没有学校“关防”，用的是“总理南洋公学关防”，这枚“总理”校章应该是盛宣怀刻的。有了这个办学自主权，他才能进行一系列创新、探索、改革。比如，由于缺乏现代教育师资，先办“师范院”；大学本科生源不足，于是创办中院（中学），甚至附属小学；看到国家急需高级政、法、商人才，开办六年制“特班”；北洋大学堂工科性质的大学铁路班师生因避战乱来到上海，盛宣怀立刻批准在南洋公学办“铁路班”。

引进西学盛宣怀用足了劲，他在南洋公学创办译书院，聘张元济主持，而且还办了培养译员为主的“东文学堂”，请罗振玉、王国维主持教学。盛宣怀还投入巨资由南洋公学派遣学生赴欧美日深造，条件是回国后服从盛宣怀调遣。中国已延续几代的八股文选才的科举制度缚束了南洋公学的新式教育，盛宣怀利用可直接向光绪打报告的特权，要求南洋公学“免预岁科两试，使得专精所学”，光绪批准了。这样，科举考试首先在南洋公学停止了。

第三，什么是“名校”？现在存在不同标准和各式各样的排名。笔者认为最根本一条是称为“名校”应该已经培养出不少名人。这是历史和实践的检验，需要时间证实，并不是投入大笔资金建造豪华大楼和校舍，用重金礼聘名人来任教，就能和名校划等号的。

百年来，中国报章、史书对此已有很多介绍。新编《南洋公学》则对这所学校培养的名人，作了尽可能广泛深入的追寻，并且力求全面。南洋公学的先贤前辈，他们爱国、奋发、艰苦、创新，为中国、为民族、为社会作出的贡献，为后人敬仰。南洋公学虽然也有个别“不肖子孙”，不足为奇，也不必回避。对于有一点曲折的好人和名人，还是好人和名人。时间是镜子，历史总是公正的，100 多年后看当年南洋公学的名人就是如此。

校史研究随着史料的发掘，档案的开放，学术气场的变化以及研究者的功力深浅，也在与时俱进，没有“终结”之时。研究中国文化传承与发展，离不开研究作为文化载体和传播平台的中国知名大学的校史。笔者有机会审阅《南洋公学》，对书中一些细节并不完全认同，但本着尊重作者和尊重不同学术观点的理念，不求完全统一。研究校史都说要“实事求是”，其实难就难在如何“实事求是”上。对人物的评价，既不要拔高，也不应贬低，“原则”说说容易，做起来可不简单。校史第一卷《南洋公学》在我看来是一本力求做到实事求是的著作。

敌后交大与后方交大*

——抗日战争时期的国立交通大学

一、日军占领交大校园八年

1937年7月7日，日本帝国主义在北平西南约十公里的卢沟桥进攻中国驻军，史称“卢沟桥事变”，又称“七七事变”。7月8日中共中央发表通电：“全国同胞们！平津危急！中华民族危急！只有全民族实行抗战才是我们的出路”。7月17日，国民党总裁蒋介石在庐山发表谈话：“地无分南北，人无分老幼，无论何人皆有守土抗战之责任”。国共达成合作，中国人民开始抗日战争。

8月13日，日军进攻上海，与中国军队激战在吴淞、宝山一带。交通大学正值暑假，已无法按时开学。10月起，交大借给“国际救济会第五难民收容所”，宿舍、教室住满难民，最多达到15 000人。宋庆龄曾到交大看望难民。《文汇

* 本文作于2015年3月19日。刊于2015年7月20日《上海交大报》。

报》报导交大是“上海第一最大之收容所”。日军公开宣扬“10月25日至27日，上海战场出动日军飞机850架次，投弹2 526枚”。虹桥路、徐家汇均遭日军轰炸，交大上空经常有日机盘旋侦察。黎照寰校长在一份给教育部的函电中称：9月18日晚一枚炸弹从交大图书馆上空掠过，落在马路对面南洋模范中小学内。日方更在报上威胁交大，称“交大校园内藏有军械”，要炸交大。日本侵略军真的会狂炸学校。离交大不远的光华大学（现为延安西路中山西路的东华大学）的全部校舍就在这次淞沪抗战中被日军炸毁。

11月5日，日军又在钱塘江北岸金山卫登陆，形成南北夹击，中国军队撤退，11月12日上海沦陷。

日本宪兵于1937年12月30日侵占交大徐汇校园。交大师生在此之前已撤离。收容在交大的难民被迫分别送到别的收容所。

1938年3月日军完全占领了交大校园，日本军部和日本外交部决定将交大校园一部分交给日本人办的东亚同文书院使用，同时成为“日本宪兵队徐家汇分驻所”的兵营。日军还在交大校园内喂养军马。

被占领的交大校园遭到日军严重破坏，尤其是涉及历史文化的纪念建筑设施全遭毒手。交大创始人盛宣怀的全身铜像和纪念亭被毁；李叔同书写的辛亥革命烈士白毓崐大将军的碑石及纪念塔被毁；捐建交大图书馆的民族资本家无锡荣氏铜像被毁……。1938年4月8日交大校庆纪念日，日本侵略军更穷凶极恶地将校门上交通大学的校名牌拆除。

交大徐家汇校园被日军侵占长达八年。

抗战爆发时，曾担任过孙中山秘书、民国政府铁道部次长的黎照寰已在任7年交大校长。他兢兢业业把交大办成理、工、管多科性大学，以教学为主，开展科学研究，面向国内企业和建设需要设置系科和培养人才。七七事变前夕，民国政府决定拓宽交大服务对象，由铁道部直辖改为教育部直辖。

卢沟桥事变起始时，黎校长和教授们已预感日军将进攻上海，7月底日军轰炸天津南开大学，黎校长一边着手“应变”，将设备、图书、物资搬出，藏在法租界，一边向教育部、铁道部提出要求内迁。8 月 12 日教育部回复黎校长："工程教育，最关紧要，交大素著成绩，政府期望甚殷，所处环境可勉力进行，务望立即开学"。不同意内迁，而且要交大"立即开学"。淞沪抗战打响后，黎校长再次要求内迁。10 月 1 日教育部再次否决交大内迁，并称"即在原址及上海租界内其他地点开课"。

10 月底学校特派钟伟成、丁嗣贤两教授赴南京，面陈内迁要求。11 月 3 日终于见到了南京政府教育部长王世杰。王称"不赞成交大内迁"，又说"教育部对于交大特别爱护。交大在上海有宽恕之校舍，完美之设备，如迁昆明，校舍成问题，设备不完善，形式的上课，聊存躯壳而已"。王世杰更称："迁出者一律不许迁回，试问，贵校能对此原则永矢弗渝否?""在租界内上学，安全尚无问题。即使上海沦于敌手，政府仍可按时将教育经费汇沪。"至此，两位教授只能离开南京返校，返回上海路上，日军已占领上海，乃又折回南京，再见王世杰，王仍称："维持上课，不必内迁"。

抗战爆发后，对北大、清华、同济等国立大学，教育部同意内迁；就是不同意交大内迁，为什么？从王世杰谈话可看出国民党政府认为交大马路对面就是法租界，避进租界办学"方便""安全"，并一再要交大"立即开学"。二位教授问："中日战争随时有酿成世界大战之可能，上海变成孤岛，交大能幸存否?"王答："世界大战余不信两年内可实现"。同时开了一张支票："明年 5 月，交大内迁一事再作考虑"。

当日军在钱塘江口北岸金山卫大举登陆，形成南北夹击，中国军队撤退，上海沦陷，南京沦陷，杭州沦陷，交大人员和设备已无整体内迁可能，只能退入"第二特区"(即上海法租界)，在艰险环境下坚持在敌后办学。

二、敌后办学的困境与贡献

交大被迫退入租界办学，得到上海社会各界的同情和支持。震旦大学校方把新建成的一幢大楼大部分借给交大，四楼作一、二年级教学，五楼为图书馆，地下室权作物理实验室。现路名绍兴路上的中华学艺社借给交大作三、四年级教学用房。还借了中华化学工业会、文华油墨厂、永固油漆厂、科学社以及一些居民住房的汽车间作为教学、实验以及库房之用。

11 月 5 日交大终于开学。由于战争在租界外长三角地区激烈展开，相当一部分外地学生和教职工来不了。但这天报到的四个年级学生仍达 566 人，还有 89 位北方高校流亡上海的学生。报到的教员 131 人，职员 79 人。

为应对险恶时局，黎校长 12 月 8 日起多次致函教育部提出：为保护学校要成立董事会；拟请美国人福开森担任校长；对外改称私立南洋大学，以及黎照寰系中央任命人员，自不能出面接受伪命，要推一位教授出面应对等。由于南京政府迁至武汉，办学经费要从武汉（后为重庆）汇至上海法租界，常不能及时汇到，交大陷入困境。

教育部部长已改为陈立夫担任。1938 年 2 月 8 日教育部答复："必不得已时，校长可不出面，由教职员组织校务委员会对外"。2 月 24 日陈立夫答复："学校名义至不得已时，可改为公立或私立，但组织不变"。3 月 7 日交通部长张嘉璈答复："改公立可以，校长勿推外国人"。黎校长在此情况下提出辞职。4 月 4 日教育部批示："慰留"。5 月 13 日教育部与交通部两部长指令："不得改私立"。6 月 28 日，两部又表示，上报董事会章程与"部定规程不合，碍难照准"。要交大留在敌后办学，但如何应对民国政府已无章法。

退入租界办学后，黎校长、教授们以及多地校友会仍向教育部提出交大应迁移办学。7 月 19 日教育部函交大称："行政院指令，无庸迁移"。

在如此艰难情况下，民国政府、教育部和交通部为什么既不让交大内迁，又不下令暂停招生办学？根本原因就在于抗战需要交大学生，后方需要交大学生。特别是交大的机、电、无线电、铁路、公路等专业的毕业生极为紧缺。1938 年 8 月 14 日教育部函告黎校长："毕业生应全体送后方服务，不服从者不给毕业证书"；"来后方毕业生由教育部津贴旅费各 250 元。"事实上抗战开始后，交大第一届毕业生绝大多数奔赴内地工作。1938 年 11 月记载：机械系毕业生全部分至成都、昆明、株洲等地，电机系 18 人分至桂林、长沙、南昌等地，土木系 18 人全部分配在内地。这年电机系毕业生周建南、孙俊人、徐昌裕等三人经汉口八路军办事处介绍，奔赴延安，新中国建立后三人均担任中央工业部门的部级领导。12 月校史记载管理学院 37 位毕业生先后赴湘、鄂、粤、桂、川等地工作。

1939 年夏，全校 126 位毕业生 112 位分配到后方工作。13 位毕业生受聘航空委员会，他们从上海出发赶赴四川路遇敌人，最后 11 人到达，内有 7 人徒步行到达成都。

抗战期间在上海法租界借房办学的交大能读至毕业的学生每年大体在 120～150 人左右，显然不能满足后方需要。1939 年教育部提出要交大在上海增加机、电各一个班，并拟在四川增设机、电各一个班，前者交大校方研究后认为没有条件，但实际招收新生尽可能增加；后者事实上开始了在后方办交大的第一步。

抗战八年坚持在"敌后"办学的交大，先在"法租界"后在"沦陷区"。但不变的是毕业生大部分赴后方服务抗战需要。

退入租界后，交大将科学院改为理学院，工科各系整合成工学院，管理学院不变。"理、工、管"三院的体制保持了八年。开设课程也不变。实验部分由于实验室被日军占领，交大教授们千方百计借地方恢复实验室或借别的学校开出实验，保持交大重视实验的特点。学生的实习也不放松，上海无法安排的，如铁路、交通就去后方实习。八年之中每年招生，根据教育部规定有全国统招，也有自行招生，但不论如何，坚持质量不开后门。交大的教学传统和社会声望得到保持，这是不容易的。八年抗战，在敌后办学的交大毕业学生约 1 000 多人，还有几百人没有读完，中途转学、退学、休学或出国就读。他们中多年后产生一批新中国工业建设的行业领导者、管理者、党政干部。他们中还涌现出 13 位两院院士。

① 孙俊人，1938 年电机系毕业，工程院院士

② 谈镐生，1938 年机械系毕业，中科院院士

③ 吴文俊，1940 年数学系毕业，中科院院士

④ 曹建猷，1940 年电机系毕业，中科院院士

⑤ 杜庆华，1940 年机械系毕业，工程院院士

⑥ 杨嘉墀，1940 年电机系毕业，中科院院士

⑦ 顾夏声，1941 年土木系毕业，工程院院士

⑧ 许国志，1943 年机械系毕业，工程院院士

⑨ 周炯槃，1943 年电机系毕业，工程院院士

⑩ 徐光宪，1944 年化学系毕业，中科院院士

⑪ 高小霞，1944 年化学系毕业，中科院院士

⑫ 陈德仁，1945 年电机系毕业，工程院院士

⑬ 李天和，1946 年机械系毕业，中国工程院外籍院士

这张名单是否全了很难说，说明几点：许国志和陈德仁在上海交大读了三年、四年级在重庆交大读至毕业。吴文俊和徐光宪曾获得中国国家最高科技奖。孙俊人 1938 年毕业及奔赴延安，解放后曾任国防部第十研究院院长、党委书记、电机部副部长、中国电子学会理事长。1964 年授予解放军少将军衔。

三、同心同德与日伪周旋

1941 年 12 月 8 日日军偷袭美国珍珠港，太平洋战争爆发，美英对日宣战。第二天日军占领上海公共租界，并击沉美、英在沪军舰各一艘。由于法国维希政府已受控德国法西斯政府，日军虽然一时没有进占上海法租界，但实际上已在法租界横行无阻。1940 年 2 月汪精卫在南京成立伪民国政府。自称继承民国“法统”但在中华民国国旗上加了一个长三角小黄旗，上写“和平、反共、建国”，以示与重庆政府的区别。交大所处环境更为险恶。

已处于敌后的交大校方、师生员工同心同德应对事变。1941 年 9 月 16 日学校提出成立唐文治、福开森等 11 人组成的校董会，改校名

为“私立南洋大学”，上报教育部。10 月 2 日教育部复电：“关于学校易名之事，前已电复，准于必要时先对外改名为私立南洋大学，惟文凭可仍用交大名义”。1942 年 1 月 10 日黎校长函电教育部：“学校经费异常困难，教职员生活无法维持，本年欠款超 20 万元”。1 月 19 日教育部电复“务请继续苦撑”。

1942 年 5 月日本宪兵队兴亚院强令南洋大学校、院、系 10 多位负责人前往国际饭店“谈话”称：“所谓私立南洋大学实为国立交通大学之变相，未经改组即将全部财产没收”。所谓“改组”即恢复“国立交通大学”校名，接受汪伪政府管辖。其背景是汪伪政府想接管交大，装扮“重视教育”门面。7 月学校召开第六次董事会，董事会主席唐文治、校长黎照寰等到会。会议议决：学校不关门，校产要保全，在不被改组，不改变学校制度，保存办学宗旨的精神下，可以与汪伪教育部联系，继续办学，经费要有着落。董事会认为这个钱不是汪伪方的，实际人民的钱，以人民的钱办人民的教学似无不可。会议推举张廷金以代校长身份出面周旋。张提出：南京方面不派人，不改变教育制度，只给经费，愿续办学校，登记、恢复原校名。南京汪伪教育部接受张的条件，并每月拨经费 20 万（张要求 27 万）。这之后 10 多位教师和几十位学生离开交大。张廷金（1886—1959），哈佛硕士，中国无线电元老，交大教授，工学院院长。张廷金临危受命，在老校长、教授、学生同心同德支持下，不卑不亢与汪伪周旋，使处在敌后险境下的交大不被改组，不被解散，不被接管，不接受奴化教育，保持交大办学传统和人事管理，直至抗战胜利。

在“私立南洋大学”复名“国立交通大学”后，张廷金以“校长”身份致函南京汪伪教育部，要求归还交大徐家汇校园。1943 年 3 月 17 日汪伪教育部答复：经转商日本大使馆，使馆称：交大校舍“现为同文书院借用，拟请上海方面从日方移管敌产中物色相当房屋拨为该校校舍，……一时物色困难……”张廷金继续交涉。8 月 27 日同文书院致函张廷金称：“准备交还校舍，但运送困难……”。又称“校舍大半为日军所用，应由贵校申请贵国政府与日军交涉”。11 月 5 日，张廷金又致函汪伪教育部要求归还徐家汇校舍。12 月 31 日汪伪教育部致函交大称：接日本使馆函："同文书院在此次事变中校舍全部被毁，乃借用交通大学校舍，此系万不得已之举，……同文书院有建筑新计划，……完成之前继续使用交大校舍"。

张廷金多次反复向日伪索还交大徐汇校舍是要勇气的。占领交大的是日本宪兵队。宪兵队在沦陷区是出名的杀人魔窟。可在光天化日下杀中国人，也搞暗杀。"暗杀"在当年沦陷区是"常态"之一。在张廷金坚持索还情况下，同文书院于 1943 年 12 月表示"赠给"中国学术文化机构日元 225 万，交大 75 万。学校决定收到后购置房屋以缓解校舍困境。

在沦陷期间，交大校方和师生同心同德与日伪周旋，保护了学校，保护了师生。对此抗战胜利后民国政府立法院院长、交大老校长孙科说："交大校产得以保全实属张(廷金)君之功绩"。当年教育部部长陈立夫说："张廷金见危受命，真难得之国士。"老校长唐文治认为张廷金"奉命受托维护校产，以待中央接收，其奉献之忠，卫国之诚可与前线将士相比"。

上海沦陷后，处于敌后的人民一天也没有停止抗日斗争，但斗争形式起了变化，也摆脱了三十年代一些"左"的斗争方式如飞行集会。抗战爆发后共产党领导成立了学生界抗日救亡协会(简称"学协")。交大有 10 多位学生参加，1940 年 9 月中共地下党决定解散"学协"，以贯彻"隐蔽精干、长期埋伏、积蓄力量、以待时机"及"勤学、勤业、勤交友"的方针。地下党上海市学委一直在领导交大的抗日活动，如在学生中开展读进步书籍，开座谈会分析时局，组织集体文娱活动，出版科普刊物等。从 1940 年起交大学生中就有中共地下党员，但由于形势的快速变化，党员流动很快，没有达到成立独立支部的条件。直到 1941 年 8 月有两位中学时入党的党员考入交大，交大有了 4 位党员，上级党组织决定交大成立中共地下党支部，由钦湘舟担任支部书记。从此交大地下党组织再也没有停止活动。1945 年 8 月抗战胜利时，交大支部有党员 25 人，支书吴增亮。据上海市教育党委党史办史料："抗战胜利前夕，上海 14 所大学院校有中共党支部，281 名党员坚持着斗争。”1944 年底上海的交通大学在校学生 824 人。

四、1940 年在大后方创办交大分校

1940 年秋，抗战已经三年，四川、云南、贵州成为大后方，民国政府在重庆也站住了脚。战时后方的军工企业需要机电人才；后方的铁路、公路需要工程人才；后方与前线、敌后的联系需要电讯人才……这些技术人才的来源，期望于培养“理、工、管”人才的交大，也属必然。但交大却远在千里之外的敌后，能坚持下去，已困难重重。想靠敌后交大输送后方急需的技术人才已不可靠。

在重庆政府有关部门和后方企业工作的交大校友们以各种渠道齐口同声建议在四川创办交大。在他们推动下，教育部与在上海的交大黎校长函电商量后终于决定在重庆创办交大分校，并接受黎校长建议请正在重庆工作的交大原化工系主任徐名材教授出任分校主任。

徐名材 1938 年离开交大奔赴重庆，在经济部资源委员会任化工处长。现在要经济部“放”徐名材，也得费一番周折，经陈立夫亲自出面，才落实。1940 年 9 月，徐出任分校主任后立即找到中央无线电器材厂王瑞骧厂长商借该厂在小龙坎的空置厂房、职工宿舍大小 60 间作为分校临时办学用房(王也是交大校友，“文革”后回到交大任教授)。王厂长一口答应。但教育部拨的经费一时拿不到，徐名材找了交大老上级交通部的部长张嘉璈，开口借款 5 万元。张批：“事关教育，准予照借，三个月归还”。交大分校首届本科生教育部定 80 人，机、电各 40 人，由教育部在全国统招录取学生中调配报到。

至此，办交大重庆分校，中央教育部正式批准了；主任有了，开办经费有了，临时校舍有了，首批学生有了，独缺教师。徐名材找到了交大电机系毕业，22 岁时获 MIT 博士，1938 年回国“共赴国难”，现正在中央大学任教授的张钟俊来担任分校电机系主任，但先教“高等数学”。张钟俊夹着小铺盖去重庆交大，在汽车站碰见交大同学，留学意大利都灵大学

航空系的博士，现在航委会空军机械学校任教的曹鹤荪。张说："徐名材老师在办分校，很着急，你就去看他"。曹去见了徐，徐劝他留下，曹说"我在军工系统不能随便离开"。徐说："你别管，由交通部去调"。但军校还是不同意，还下了通缉令。后经由有关部门出面协调才了结。曹来分校先任机械系主任后任航空系主任，第一年没有专业课先教基础课"普通物理"。10 月 30 日，教育部长陈立夫还给徐名材专门发了"训令"。除确认校务、机构外，称分校经费"由部直拨"，并要分校自己刻一个木质"国立交通大学分校钤记"，11 月分校刻就后报教育部，教育部称"长宽各多 1/2 公分"，不合格，"希望重刻"。

经过一个多月紧张筹建后，1940 年 11 月初国立交通大学分校终于在重庆开学上课了。这时学校规模：学生 80 余人，教员 10 余人。分校主任：徐名材，教务主任：西迁重庆的中央大学的陈章教授（兼），机械系主任曹鹤荪，电机系主任张钟俊。一年级主课：数学，张钟俊博士讲授；物理，曹鹤荪博士讲授。教学质量当属一流。

五、高速发展的重庆交大

白手起家的交大分校，走上轨道，不到一年，1941 年 6 月徐名材突然提出辞职，说与在重庆的交大校友商量后推荐吴保丰继任。

徐名材为何此时辞职？由于抗战需要的燃料油极其紧张，重庆政府要徐去主持重庆动力油料厂，用植物生产汽油，扩大生产满足需要。这是个硬任务，交大和教育部拦不住。徐上任后抓燃料生产达到了规模要求，供应占后方 40%，英美盟军称"世所罕见"。

吴保丰，交大电机系毕业后留美获密歇根大学硕士。回国后曾任国民党中央组织部总干事，交通部电讯管理局局长。国民党候补中央执行委员。时任中央广播事业管理处处长兼交通部技术人员训育所副所长，所长为交通部部长张嘉璈兼。1941 年 7 月，吴保丰接受教育部任命担任重庆交大分校主任。

吴保丰上任后第一件要事是决定和落实在离市区 20 公里、嘉陵江边的九龙坡建造交大分校校舍。小龙坎是临时借的，实在太小，且借期也到了。吴保丰在九龙坡造了一幢二层楼房作办公和礼堂开会之用。造了一批教室、学生宿舍、教职员宿舍以及食堂和工房，这些均为一层砖木结构，十分简陋，但速度快。1942 年交大分校就全部迁到九龙坡。

1941 年 4 月 23 日，分校决定针对战时需要和学生报考选择，电机系分为电力、电讯两组；机械系分铁道、汽车、航空、造船四组。教育部批准当年自行招生 80 名。二年级转学生 20 名。交大在重庆、昆明、桂林、成都设考点。8 月 20 日，敌机空袭重庆，九龙坡试场被炸，幸未殃及师生。此番日机轰炸，炸死重庆市民 48 人，伤 146 名。

1941 年 12 月日军偷袭珍珠港，侵占上海租界后，上海交大 85 名各年级学生千里跋涉陆续来到重庆分校就读。1942 年 10 月又有 33 位沪校学生来渝。

1943 年 6 月教育部决定重庆商船专科学校并入交大。交大增设造船系。经过整合，经教育部批准交大设置：电机工程系，机械工程系，土木工程系，航空工程系，造船工程系，运输管理系及商船驾驶专修科，轮机管理专修科。教育部与有关部同时批准成立电讯研究所并招硕士研究生。至此重庆交大的专业设置既适应了战时需要，而且着眼于战后发展，形成“理、工、管；机、电、讯；海、陆、空”。

船校的并入使在校学生增至 1 000 人，且四个年级均有学生。船校校舍在江北溉澜溪。交大决定将此校舍与九龙坡有关单位置换，进展顺利，九龙坡校园增至 300 亩。

高速发展的重庆交大要保持高质量办学的关键是师资水平。交大在重庆办分校，消息一公布，在知识分子中特别是工程技术界的高级知识分子中引起极大关注。许多从欧美留学获得理工硕士、博士学位共赴国难、报效祖国的知识分子选择了重庆交大。

徐名材和吴保丰都是视界开阔的大知识分子，他们博采众长，兼容并包，不大的交大校园聚集了相当一批美国、英国、意大利、德国、比利时、日本归来的知识分子。

造船工程系的叶在馥、杨仁杰、辛一心、王公衡、杨猷等大都留学英国。他们实际上成为现代中国、新中国早期造船工业的权威教授。

航空工程系曹鹤荪还把他在意大利都灵大学的同学季文美、许玉赞以及留学意大利时的杨彭基，留学美国的马明德等引入交大。

电机工程方面则有留美归来的张钟俊、张煦、倪俊，英国归来的许乃波等教授。

机械工程方面的柴志明、陈大燮、陈熹、杨颐桂等留美归来，张有生则是留德博士。

发展至 1944 年 12 月 11 日的重庆交大师生情况：在校学生 1 340 人，教职员 222 人，内有教授 56 人，副教授 22 人。这一规模已经超过在上海的交通大学。1945 年 6 月 30 日，重庆政府行政院发布“任命吴保丰为国立交通大学校长”。

六、后方交大学生踊跃参军抗日

建在重庆市区 20 公里外嘉陵江边荒郊土坡的交大校园没有围墙，宿舍几十人一大间，学生在食堂站着吃饭，难见荤腥。教授也一样，张钟俊的宿舍，窗对着大厨房，他说：“我是最早享受饭菜的香味，太幸福了”。虽然是后方也照样遭到日军飞机的轰炸，交大小龙坎曾遭敌机轰炸，九龙坡也曾被炸，所幸没有伤亡。许多交大学生是千里之外背井离乡投考交大，他们眼前最直接的希望是打倒日本帝国主义。

1941 年美英对日宣战后，美国军械从西南引进昆明，美军人员也来到中国，战争需要翻译。1943 年重庆政府军委动员大专学生应征从事翻译，重庆交大从军担任翻译达 71 人，全部四年级生，机械系最多计 50 名。

1944 年秋日军大举进攻桂黔，重庆政府军委会发表《告全国青年书》，提出“一寸山河一寸血，十万青年十万军”。交大学生踊跃参军抗日，至 1945 年 2 月达到 177 人，占在校生 13.21%。杨大雄，上海人，交大机械系四年级学生，品学兼优的班长，1943 年 11 月响应号召参军在

79军任美军翻译官。1945年6月21日，在柳州前线与美军上校一起遭遇日军，壮烈牺牲。1997年1月22日上海市人民政府追认杨大雄为革命烈士。交大徐汇校园矗立杨大雄烈士纪念碑。

参军的交大学生一部分抗战胜利后复学，有的就在军队中留下去。

抗日战争时期重庆交大学生政治生活是十分复杂的。重庆市为战时国民党政府的陪都，政治控制特别严。但同时中共在重庆有公开办事处，周恩来常在重庆，中共出版《新华日报》。有许多党派在重庆合法活动。1941年1月国民党发动皖南事变，对学校控制更为严格，称“加强学校训导工作”，重庆交大建有国民党区分部和三青团组织。

由于国共合作，1942年1月中共南方局根据中共中央指示“在重庆的大学里不建立中共组织”。因此重庆交大没有中共地下党支部，也没有发展党员的任务。但校内有几位中共地下党员或外围组织成员如李嗣尧、吴群敢、袁嘉瑜、钱存学等。他们有的是来校前已参加地下党，或在外地中学入党后考入交大。来交大后，有的由原有关党组织单线联系，有的则失去联系。这些同志均根据《新华日报》等报刊，分析形势，了解党的抗日方针，以个人身份进行活动。

1943年根据形势发展，经周恩来批准，由《新华日报》青年组出面在沙坪坝的中央大学和九龙坡的交通大学建立“据点”，联系进步青年开展一些活动。如组织听马寅初教授抨击国民党政府腐败的讲演，如参加反对故意刁难学生，一门功课39人考，35人不合格的抗议活动等。

交大学生是关心政治和文化活动的。在进步学生推动下组织学生社团如“今天社”、“创社”、“山茶社”等，有的社团的活动一直延续到抗日战争胜利后，解放战争时在上海交大仍然十分活跃。

七、抗战胜利，收复徐汇校园

1945年8月15日，日本天皇宣布无条件投降。

重庆交大吴保丰校长当夜带领全校师生走出校园游行庆祝抗日战争胜利。

上海交大原理学院院长裘维裕教授第一个赶到被日方占领的交大徐汇校园，警告日方占用人员不得破坏。

9 月 1 日，重庆交大教务长李熙谋教授代表学校飞抵上海，随后民国政府教育部代表也到沪；接着与日方办理交接手续。徐家汇校园终于又收复回归。

吴保丰校长于 1946 年 2 月初抵达上海，在交大徐家汇校园主持校务。教育部决定在重庆的国立交通大学复员回沪，结束在重庆办学。当年教育部不同意内迁，坚持八年在敌后上海办学的国立交通大学，教育部却定为“伪”交大，学生和教职员都成了“伪”。此事引起交大师生和社会的强烈不满。以后教育部采用一些过渡办法解决这一问题。重庆的交大与上海的交大合为：“国立交通大学”，1946 年底交大在校学生已达 2 769 人。

交大地下党*

1921年中国共产党诞生。1925年中共交通大学支部建立①，直到1949年上海解放，中共交大支部一直处于秘密状态。在严酷的岁月，交大支部三次被迫停止活动，又三次艰难重建。“交大地下党”就是指这段长达24年的历史。24年里在交大读书时或工作时参加地下党的党员总计400多人，大多数是在解放战争时期入党的。他们中在上海交大离休的同志现在还有曹子真、陈廷莱等6位，已都是80岁以上的老人。

一、交大先进学生选择马克思主义

1911年的辛亥革命，1919年的“五四”运动前后，中国社会各种救国之道、治国方略一直在激烈的辩论和探索之中。孔孟之道、民主共和、

---

* 中共上海市委《党委中心组学习》编辑部曾将此文作“参阅稿”于2011年7月13日印发“本市各大单位党政负责同志、部分理论部门、新闻部门、文艺单位、出版单位相关同志”参阅。收入文化出版社2011年9月出版的《风雨同舟》。2011年6月27日刊于《上海交大报》(校友版)

① 交大校名1896年创办时为“南洋公学”，1921—1922年称交通大学，1922年至1927年称“南洋大学”，1927年起称交通大学，直至现在。

中体西用、苏俄革命、无产阶级、资本主义、社会主义、三民主义、无政府主义、国家主义、共产主义、马克思主义……以及实业救国、工业救国、科学救国、教育救国、交通救国等都是中国人，特别是知识分子思考谈论的主题。中国的大学和世界各国的大学一样是大知识分子和激进青年聚集的地方，思想特别活跃。在交大能听到或看到世界上新的“变革”、“救国”、“治国”的理论和主义；还能参与针对中国的各种自强、兴国、革命的辩论；以至投身罢课、抗议、示威等实际行动。

交通大学是上海规模最大的公立大学，1925 年在校大学生约 400 人，附属中小学也有 400 人，是中国最早创办的现代大学之一，具有全国影响。持不同观点的著名政治家、革命家、文学家都纷纷来到交大讲演，宣传他们的主张，影响交大的学生。1912 年底，辞去中华民国临时大总统不久的孙中山曾来交大长篇讲演，大谈中国要造铁路和公路，宣传“交通救国”。1922 年 4 月 21 日，中国共产党总书记陈独秀到交大讲“宗教问题”，传播马克思主义的唯物论。1925 年 10 月 24 日，“五四”时期新文化运动的核心人物胡适也来交大讲“如何思想?”那时共产党的恽代英、郭沫若、刘华，以及国民党的汪精卫、胡汉民、叶楚伧等头面人物都到交大宣传各自的“主义”。有时还国共同台演讲，如恽代英与胡汉民。

1919 年“五四”运动后，交大学生会出版了《南洋周刊》。周刊报导许多名人来校演讲的消息，有时还刊登他们讲演的内容。《南洋周刊》也介绍国内外新的“主义”和“思潮”，如刊载《社会主义之一斑》、《废除阶级主义的方法》、《社会主义与劳工问题之关系》等等。交大的学生对各种“主义”，“学说”，很自然作了比较，先进学生多数认为社会主义、马克思主义有道理，这为 1925 年交大建立第一个中国共产党组织作了思想准备。

二、1925 年，在大革命高潮中建立中共交大支部

1923 年 6 月到 1927 年 7 月，《中国共产党历史》称之为：“大革命时

期”。具体过程为“第一次国共合作”，“五卅运动”，“北伐胜利”，“国共合作破裂，大革命失败”①。交大这四年也确实是在“大革命”的洪流中过来的，并且在斗争中建立了中共支部。

(1) 国共合作。1923 年 6 月，中共中央决定与国民党合作，党员以个人身份加入国民党，帮助改组国民党。1924 年 1 月，国民党召开第一次全代会决定“联俄，联共，扶助农工”三大政策。1924 年的《南洋周刊》发表了主编钟森荣（学生）的长篇文章“加入，加入，加入”；“加入”什么？加入国民党。当时交大没有共产党员，全国共产党员 1925 年 1 月也只有 994 人，但能量大。校内国民党员有 20 多人，其中包含同文书院和复旦附中的国民党员，组织名称：“国民党区分部”，对外以“南洋大学学术研究会”为公开机构。交大国民党规模小，结构松散。由于共产党的号召，先进学生的加入，至 1926 年春交大国民党发展到 100 余人。国民党区分部负责人先为顾谷宜，1925 年夏顾毕业离校，由张永和接任。顾、张都是电机系学生。张于 1925 年 4 月、顾于 5 月在交大加入共产党。大革命时期交大国民党一直由共产党员和国民党左派领导。

(2) “五卅”运动和中共交大支部建立。1925 年 5 月 15 日，上海日资企业内外棉七厂工人顾正红率领工人要求复工和发工资，被日本厂长开枪中弹身亡，激起了上海工人、农民、学生以及各界人士极大愤怒，纷纷走上街头。中共中央领导了这次斗争。5 月 30 日上海各大、中学生 3 000 余人，其中交大 400 余人在市中心游行抗议，英国巡捕在南京路上突然向游行队伍开枪，打死 13 人，其中 1 人为交大附中学生陈虞钦，还有数十人受伤被捕。“五卅”惨案激起了全中国人民反对帝国主义的新的斗争高潮。上海全市罢工、罢课、罢市，“五卅运动”标志了上海产业工人的政治觉醒，也教育了交大师生。共青团中央负责人贺昌直接来到交大，接触思想先进要求革命的学生，先后发展一些学生参加共

---

① 《中国共产党历史》，中共党史出版社出版，2011 年 1 月第二版。

产党和共青团。根据现在查到的史料，大约有10多位学生在“五卅运动”前后参加共产党。到1925年底已有8位党员的交大，于是成立第一个中共交大支部，张永和任书记。同时成立了交大共青团支部，陆定一任书记。

1925年的上海和江、浙由直系军阀孙传芳控制，封建军阀和帝国主义在镇压中国人民革命斗争中相互勾结。在孙传芳压力下，1925年3月2日凌鸿勋校长对《南洋周刊》总编辑钟森荣以“在外主持工农后援”为由“勒令退学”。这是镇压学生革命运动的信号。钟被开除后即到上海总工会，从事工人运动，后去广州，任国民革命军第四军政治部副主任兼师政治部主任。国共分裂后参加广州起义，英勇牺牲。“五卅”运动后不久，7月6日暑假开始，凌校长一张布告开除52名学生，占在校学生12%。据法南区委内部报告，其中共产党员7人，国民党左派11人，国民党右派和国家主义派7人。凌鸿勋校长并著文宣扬“读书即爱国”。1927年春，北伐军迫近上海，交大学生发起驱凌学潮，凌辞职离校。凌后任国民党政府交通部次长，抗战时支持创办重庆交大。1949年后去台湾，为创建新竹交大作出贡献。

(3) 北伐胜利和上海工人武装起义。国共合作取得的北伐胜利，南北统一是“大革命时期”的高潮。在上海则是中共领导的三次工人武装起义的胜利。五卅运动前后交大几位党员调到地区从事党的工作和工人运动。张永和先后任中共法租界部委、沪东部委书记，陈育生(张离开后曾任交大支部书记)调任闸北部委组织部长，周志初(电机系学生，被开除52人之一)调往市总工会工作。张、陈、周三位都直接参加和具体领导上海工人武装起义。3月21日，第三次武装起义中交大学生“配合武装起义，组织宣传队和纠察队，有的配合铁路工人拆毁铁路，有的上前线救护，对敌人喊话”。

(4) 国共合作破裂，大革命失败，国民党“清党”，中共交大支部第一次停止活动。1927年4月12日，蒋介石发动政变，实行清党，白崇禧军队进攻上海工人纠察队，大批共产党员被捕被杀。5月14日国民革命军东路军前敌总指挥部政治部命令上海各校:"厉行清党运动",并开列各校"反动分子"名单,命令各校"逐一审查,驱逐出校"。交大被列上黑名单的CP(共产党员)、CY(共青团员)重要分子12名,次要分子8名。这张名单同时刊登在《申报》上。校内国民党右派分子趁机夺取了学生会的领导权,中共交大支部于1927年5月第一次停止活动。

三、前赴后继的斗争,中共交大支部三次重建

大革命失败后,1927年6月,中共中央决定撤销上海区委,成立江苏省委兼上海市委。江苏省委于8月将下属的部委改为6个区委,交大党组织属法南区委领导,交大支部恢复,先后由二位交大将毕业或已毕业的学生党员担任支书,这是第一次重建支部。交大支部又于1929年第二次停止活动①。

1930年,中共左翼作家联盟的旗帜已经扬起,鲁迅和其他一些爱国人士发起成立"自由运动大同盟"。中共中央文委在上海组织成立"中国社会科学家联盟("社联")开始反帝、反封建和宣传马克思主义。交大电机学院学生许邦和和乔魁贤参加了自由运动大同盟,许邦和在日记上写"会使我成为一名真正马克思主义的斗士吧!"接着"社联"的王学文、杜国痒等时常来交大指导许、乔组织的"读书社"工作。8月,"左联"和"社联"办了一个"文艺暑期补习班",洪琛任校长,冯雪峰、李一氓、阳翰笙都来讲课,鲁迅也来作过演讲。许、乔二人参加了这个班。1930年8月,"补习班"结束前,"老李"通知许、乔说二人已被批准加入中国共产党。不久二人党的关系转到法南区委。当时交大内已没有中共党员,许、乔二人加上区委"张干事",交大地下党支部第二次重建。许邦和任支部书记。许、乔二人在校内通过"社会科学研究会"、"读书会"等团结同学,阅读进步书籍,分析时事,宣传马克思主义,陆续发展三位同学入党。当时

① 第一次重建后,3~4个月后又停止活动,是何原因?有待收集史料。

机械工程院学生钱学森也曾参加过几次读书会活动，钱学森开始接触马克思主义。

1931 年 9 月 18 日，日本军国主义侵占沈阳，接着占领东北三省。史称“九一八事变”。中国人民掀起了全国性的抗日救亡运动，但是，南京国民政府采取不抵抗主义。消息传来，全校激愤，成立“抗日委员会”，许邦和任执行主席之一。上海成立大学学生救国联合会（简称“大学联”），交大地下党员袁铁群担任大学联主要领导人之一。大学联组织全市反日示威游行和学生义勇军，要求“政府出兵抗日”……9 月 26 日，上海各大学组成 52 人晋京（南京）请愿团，交大派出 2 人参加。9 月 28 日，在校大学生 790 名的交大有 500 多名学生和上海各校学生一起赴南京请愿。29 日，蒋介石出面接见说：“要先安内再攘外，防止共党扰乱”。11 月 27 日，上海 8 000 名大中学生又分批去了南京，要求“出兵抗日”，并坚持要见蒋介石。坚持了一夜，蒋介石露面说：“三日之内出兵”。12 月9 日，北大南下示威团学生许秀岑在上海被特务绑架，交大地下党支部获悉后，立即发动 500 多学生前往枫林桥上海市政府，抗议要求立即放人。上海各校学生闻讯纷纷赶来支援达 5 000 余人。示威队伍包围市政府，坚持了一夜，市长张群被迫释放北大学生。三日过去了，没有出兵，交大党员袁铁群根据地下党指示，于 12 月 17 日第三次率领 2 000 上海学生赴南京请愿。这次会同北平、济南、南京学生共 3 万多人，前往国民党中央党部，在路上国民党士兵和打手袭击请愿队伍，30 多名学生牺牲；100 多名重伤；60 多人被捕，其中交大学生 14 人。史称“珍珠桥惨案”。

打倒帝国主义侵略和反对国民党反动统治的斗争在交大此起彼伏，始终坚持。由于党中央指导思想上的“左倾”盲动，在白区，党的力量几乎百分之百损失。交大地下党也搞“飞行集会”，不问环境散发传单等。1932 年 4 月许邦和、袁铁群在租界被捕，经沈钧儒、张志让二位名律师辩护，被关了一个多月后获释。9 月，开学后不久学校总务长潘廷干带领特务又抓走袁铁群，押解到南京宪兵司令部，后经亲友和杜光祖教授营救于 1933 年 4 月释放回家，但袁与党失去了联系。1934 年底上级组织法南区委遭到严重破坏，交大支部第三次停止活动。在严酷的斗争岁月许多交大地下党员学生不能读到毕业，或被捕，或被迫转移，或被开除，或被调至其他单位工作，也有其他原因失去与党联系。

1937 年 7 月 7 日，日本发动全面侵华战争，由于国民党政府不同意交大内迁，学校被迫在租界租房办学。1938 年 3 月中共中央发出“关于大量发展党员的决议”。中共江苏省委决定：“……逐步建立党支部，使各大中学校都有比较坚强的领导核心”。1940 年 9 月，中共上海市学委决定在法租界坚持办学的交通大学重建党组织。当时交大共有 4 位党员，但其中 2 位即将撤离交大，实际只有 2 位，直到 1941 年 8 月，有 2 位中学时入党的党员考入交大，有了 4 位党员，上级党组织决定交大成立党支部，由钦湘舟担任支部书记①。

这是交大第三次重建地下党支部。由于中共领导已终止“左倾盲动”，已是一个较成熟的马克思主义党，交大地下党从此再也没有中断，再也没有停止活动。1945 年 8 月，抗战胜利时，交大地下党不包括已毕业或已调离撤退的党员，当时有党员 25 人，支部书记为吴增亮。

四、“民主堡垒”的由来

1948 年 5 月 4 日，上海学生联合会在交大大操场举行纪念“五四”营火晚会，全市 150 所学校近 2 万名学生参加。这天在新上院和总办公厅前大草坪上出现了一个大型竹制正方形塔楼构架，高约 10 米，上书“民主堡垒”四个大字，成为集会的一部分。主持晚会的学联代表是圣约翰大学的学生。这就是称交大为“民主堡垒”的起源。为什么称交大为“民主堡垒”？交大有几起震动上海甚至全国的大动作，在国民党看来“非异所思”、“不可容忍”；在学生们看来“合情合理”、“大快人心”。

---

① 过去校史著作曾将第三次重建支部的首任书记写为另一位同志，当年老同志和上级联系的领导来信指正，应为钦湘舟。钦已于 2005 年故世。

交大校园内“民主堡垒”构架

第一起，1947年5月13日。为反对国民党政府停办交大两个系，近3 000学生冲破市长吴国桢的阻拦，到北火车站自开一列火车去南京请愿。影响远及在陕北的毛泽东，11年后在上海参观一个内部科技展览，毛泽东还忆及此事。

第二起，1947年5月25日。交大地下党领导的学生系科代表大会在上院114室开会，特务学生秦某、皮某引领军警，砸破门窗，冲入会场，殴打学生，企图抓人。全校学生和教授们闻讯赶到，军警特务只好退出学校。第二天交大学生们在图书馆前集合，要求学校开除这两个特务学生。在教授会支持下，学校宣布开除。在国民党统治区，特务横行的岁月，交大居然“开除特务”。这在国民党政府讲实在“不可理解”。

晋京请愿火车头上“交大万岁”的标语

第三起，即 1948 年 5 月 4 日的那次营火晚会。是在国民党政府已宣布共产党为“共匪”，还发布了“戡乱法”，设立了“特刑庭”之后，是国民党绝对不能容忍之事，却发生了。但在上海学生们看来，只有称为“民主堡垒”的地方才能办，才能干。

抗战胜利后，在外面租房办学的交大回到了徐汇校园，在重庆新办的交大也复员来到徐汇校园，还有南京中央大学和上海雷士德工学院一部分学生调来交大。学校规模有了发展，1947 年在校生已达 3 000 左右。合在一起的地下党力量也增强了。1946 年 9 月交大支部扩展为总支，吴增亮任总支书记；党员人数到 1949 年 5 月上海解放前发展到 198 人。还建立了党的外围组织“新青联”，“新青联”含党员在内达到 400

人。沈讴、俞宗瑞、庄绪良曾先后担任交大地下党总支书记。在中央和上海地下党市委领导下，交大地下党同志团结交大师生员工和校长，掌握有理、有利、有节的斗争，受到上级和各方面人士的肯定。

称交大为“民主堡垒”还有三个特点：①这一时期的三任校长：吴保丰、程孝刚、王之卓爱护学生，民主、开明，他们不满国民党腐败统治。吴保丰还是国民党中央执行委员，蒋介石当面批评他“糊涂”，要他辞职离校。吴国桢晚年在美国回忆那段往事说他不理解当年大学教授、校长身为国民党员却不帮国民党。②交大的教授会、讲助会都站在地下党支部一边。如在开除两个特务学生学籍一事上态度鲜明。③1948 年 7 月 28 日国民党中央机关报《中央日报》发表社论题为：《肃清间谍的间谍》，公开攻击交大是“匪党”的“民主场”，“他们的公开集会都在交大举行”，交大是“苏维埃租界”、“自成一个独立国家”、“唯一救治方法就是操刀一割”。国民党最高宣传喉舌，发表如此杀气腾腾的社论并不多见，从反面看交大确实成了国民党统治区的上海学生界的“民主堡垒”，同时表明国民党反动派要动手镇压了。

1949 年 4 月 26 日凌晨，国民党军警特对全市 17 所大专学校进行大逮捕，共抓了 352 人，其中交大 56 人。第二天上海《申报》以《各校共党嫌疑分子由警备部集中管理》为题，发布新闻，同时公布 352 人名单。

1949 年 4 月 30 日和 5 月 2 日，交大地下党总支委员穆汉祥与新青联成员、自治会负责人之一史霄雯在路上遇特务学生龚瑞，二人被捕，5 月20 日，在宋公园就义。

1949 年 5 月 25 日，人民解放军进入市区，27 日，上海全市解放。6 月 5 日，穆、史两位烈士灵柩落葬校园。

1949 年底，交大有中共党员 111 名，其中学生 107 名，解放战争时期(至上海解放前)入党 106 名。党员减少的原因是一部分毕业，一部分根据党和政府需要提前参加工作。1950 年 1 月 17 日，总支根据上级指示，邀请非党师生员工参加党的公开大会，当时总支书记为陈启懋。从此交大党组织结束“秘密(地下)”状态。

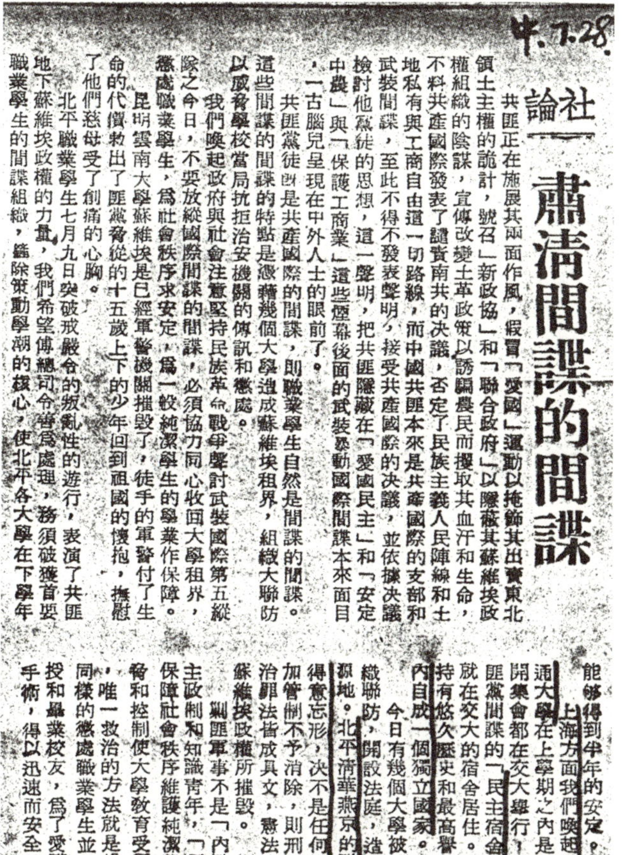

中.7.28.

社論

肅清間諜的間諜

共匪正在施展其兩面作風，假冒「愛國」運動以掩飾其出賣東北領土主權的詭計，號召「新政協」和「聯合政府」以隱蔽其蘇維埃政權組織的陰謀，宣傳改變土革政策以誘騙農民而攫取其血汗和生命，不料共產國際發表了譴責南共的決議，否定了民族主義人民陣線和土地私有與工商自由這一切路線，而中國共匪本來是共產國際的支部和武裝間諜，至此不得不發表聲明，接受共產國際的決議，並依據決議檢討他黨徒的思想，這一聲明，把共匪隱藏在「愛國民主」和「安定中農」與「保護工商業」這些煙幕後面的武裝暴動國際間諜本來面目，一古腦兒呈現在中外人士的眼前了。

共匪黨徒既是共產國際的間諜，則職業學生自然是間諜的間諜。這些間諜的間諜的特點是憑藉幾個大學造成蘇維埃租界，組織大聯防以威脅學校當局抗拒治安機關的傳訊和懲處。

我們喚起政府與社會注意堅持民族革命戰爭聲討武裝國際第五縱隊之今日，不要放縱國際間諜的間諜，必須協力同心收回大學租界，懲處職業學生，爲社會秩序求安定，爲一般純潔學生的學業作保障。

昆明雲南大學蘇維埃是已經軍警機關摧毀了，徒手的軍警付了生命的代價救出了匪黨脅從的十五歲上下的少年回到祖國的懷抱，撫慰了他們慈母受了創痛的心胸。

北平職業學生七月九日突破戒嚴令的叛亂性的遊行，表演了共匪地下蘇維埃政權的力量，我們希望傅總司令嚴爲處理，務須破獲首要職業學生的間諜組織，鏟除策動學潮的核心，使北平各大學在下學年能夠得到半年的安定。

上海方面我們喚起政府與社會注意，千萬不要忽視交通大學。交通大學在上學期之內是匪黨職業學生所誇稱的「民主場」，他們的公開集會都在交大舉行，在暑假之內，交大又變成了南北各地職業學生匪黨間諜的「民主宿舍」。南北兩地交流的匪生結隊成羣路過上海，就在交大的宿舍居住。上海英法租界早經政府收回了，不圖今日這一持有悠久歷史和最高聲望的交通大學又造成了蘇維埃租界，在國家之內自成一個獨立國家。

今日有幾個大學被共匪間諜職業學生所控制，他們在大學之內組織聯防，開設法庭，造成共匪城工部的屏障和煽動城市各種風潮的策源地。北平清華燕京的職業學生之猖獗無忌，與上海交通職業學生之得意忘形，決不是任何民主國家所能忍受。倘如政府爲了投鼠忌器不加管制不予消除，則刑法上叛亂與外患兩章與戡亂期間危害國家緊急治罪法皆成具文，憲法失其保障，而中華民國民主共和國體將立即爲蘇維埃政權所摧毀。

剿匪軍事不是「內戰」，更不是「黨爭」，乃是保衛國家命脈民主政制和知識青年，「干涉學術自由」乃是爲了消滅共匪城工部組織保障社會秩序維護純潔學生的學業。今日幾個學校受了職業學生的威脅和控制使大學教育受了玷污和威脅，譬如人身生了毒害健康的癰疽，唯一救治的方法就是操刀一割。要知道割治癰疽並不是殺害人身，同樣的懲處職業學生並不是破壞學校。我們希望有關各大學的校長教授和畢業校友，爲了愛護學校珍惜學業而與政府合作，使割治癰疽的手術，得以迅速而安全的實施。

1948 年“中央日报”声称要对交大“操刀一割”的社论

交大分设西安、上海的故事*

半个多世纪前，一所交通大学裂变成二所交通大学：西安交通大学和上海交通大学，发生的故事，引起的震动，产生的影响在中国高等教育史上，在中国中西部开发史上都留着浓彩重笔。

本文作者经历当年西迁争论的日日夜夜，后留在上海交大工作，直至离休。本文主要根据当年的文字记载写就，献给现在的交大人、交大校友和关心交大的社会人士。

一、谁提出交通大学西迁?

交大校史和中国高等教育史称：1955年“决定”交大西迁是“中央决定”或“国务院决定”，都是对的。因为高教部没有这个权，交大也没有像抗战开始时那样要求内迁。那又是谁先提出交大西迁，而后形成中央决定?

1955年3月21日，毛泽东主席在全国党代表会议上说：“帝国主义势力还是在包围着我们，我

---

* 本文写作于2012年10月。

们必须准备应付可能的突然事变。……我们在精神上和物质上都要有所准备”。如何“应付?”9天后，高教部杨秀峰部长向周总理提出《关于沿海城市高等学校1955年基本建设任务处理方案的报告》称：根据“沿海城市基本建设一般不再扩造、新建的指示，重新研究了沿海城市高等学校的分布情况和今年的基本建设任务。”报告涉及不少学校，但重点是交大，①“将交通大学机械、电机等专业迁至西北设交通大学分校，……两三年全部迁出。”②交大等“电讯工程有关专业调出在成都成立电讯工程学院。”③上海新成立“造船学院”暂借交通大学校舍，不另新建校舍。④“交大等六校共需223 000平方，投资2 325万元，争取寒假前全部完工。”国务院二办主任林枫第二天先送陈毅副总理批示，陈毅隔一天批：“送陈云副总理批示”。4月7日，陈云的批示，则开头就点明决策来源：“这一件的主要内容是沿海城市大学内迁，共十三起几十个学校或专科。根据林枫同志说，这是政治局那次听陈毅同志报告上海情况后，指示工厂学校内流的方针拟定的”。对报告提出的“削减基建和拨款”，陈云批“可以同意”。并签注“经刘、朱、彭真、小平阅后退国务院总理办公室”。陈云是很严谨的，他点明沿海高校“内流”是根据陈毅的报告，政治局作的决定，而他批的是基建经费。陈毅当时仍兼任上海市长。政治局那天开的会及陈毅会上的“报告”是否直接提及交大，档案还未开放，留待以后考证。

二、彭康校长为迁校做了什么?

陈云批示后当天或第二天(8日)，彭康接到高教部交大西迁电话通知。9日，彭康就向党委和校主要负责人作了传达。彭康说：“我们学校要全部搬。这是一个决定，有些具体问题不清楚，需要到中央去请示。”彭康没有说出的一句话，“这不是征询交大要不要西迁”。放在彭康面前的是如何“贯彻执行”。几天后，彭康派总务长任梦林去北京接受西迁任务，弄清“不清楚的具体问题”，首先是究竟迁到哪里？行前，彭康交代，一是不要搞在文化区里，文化区里大专院校集中，物资供应上不易解决，就是看场电影也有困难；二是不要靠近工业区，噪音多，污染源多，不利于学习和生活；三是尽量靠近市区；四是考虑以后的发展。任到北京后，高教部明确迁至陕西省西安市，规模为在校学生 12 000 人。任随即去了西安，当地有关部门提供了五处地方供交大选择。几天后，彭康去北京开会，会后直接去西安并打电话要上海朱物华、程孝刚等五位校领导和权威教授一起到西安选择新校址。彭康等实地考察比较后，选中了离市区 1.5 公里的一块地作为交大新校址，拟征地 1 200 亩。这块地对面是唐玄宗李隆基当皇帝前和几个兄弟一起住的“兴庆宫”，那时占地约 2 000 亩，属唐代“皇家花园”。西安市人民政府称：这里即将建为“人民公园”。

彭康回到上海后，随即召开校务委员会通过拥护迁校决议，组织迁校工作班子，抓紧基本建设，宣传西北情况，安排落实将迁去西安的教职工及家属的工作和子女入学等一系列问题。

彭康校长在西安交大的塑像

西安交大的开始与发展与彭康分不开。正当西安交大蒸蒸日上时，“文革”灾难降临中国大地。1968 年 3 月 28 日上午，彭康校长被造反派中的杀手“拉出”在校园内“游街”批斗，在马路上被活活夺走了生命，终年 68 岁。彭康早年留学日本，学哲学，懂德、日、英文，翻译不少马列原著，回国后参加革命。1930 年坐牢 8 年，出狱后先后任中共安徽省工委书记、华中局和华东局宣传部部长，建设大学校长。新中国成立后任山东分局宣传部长，山东大学校长等。1953 年起任交大校长，教育部列为新中国最早的十多位“共和国老一辈教育家”之一。

三、西安新校区一年建了 10 万平方米用房

按照高教部规定，交大分两年全迁西安。1956 年 9 月，将有 4 000 名一、二年级学生，2 000 名教职工及家属在西安新校区就读、工作、生活。为此，交大必须在一年内从征地开始，建造好 10 万平方米的教学和生活用房。那时中国的建筑设备十分落后，造房是靠泥工、木工一双手，困难可想而知。但交大有建造大型新校区的历史传统。抗战开始，国民党政府曾不批准交大内迁，交大“白手起家”，于 1940 年在重庆新建了交大校区，1945 年抗战胜利时在校学生竟达到 1 700 多人，形成交大分设重庆、上海两地。那时靠的是交大教职工、校友们的“爱国、爱校、敬业、实干”。十多年后，这种精神又在建设新校区时绽放异彩。

1956 年夏，消息传来：按照国家当年建筑标准建造的集教室、实验室、办公室于一体的 30 800 平方米主楼；14 幢共 28 350 平方米学生宿舍；17 幢共 27 000 平方米教工宿舍将如期竣工。也有排不上基建投资，可是急需的建筑例如大礼堂怎么办？当年校办副主任章静所著《难忘的回忆》写道：“总务部门请来了南方的能工巧匠，用竹子盖起了一座临时大礼堂，跨度很大，能容纳 5 000 人开会，可以遮风避雨，但冬冷夏热。地下是砖、泥、沙混合地面，只有一条条很长的可坐七八人的板凳。一段时间师生员工开大会、放电影、文艺演出、开音乐会等都在这里进行。这

个礼堂用了好多年才拆掉。”许多西安交大毕业生回忆母校的生活，难忘这座巨大、简陋、实用的“竹结构大礼堂”。

在各方面关心支持下，交大一年内如期在西安新校区建好了十万平方米的教学生活用房。

四、“特急”电报诞生南洋工学院

1956 年 6 月 27 日，中共上海市委关于交大迁校问题向中央发了一份“特急”电报。电报称：“上月在京从事科学规划的专家以交大西迁将影响学生质量、科学研究、特别是培养无线电人才的任务，要求改变部署，停止迁校。我们根据总理、富春同志、高教部的指示，会同交大负责同志就以下三个方案进行具体研究。”三个方案是：1、交大仍“留上海不搬”。2、“仍按原计划迁西安。”3、“自今年开始，由交大负责为上海筹建一崭新的电机机械类大学。”电报在详细分析三个方案利弊后认为第三方案是“目前条件下较好办法”，并提出“可定名为上海机电学院，从今年起即开始招生 1 000 人，暂在造船学院内上课。”要求“将这所大学列入国家计划及预算。”又称“新校校舍，以利用交大原地为宜。……造船学院不如根本迁到江南造船厂附近建校。”六天后高教部根据总理指示对“特急”电报“进行了研究并征求上海市委意见”，称都认为交大仍“内迁西安较好”。“但是从上海考虑，的确也还需要有一所机电性质的高等工业学校，我部去年决定交大内迁时，这些方面考虑不够周密。”报告提出新的机电学院“由交大负责筹建。”对高教部“报告”，陈毅副总理阅签：“总理：请考虑准其将交大西迁。”7 月 12 日杨秀峰根据总理口头指示，批注：“总理指示，同意搬，必须留一个机电底子，以为南洋公学之续。”总理想到了交大的历史传统。

在接到国务院批准上海新建一所机电学院“以为南洋公学之续”后，上海市委立即行动，将新建学院取名为“南洋工学院”。8 月 25 日上海市人民委员会以“最急件”通知高教局等有关方面成立以副市长刘季平为主任委员的南洋工学院筹备委员会，彭康等 12 人为委员。很快调集

19 位干部开始筹建。高教部还批准由上海造船学院“统考录取”时在报考造船学院志愿的考生中多录取 400 名，作为南洋工学院的首届本科生。

市委“特急”电报的大背景其实是，1956 年 5 月，毛泽东作了“论十大关系”的讲话。毛泽东说，上海不仅要“充分利用”，而且“也可以建立一些新的厂矿，有些可以是大型的。”还说，“对沿海工业采取消极态度是不对的。”“论十大关系”虽然没有涉及高等院校，但发展工业离不开人才，人才离不开学校的培养。与一年前相比，中央的战略发生大变化，上海市委的“特急”电报顺理成章。

五、1956 年，6 000 交大人内迁西安

按照西迁安排，1956 年暑假设在上海的二年级学生将全部迁往西安，一年级新生则直接到西安报到，共约 4 000 人。相应的基础课、公共课教师以及职工约 800 人及家属 1 200 人，将在西安就读、工作、生活。西安的基本建设和配套生活设施已基本就绪。8 月 10 日，交大首批“大部队”从徐家汇火车站乘上专列出发了。这支队伍包括 400 名教职工和 600 名学生，苏庄副校长带队。理论力学教授杨延篪，当年是位青年教师，45 年后回忆：“我们同一个教研室的老师们带了家属登上同一车厢，好像到了一个大家庭。说说笑笑两天抵达了西安。汽车开到宿舍区，行李家具已都安放在房间里。后勤的同志们真是辛苦，道路还来不及铺设，在一个大竹棚里用餐，又碰上了雨季，泥泞不堪，不当心摔跤也是常事，很少有人有怨言。”“到达西安后第一件工作是给二年级同学安排补考，因为暑假前上海感冒大流行，考试被迫暂停。……出考题，改试卷，大家忙的不亦乐乎，……接着开始新学期的准备，同志们高度重视教学质量，老交大的传统丝毫没有削弱。”沈莲教授，当年的二年级学生，45 年后她的回忆：“1956 年 8 月 24 日，一列专车，满载千余名莘莘学子从繁华的大上海开往西安。西安正逢雨季，下着大雨，十多辆大校车分批将我们接回学校。从火车站驶向和平门，街上人烟稀少，仿佛行驶在

南方小镇上，与上海南京路无法比拟。驶出和平门后是一望无际的农田，长满了郁郁葱葱的玉米，仿佛行驶在乡间小路上。我们立刻从感性上开始体会到建设大西北的重要性。正当大家吱吱喳喳地惊奇时，大轿车突然陷入泥坑中无法开动，我们只好下车冒雨推车，就这样经过一个小时的奋斗，车推到交大校门口，抬头一看，门口只有一个木牌，上面写着“交通大学工地”。地上坑坑洼洼，到处是挖出来的棺材板，还有骷颅头和尸骨，把我们吓得不敢抬头。在各级党组织的关怀下，我们逐渐稳定了情绪。来西安的老师们克服了家庭和生活上的困难，兢兢业业地为我们上课，对我们严格要求，把老交大的优良教风和学风带到了西安。”

9 月 10 日，交大在西安“人民大厦”礼堂举行隆重的开学典礼。交通大学从此生根在中国大西北——古都西安。

六、1957 年，骑在“虎背”上的交通大学

1957 年 2 月 27 日，毛泽东在最高国务会议上发表“如何处理人民内部矛盾”的讲话。3 月 8 日，与文艺界代表座谈时又说：“领导我们国家应该采取‘放’的方针，就是放手让大家讲意见，使大家放开说话，敢于批评。”4 月 27 日，中共中央发出《关于整风运动的指示》，全党普遍深入地反对官僚主义、宗派主义、主观主义。中国社会“揭露矛盾”、“向党提意见”、“帮助党整风”等在报纸版面上越来越多，越来越尖锐。从“鸣”、“放”发展成“大鸣大放”，交大内部出现迁校西安的不同意见。上海、西安两地教工和学生两个星期中贴出大小字报 12 万张。4 月 21 日，彭康传达高教部部长杨秀峰电话指示：迁校问题要让大家“放”。此时交大正在举行工会会员代表大会，“迁校”问题的鸣放成为大会主要内容，已迁西安的教工也派代表回沪参加大会“鸣放”。校务委员会 5 月 6 日起开扩大会讨论迁校问题，5 月 8 日的会上彭康说“已经发言的同志中绝大部分不同意迁校。但许多具体问题必须考虑。”

从 1957 年 4 月中旬开始，校党委几乎每天晚上在上海彭康住处小

会议室开会汇总两地情况，研究如何"正确处理"。4 月 17 日晚，彭康传达西安来的信息称：陕西省委和西安市委向中央报告，一定要交大迁过去，不迁则后果不堪设想。

1957 年春，交大处境是，在西安新校区已有 4 000 名学生和 2 000 名教职工及家属。基本建设已盖好约 130 000 平方米各类用房。上海的徐家汇老校区则有三、四年级两届学生和各系专业教研室教师和职工。同时，上海造船学院已于 1956 年 7 月正式成立，校址就是交大徐汇校区，师生员工已近 2 000 人。而南洋工学院也在 1956 年 8 月宣布成立筹备委员会，已调集教职工近 100 人，1956 年秋，已由造船学院代录取新生 400 人，也在交大徐汇校区上课。因此如果不迁西安了，已迁的返回上海，则徐汇校区无法容纳，根本来不及搞建设。如果继续按计划西迁，则校内不赞成西迁的很多，甚至有人批评学校负责人"一意孤行"，声称要"护校"。老校长程孝刚教授对周总理说："交大骑虎难下。"6 月4 日，周总理就交大迁校问题发表讲话认同这一形象化的描述。

七、周总理亲自处理交大迁校"矛盾"

1957 年春夏之交，交大"迁校"成为一个影响面很广的、"大"的"人民内部矛盾"。周恩来总理决定亲自处理，5 月 23 日至 25 日，连续三天听取高教部、国家计委、一机部、电机部、电力部等中央部委意见。28 日下午，先听取彭康汇报，当晚又约请交大老校长程孝刚，教授陈大燮、沈三多、林海明、殷大钧、朱荣年、邵济煦等到中南海座谈，从晚上 7 时直到凌晨 2 时。之后，总理又听取了上海造船学院、南洋工学院(筹)、西安动力学院、西北工学院、西北航空学院负责人以及上海市委、陕西省委、西安市委等各方面意见。

6 月 4 日，周总理在中南海西华厅先召见彭康、苏庄等少数同志，接着在国务院举行大范围会议，发表了关于交大迁校的重要讲话。各有关学校、中央部委和省市委都派负责人出席了这次会。

总理说："交通大学迁校问题的复杂性，已涉及到四面八方，好些部门和好些学校，……应该瞻前顾后，左顾右盼，四面八方都考虑到。"总理从高等院校院系调整谈起，说："旧中国工业的布局和教育的部署是不平衡不合理的。""工业内迁和交通大学内迁就是根据西北工业基地建设的要求和国际形势的要求下提出来的。"总理认为："1955 年决定交通大学内迁是对的。""当时设想的工业建设速度快，要得急，交通大学搬去，可以收效快些。"总理说："1956 年是转变关头。""十大关系问题提出后，按照新的形势作重新安排，交通大学可以不搬。但另一方面，从西北建设需要来说，从西安校舍已建，学生已招了 2 000 多，要在上海发展有困难，造船学院又要建校来说，又可搬，所以仍决定搬，搬了一半。当时虽经过商量，但商量得不够广泛。到了今年，产生了困难，形成了如有些人所形容的'骑虎难下'的局势。"总理接着提出"解决交通大学迁校问题的方针和方案。""不外：一是全搬西安，一是迁回上海。"总理说："现在上海余下来 1 000 多学生和几百位教职工，如果能接受去西安，我并不放弃全迁的可能。但我也不愿太勉强。""为什么可以考虑搬回上海呢？因为搬不动，就不可太勉强，同时形势也许可，沿海与内地兼顾，上海也还有需要，交通大学在上海有六十多年历史，……即使回上海，也必须尽最大可能支援西北建设。否则无以对西北人民。"总理说："可考虑三个方案。"第一个方案"多留些专业在西北。"第二个方案"全部搬回上海，一个不留。就怕不好，交通大学师生恐也于心不安。"第三个方案"折中方案。"总理最后说："请交通大学全体师生自己好好讨论，全面考虑，经反复讨论后，由交通大学校委会作出选择，报送高等教育部批准。"

八、国务院批准交大"创造"的分设西安、上海

周总理讲话传达后，交大校内进行了认真讨论。杨秀峰奉总理之命飞抵上海，刘皑风副部长则去了西安。杨秀峰参加党委会，校委会还分别约请民主党派和教授座谈。6 月 15 日上午杨秀峰来交大在总办公厅门前看到一张学生写的题为"傀儡戏"的大字报，杨秀峰决定召开全体学

生大会，传达总理讲话精神，解答学生提出的问题，批评“傀儡戏”等错误观点。杨秀峰说“交通大学对国家作出很大贡献，这是光荣的。交大不但有60年历史，而且要有600年历史。”还说总理曾转达别人说法：“交大是骄而大，交大应该警惕。”

交大迁校问题引起全国各方面人士关心，新华社发表了总理讲话。交大老校长、时任上海市政协副主席黎照寰认为：“现在办教育就应从全国着眼，在西北可以创造历史。”中科院院长郭沫若说：“交大西迁是一件大事，请以上火线的精神或拓荒精神，投向火热的建设阵地去吧。”老校友钱学森说：“迁校问题已经得到党和政府高级领导的注意，既然承认党能领导科学，那我们又有什么理由不接受党的决定呢？”

6月20日，彭康在教职工大会上谈了他对迁校的观点，他说：“我国是社会主义国家，一切工作不能脱离一个政治标准。没有人愿意搞垮交大，所以‘护校’这种说法是不对的。‘分裂交大’、‘分割交大’、‘牺牲交大’等说法都是不对的。”

与此同时，国内政治形势发生变化，从整风运动转向反右派斗争。社会上、报纸上偏激的言论明显少了，反对迁校的情绪化言论也少了。如何解决迁校问题交大内部渐趋一致。同时高教部、上海市、陕西省以及两地涉及院校如何调整也渐趋一致。

6月23日晚，交大党委召开扩大会，彭康与杨秀峰取得一致意见后提出解决迁校问题的方案：交大分设西安、上海两地。一个学校，两个部分，统一领导，统一调整，即交大（西安部分）和交大（上海部分）。党委会取得一致认识。随后彭康就交大分设两地方案提交校务委员会审议，经过多次认真讨论。于7月4日取得一致通过。会议结束前彭康请杨秀峰讲话。杨秀峰说：“‘一个交大，两个部分，一个系统，统一领导”的办法，解决了许多矛盾。交大同仁创造这个办法很好。”校务委员会通过的方案，西安部分设21个专业，上海部分设14个专业。但这不是最后实施的方案，因涉及两地有关院校的合并调整，不是交大所能决定。8月4日，高教部以《关于交通大学迁校及上海西安有关学校的调整方案的报告》向国务院报批。《报告》在叙述解决迁校问题过程后称：“一致同意在上海筹办的南洋工学院撤销，并入交通大学上海部分，上海造船学院则与交通大学采取合作形式，……由交通大学统一领导，交大上海部分共设 19 个专业。”关于西安方面“西安动力学院全部并入交通大学西安部分，西北工学院的纺织、采矿（包括地质）两系及西北农学院的水利土壤改良专业并入交大西安部分。”周总理于 9 月 5 日亲笔致函杨部长：“关于交通大学解决迁校问题及上海西安有关学校的调整方案，前已口头同意，现再正式函告批准，请即明令公布，以利进行。”9 月 12 日，国务院又以“文习字第 110 号”文批复“同意”高教部上报方案。

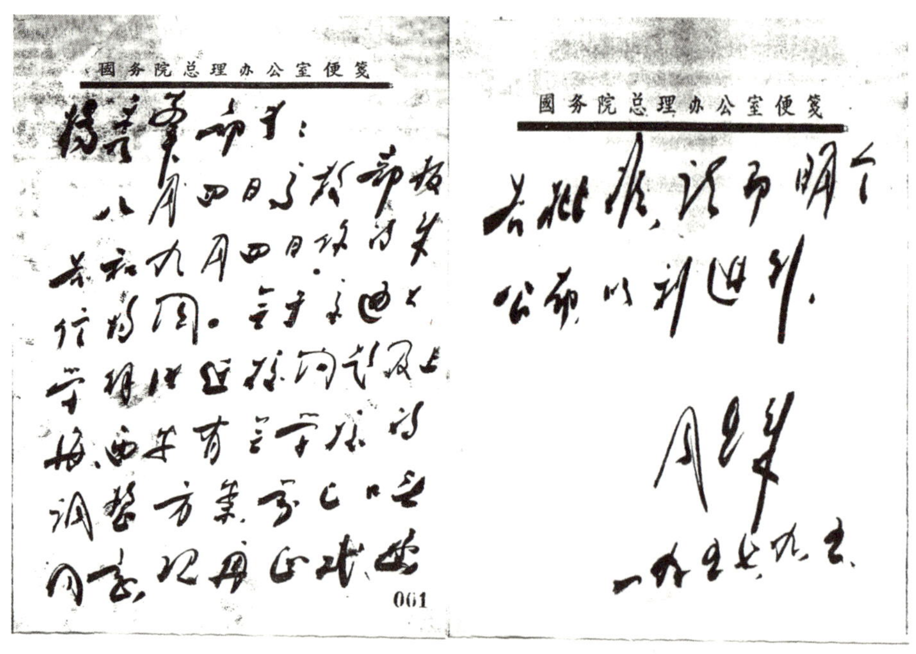
國务院总理办公室便笺

061

國务院总理办公室便笺

周恩来

一九五七.九.五

1957 年 9 月 5 日，周总理就迁校问题致杨秀峰部长亲笔信

九、落实“分设两地”，爱国爱校的交大人

交大分设两地方案确定后已是 1957 年暑假。继续搬迁、分校、招生，基建，去西安的家属安排，子女入学等工作紧张有序展开。7 月 31

日，杨秀峰在西安召集交大、西安动力学院、西北工学院、西北农学院四校负责人宣布成立四校“合作委员会”，彭康任主任委员。西安市委宣布交大（西安部分）成立临时党委，彭康（第一书记），苏庄（书记）、安乐群（书记），林星、任梦林、杨文、王宣、陶健生、刘庆宇、革平为委员。交大（上海部分）于7月上旬成立交大、上海造船学院、南洋工学院（筹）“联合委员会”，由彭康负责。8月28日，宣布成立交大（上海部分）临时党委，彭康（书记），胡辛人（副书记），邓旭初、吴树琴、范祖德、蔡西峰、胡世基、胡也、王芳荆、王耐辛、雷风桐、胡保生、汪应洛为委员。交大两部分临时党委互不隶属，但第一把手均为彭康，其余人员不重复。

至8月22日，交大方面教职工，谁去西安，谁留上海也已明确，人员迁移和设备的搬迁又一次出现高潮。

当年动力机械系副主任陈学俊教授（后为中科院院士）45年后写的回忆：“当时我坚决拥护交大全部迁往西安。动力系是唯一全迁西安的系。当时动力机械系共有教师52人，43人均全家迁往西安，只有9人短期在西安教学两到三个月后返回上海。”“1957年9月，我和袁旦庆带着4个孩子乘坐第一批交大基础技术课和专业课教师的专列由上海来到西安，包括全部家具和行李等，当时袁旦庆是电工教研室副主任。临行前我们将上海的两间自己的房子（解放前购买的）交给了上海市房管部门，至今仍有人说起此事，认为我们太吃亏了，保留到现在，那两间在牯岭路（国际饭店后面）的房子不是很值钱吗？但我们当时认为既然去西安扎根西北的土地，就不要再为房子而有所牵挂，钱是身外之物，就不值得去计较了。”

机械原理教研室主任来虔教授的回忆：“我当时最大的个人困难是，妻子在上海的一个好单位有一份好的工作，有很多好的同事，且单位对她说，如你西迁，去苏联进修的名额取消；而我当时已分到一套好房子，还有一位相依为命的老保姆。我当时40岁左右，是九三社员，预备党员。1956年冬我只身来西安筹备开课，1957年秋，妻子带着孩子从上海迁来西安。她把儿子从火车窗口塞出来，我在月台上把孩子接过来。岁月悠悠，现在儿子已 47 岁，事业有成，孙子亦已 18 岁，长到 1.8 米以上，我则 86 岁了，妻则终因‘人生地不熟’，先我走了。迁校迁出两所重点大学，功不可没，‘对不对’亦不用多说。”

读陈学俊、来虔两位教授的回忆，感受到当年成千上万交大人热爱祖国、热爱交大、无私奉献、艰苦拼搏、扎根西北、忠诚教育的精神品质，何等的高尚，历史是不会忘记他们的。

十、成为独立的“西安交通大学”和“上海交通大学”

1957 年秋，交大分设两地后规模：

西安部分：“1957 年 9 月 15 日，西安并校工作基本完成，共有 11 个系 23 个专业。教师 894 名，其中教授、副教授 51 名，讲师 111 名。学生 7 000 名。”又据西安交通大学出版社 1995 年版《交通大学内迁西安史实》：1956 年底交大在册教师名单共 767 人，迁西安 537 人，“交大主要力量移到了西安。”交大做到了总理希望“尽最大的可能支援西北建设。”

西安交大 1991 年校门

上海部分：上海造船学院和南洋工学院并入交大（上海部分）后，“1957 年底教职工总共为 2 300 人，其中教师 890 人（教授 69 人，副教授 32 人，讲师 232 人，助教 557 人）。学生 5 078 人。”

1957年春天起，中国国内政治活动一个接一个。首先是整风和反右派斗争，交大因正在处理迁校问题，迁校问题解决后，在省委和市委领导下分别进行“补课”。接着开展反浪费、反保守的“双反运动”，大字报此时已成为“好东西”，校园内动不动贴满大字报。随后开始了“总路线”、“大跃进”、“人民公社”的三面红旗政治运动。教育方面掀起“教育大革命”，贯彻“教育为无产阶级政治服务，教育与生产劳动相结合”的教育方针。开展搞臭资产阶级个人主义，“兴无灭资”，向党交心，红专大辩论。还有勤工俭学、半工半读、上山下乡、大办工厂、大炼钢铁、爱国卫生运动“除四害”、体育“劳卫制”达标……在“一天等于二十年”，“跑步奔向共产主义”这类激进口号下，学校经常停课，教学秩序乱了。师生们既“意气风发”，又“十分疲劳”。

在“教育革命”高潮时，1958年7月28日，教育部(此时教育部与高教部已合并)根据中央决定将“直属高等学校下放归省市领导”。交大(西安部分)下放给陕西省，交大(上海部分)下放给上海市。这一决定实际已将交大两部分作为两所独立的高校对待。通知下达几天后，8月8月陕西省委决定，一年前并入交大的采矿、地质两系独立成西安矿业学院，69位教师离开交大(西安部分)。

1957年秋，交大分设两地后的二年内，交大两个部分都办了一批新专业和尖端专业，如反应堆、火箭技术、自动控制、计算机等，这些新办专业，虽在以后的“三年自然灾害”时有的停办，有的调整，但多数站住了。工科为主的交大跟上世界科技发展，不管当年社会如何动荡不安，物质生活如何艰难困苦，这个目标是不动摇的，而且一直在努力做。

1959年3月2日，中共中央决定北大、清华等十六所高等学校为“全国重点学校”，上海交通大学和西安交通大学列为其中二所。中央这个决定第一次将交大两部分列为两所独立大学，并定名“上海交通大学”和“西安交通大学”。三个月后，教育部向国务院提出“将交通大学西安及上海两个部分从现在起分别独立成为两个学校。上海部分改称上海交通大学，西安部分改称西安交通大学”。彭康改任西安交大校长，上海交大请中央另派校长。国务院于1959年7月31日批复“同意”,“即可照办”。国务院随即任命彭康为西安交大校长,谢邦治为上海交大校长。

1959年秋,西安交大和上海交大情况:

西安交大:教职工3 193人,其中教师1 365人(内教授46人,副教授41人,讲师240人,助教1 013人,其他25人。)在校学生9 554人。

上海交大:教职工2 529人,其中教师891人(内教授58人,副教授28人,讲师179人,助教626人。)在校学生7 670人。

十一、先后三位中央教育部长的评论

从中央决定交大西迁到分设西安交大、上海交大已将近六十年,先后担任中央教育部的三位部长,从不同视角做了评论。

1981年交大建校85周年校庆,中央教育部长蒋南翔专程到西安,同时庆贺西迁25周年,他的评价交大分设两地:“是我国在调整高等教育事业战略布局的一个成功范例,……对于实现祖国社会主义现代化具有重要意义。”

2001年,时担任教育部长的陈至立则写道:“在周恩来总理的亲自主持,亲切关怀下,在彭康校长的率领下,一大批交大优秀儿女,怀四方之志,毅然放弃了上海的舒适生活,工作和学习条件,响应党的号召,西迁来到大西北,扎根于黄土高原,成为西部开发先行者。今天,当年西迁的许多老同志,有的已永远长眠在黄土高原,有的已年迈多病,有的依然辛勤耕耘,……他们以自己无悔的青春年华投身于西部的开发与建设,投身于中国的高等教育事业,为西部的社会进步,经济发展,尤其为教育事业做出了不可磨灭的贡献。”

2006年时的教育部长周济说:“正是交大的西迁,改变了整个中国西部高等教育的格局,改变了西部没有规模宏大的多科性工业大学的面貌。西安交大通过自身的发展壮大,引领和带动整个西部地区高等教育乃至整个教育的蓬勃发展。”

20世纪50年代,新中国起始的十年,是一个难忘的年代,既有经济和文教建设的巨大成就，也有阶级斗争扩大化和“大跃进”的沉重失误。这个年代，交通大学由一所裂变成两所国家重点大学，这在中国教育史上，中国中西部开发史上，交通大学校史上都已留下不可磨灭的光彩一页。

“中体西学”与“兼容并蓄”的比较*

——兼谈老交大办学思想的影响

一

中国现代高等教育的办学思想，从盛宣怀1895年和1896年创办中国最早的现代大学北洋大学堂和南洋公学，清政府又于1898年决定改制成立京师大学堂起，先后出现了两种主流办大学思想。

一是：“中学为体，西学为用”。盛宣怀是这种思想的代表性人物，南洋公学是代表性学校。自清末名儒和高官提出“中体西用”的思想后，一个半世纪来这一思想一直在边争论、边发展，延续至今。1978年中央作出停止阶级斗争为纲，终止闭关锁国，实施改革开放以来，今日中国高等学校的办学者不论承认与否，不论用什么时尚语言包装，实际上都在实践“中体西用”的办学思想。原因很简单，中国的所有现代大学，从学制、

* 本文写作于2007年10月。

课程设置、教学方法、实验设置、考试制度、学位制度以及学校的行政管理都源自西方。在引进“西学”的过程中也有结合中国实际成功的创新，但就其本源而论，来自“西学”是不争的事实。现在的常用词：对外开放，国际接轨，引进技术，全球化，外向型，因特网、数字化、WTO……等等，说到底就是一个如何引进西学、西资，怎样处理好中外关系问题。今日中国的名牌大学办得好不好，从某种意义上说，就是“西学”引进得好不好，用得好不好，结合国情创新得好不好。难道不是吗？

二是：“学术自由，兼容并蓄”。1917 年，蔡元培出任北京大学校长，他提出：

“大学是研究学理之机关”。“大学者‘囊括大典，网罗众家’之学府也”。“大学以思想自由为原则”。“大学教员所发展之思想，不但不受任何宗教政党之拘束，亦不受任何著名学者之牵制……此大学之所以为大也”。北大从此成为这一办学思想的代表性学校。

“中体西用”与“兼容并蓄”二种办学思想有相通之处，前者所称“西学”，包罗万象，并无限制，也是一个广泛兼容的概念。学术研究要开拓创新，大学要办成第一流，主持者不提倡学术自由，不实行兼容并蓄，无博大胸怀，动不动扣帽子，校园内死气沉沉，学术领域成为一家独鸣，“第一流”就是一句空话。因此蔡元培的名言仍是今日中国办一流大学的座右铭。但二者也有差别。“学术自由，兼容并蓄”是有边界的，蔡元培划定的边界：地域为“大学内”，对象为“学术问题”，哲学和社会科学属学术问题也一样。但是校园的围墙是挡不住思想的。思想是连国界也能穿透的。当学术思想走向社会，或某种理论和信念成为一种引导和激发人们行动的理论和旗帜时，已不是蔡元培的兼容办学思想所能控制。那时需要的是另外一种规则。前不久中央发出“关于进一步繁荣发展哲学社会科学的意见”。讲了哲学社会科学与自然科学关系上三个“同样重要”，讲了对马克思主义的研究要从“不合时宜的观念、做法、体制的缚束”、“错误的教条的理解”、“主观主义、形而上学的桎梏中”“解放出来”，但同时又指出“决不能搞指导思想多元化”。说起“指导思想多元化”近半个世纪来中国走过的曲折历程，造成的伤害，我们这一代人记忆犹新，经历过 20 世纪 80 年代风波的中年人往事难忘，现在的年轻人如果思索一下历史和现实也会懂得这个道理。

“中体西用”的办学思想比之“兼容并蓄”似乎空间更宽，更经得起时间的检验，也更完整严密。说到底就是多了一个“体用”的定位，有了“中”为“体”的主题，否定中国文化，不问中国国情，鼓吹全盘西化也就没有理据了。

“中体西用”的思想，在近代中国所起的影响事实上大大越出办学范围。当年洋务派处理中西关系的准则也是“中体西用”。问题是当时国家衰弱，战乱不断，慈禧专权，要落实“中体西用”是很难的。当时激进者认为“中”就是封建，就是落后；对“体”更是火冒三丈，这是维护封建统治，他们的主张是西体西用。保守者则把西学看成洪水，根本反对“西用”之说。由于对中体西用的不同解释，不同演译，就这样争论了一百多年。但是，近百年的中国历史轨迹刻录着中国找到了一种有用的“西学”，并且在运用中中国化了，中国崛起了。现在写入我国宪法的“马克思主义”和“社会主义”都是经典“西学”，毛泽东说：马克思主义是外来的，是十月革命一声炮响传到中国，马克思主义的创始人是德国人，作为外来的西方学说与中国革命实践相结合，中国获得解放，中华人民共和国成立了。“社会主义”同样也是产生在欧洲的西方学说，而只有和“中国特色”相结合，中国才走上了强国富民的新时代，这就是邓小平理论。毛泽东和邓小平在不同时期解决了“中西”、“体用”的关系问题，这对我们深入探究“中体西用”办学思想的内涵和影响是极有教益的。

二

盛宣怀当年办了许多中国具有开创性的国家资本主义性质的企业，如轮船招商、电报、铁路、矿务、银行等；他与外国人打交道也很多；还亲身考察过欧美日本等国。他办大学是经过深思熟虑、周密策划，有理论，有实践。1898 年盛宣怀报告光绪说他与南洋公学总理(相当校长)“纵论西学为用必以中学为体”。现在回顾似有以下一些特点：

(1) 坚定不移大幅度开放引进。请洋人任教；派学生出国；不惜功本翻译西书；大胆引进外国现代教育学制、教材、方法；用外文上课等。

(2) 重金礼聘海内外名师。国内名家、大儒能聘就聘，如因参加百日维新被革职罢官的张元济；以后曾先后任北大校长和交大校长的蔡元培；后为国民党“党国元老”的吴稚晖等都为盛聘来了。盛还把当了 9 年南京汇文书院院长的美国人福开森挖过来任南洋公学的三把手。福开森离开南洋公学后曾先后任北洋政府和南京政府的顾问。

(3) 坚持主权，重视文科。盛宣怀对“中体”的理解，首先是指主权、中国国情和中国传统文化。他聘请福开森时一定要签一份限制福权力的合同，可见盛在主权问题上毫不含糊。有人说交大是一所理工大学，文科似乎底蕴不足。其实这是不了解百年交大历史的想当然。盛宣怀主管交大的十年，首先办的是文科类学科，如中国最早的师范学院，又如培养高级外交官的外贸高级人才的“特班”，1902 年福开森请假回美探亲，盛专门交代并提供费用要福详尽考察欧美高等商业教育。盛的办学目标是把南洋公学办成一流大学，“产品”是就像曾国藩、李鸿章那样的“大才”。盛懂得一流大学没有文科支撑就缺少了厚实的基础。

(4) 灵活变革，敢于创新。盛宣怀把校名定为“北洋大学堂”、“南洋公学”就是一项创新。办了两年名声很好，引来两位总督写信向他取“经”。也引起慈禧注意，1898 年 10 月 6 日，慈禧召见盛宣怀，问：“何谓公学”？盛答：“是教习洋务之学堂，曾经奏过在天津、上海二处开办的”。可见在慈禧脑子里这是“新事物”。盛请美国人福开森当南洋公学监院，第三把手，权很大。福氏的职务名称“监院”，也是没有的，是盛的创造。

一百多年前一位主要从事洋务、办实业的高官，在办大学上有如此坚定的主见，坚韧的毅力和创新的思想是极其难能可贵的。

三

现在交大有人没有读过这段历史，可能会问盛宣怀何许人也？盛宣怀的办学思想还有没有现实影响？其实无形的文化传统，精神理念，代代相传，既不可捉摸，又何处不在。盛宣怀的办学思想还是有影响的。

影响之一：交大敢于大胆引进西学。1978 年，寒夜刚过去，人们还处在心有余悸的年代，交大抓住机遇，冲破多年闭关锁国，派出了中国第一个高校访美代表团引进“西学”，之后还第一个接受海外赠送资金建造国内高校当时最大的、最现代化的“包兆龙图书馆”。……那个年代上海交大引进西学、外资的大胆和坚定，不得不说有着盛宣怀当年办学思想的“基因”。现在的局面如何？大概没有人能说清楚交大与多少海外学校、企业、教授有交流、来往、联系？有多少研究课题与海外的交互关系？我们的教学中有多少新的“元素”来自西学？一个世纪来，交大培养出中国数一数二的“大才”（盛宣怀的培养目标），和“领袖”（唐文治的办学理想），然而这些年来交大办学者、教授中间却没有出现过一个诸如主张“全盘西化”，鼓吹“多元化指导思想”的代表人物，这与交大坚守“中体”传统理念也不无关系。

影响之二：教学和科研面向市场。盛宣怀办洋务，办当时最大的中国实业，是市场经济的亲历者。他办的南洋公学，又是办在中国市场经济发育最快最广的上海，交大被打上了市场经济的烙印是顺理成章的。三中全会后，允许高校办学可有特色，承认老交大传统有影响。上海交大当年办学传统中市场影响很快就显露出来了。经过多年改革，现在交大的专业设置，培养什么人主要是面向人才市场设置的；科研题目是面向市场需求而选定的；校办产业的“昂立一号”能成为全国性品牌也不是偶然的。有人说“上海交大商业气氛浓”。说者可能是一种贬语。然而告别了“计划经济”的僵化模式，市场经济写入宪法，这些年来中国经济确实快速发展了，被称为“世界工厂”，正在“和平崛起”的中国能说不得益于运用市场经济、商业贸易吗？交大的学生有灵活的市场意识，商业头脑，应该说是好事，未来的交大培养出像盛宣怀那样开拓型的大企业家应该也是意料之中的。说者也可能还有一层意思：“商业气氛浓了，学术气氛淡了”，其实二者并不矛盾。北京某名校有位搞研究的著名经济学者，在传媒上谈起股市来呼风唤雨，有的股民据此吸进抛出，有的得益，有的被套，这位教授如此商业操作似乎也没有影响这所大学的学术气氛。如果交大培养出来的学生既有科学头脑又有商业意识，这就不是书呆子，有什么不好？但必须补充一点，学校应该提倡交大学生课余去打工磨练，但不宜去当“小老板”。据我近 20 年的观察，学生时代当“小老板”的实验，在交大没有一个成功的，并且确实会影响学业。

影响之三：一流大学不能没有文科。盛宣怀办南洋公学时的重点是文科。盛辞去南洋职务后，学校长期归属中央工商业务部门主管，“实业救国”、“工业救国”占了主导，文科削弱了。但在唐文治主持校务 13 年间仍然紧紧抓住国学教育和传统道德不放。几年前从交大要建成世界一流大学目标出发，学校管理层决策加强文科设置。文科的几个学院的构架已经整合。现在的问题是如何发扬当年办学的坚韧精神、首创精神，把有交大特色的文科建设好。办文科者也要有当年盛宣怀打报告先在南洋停止“科举考试”那样的勇气。交大的文科不是摆摆样的。有着人文传统底蕴的交大文科一定能办好。

盛宣怀办南洋公学不是没有失误。在处理发生在 1902 年底的学潮“墨水瓶事件”时，盛放不下师道尊严的传统观念，没有及时纠正校长（总办）的错误决定，没有接受蔡元培出面的协调，致使南洋公学走掉一半学生，几乎垮掉，蔡元培也因此辞职离去，袁世凯又趁机要停办南洋公学，取消招商、电报二局给南洋的拨款等。又如：初期南洋公学铺的摊子太大，从小学、中学办起，中小学师资不够又办起师院，还办了译书院、还派出相当数量的留学生等等。南洋公学因大学招不到受过现代中学教育的学生，于是想从小学办起，教育链拉得太长，削弱了办大学的力度，盛以后作了调正。

四

一百多年来，中国办大学有一个特点，每过若干年总会出现一次大学的大调整。最近一次发生在 20 世纪末，特点是：大规模扩招本科生；

大量增收硕士生、博士生；大范围并校和改变部门办学；确定若干以建设第一流为目标的大学；促进民办大学的发展；提倡与海外大学联合办学等等。随之而来的是办学思想的讨论。这次调整和这场讨论，似乎迄今还没有告一段落。研究讨论盛宣怀的“中体西用”办学思想，探索中国高校办学思想的源头，或许也能启发思索今日办学的一些问题。

交大文化的传承核心：中是体，西是用*

一

一部中国近代史，直到全面建设小康社会的当代中国，中国永远回避不了与外部世界，主要是和西方的极其复杂的交往关系，中西之间既有侵略和反侵略的斗争，又有政治、经济、外交的无数较量接轨。工业革命后西方先进科学技术和民主自由，革命人权，经济法学等大举冲击，越过大洋，跨过长城，像冲决了堤坝的洪水一泻千里，无孔不入，影响了也改变了中国社会的走向和方方面面。西方有形的实体和无形的思潮，有被中国人掌握了成为推动中国社会发展前进的元素，如科学、技术、教育，也有哲学的、革命的理论，如马克思主义学说等；当然还有侵蚀中国人民的腐朽文化和精神鸦片。

一百多年前，交通大学就是在中国已无法回避、排斥、抵御西方影响的社会背景下，清朝高官

* 本文写作于 2007 年 6 月。

盛宣怀深思熟虑后上报清政府，并经光绪亲自批准建立起来的以引进西学，为我所用的现代高等学堂。盛宣怀是清末洋务派的核心人物，他认为中国不应该闭关锁国，也没有本钱夜郎自大。他主张对外开放，引进西学，兴办实业，培育人才，强国富民。1896年，在他当官办实业的鼎盛时期，痛感急需人才，而且是高水平的人才，才能与外国人打交道不吃亏，才能兴办和管理好大的实业。盛氏眼里的样板是日本，他说日本明治维新后所以强盛就是学习了西方的先进思想和科学技术。他强国的逻辑名言是："自强自在储才，储才必先兴学"。但他要"兴"的是什么"学"？却没有说下去。从他写的奏折，干的措施，又很明白，急着要兴的是"西学"，不是经学、科举。

背负着五千年文明传统，陶醉于"四大发明"，又是中央帝国的中国社会要放下架子学习西方并不容易。洋务派在一些人眼里是卖国的，吃里爬外的，名声并不好，那时中国社会排外情绪也很普遍，洋人就是洋鬼子、侵略者。盛宣怀现在要办一所学习西方治国理论、管理学说和科学技术的南洋公学（交通大学创办时的校名）是有阻力的，有的在看盛宣怀这场"戏"如何唱下去。袁世凯之流更是趁南洋创办初期遇到的困难动荡要盛宣怀停办。盛宣怀必须打出一面旗号，说出一种理论，不仅光绪能接受，也要使清政府的高官和清流们不反对，还要能得到社会的支持，家长的放心，并且使这所中国人自己办的现代学堂的具体操作者一开始就有清晰的办学思想和处事原则。盛宣怀拿出来的就是"中学为体，西学为用"。盛宣怀报告光绪："臣与（南洋公学总理何嗣焜—盛宣怀委派的首任校长）纵论西学为用，必以中学为体"。光绪认为"体"就是清朝的政体，盛宣怀说"必"以中学为"体"，光绪当然既高兴又放心，在"详加批阅"，下笔准办时，盛宣怀说资金由他筹集，光绪说不必，由"户部"从国库支出。

"中学为体，西学为用"是清末流行的如何处理中国对外开放碰到问题时的一种理论与方法。梁启超说："甲午丧师，举国震动，年少气盛之士，疾首扼腕言维新变法，……而其流行语，则有所谓'中学为体，西学为用’者，张之洞最乐道之，而举国以为至言”。由于价值观的不同，文化传统的不同，政治体制的不同，经济生活的不同，风俗习惯的不同，中国人在接触到洋人与西学引发的矛盾和碰撞是不可避免的，回避不了的。如何办？道光年代进士冯桂芬提出“以中国之伦常名教为原本，辅以诸国富强之术为处事原则”。卅年后即 1898 年高官张之洞发表了著名的教育论文《劝学篇》，系统论述了“中学为体，西学为用”。一百多年来“中体西用”的命题一直在中国的政界学界引起一波又一波的辩论，一代又一代的探索。“中学为体，西学为用”八个简洁有力的字，却蕴含着无穷的魅力，广阔的联想，既可做模糊的释义，也能定明确的界线。光绪皇帝把“体”理解成清朝的国体，张之洞把“体”说成是忠君，一些大儒把“体”定位在坚守孔孟之道，改革家认为“体”就是中国主权，做生意的说“体”是中国的国情……。当然也有人根本否定“中体西用”，用讥讽笔调给予轻蔑，如说“牛体不能马用”等。一个世纪来，也有着一些人要“重组”八个字的排列组合，主张中国要“西体中用”，“西体西用”等等。就在十多年前还有知名人士在报刊上著文认为当代中国立马克思主义为指导思想，已是西体；更有少数人主张中国就是要照抄西方资本主义体制“全盘西化”，否定中体。盛宣怀采用了“中体西用”作为办学指导思想，其实也是他办实业、当高官的行为准则，终其一生，毫不动摇。但他不参与辩论，也没有像张之洞那样写大文章论述“中体西用”，而是坚持实践。从盛宣怀的实践看，他是把“中体”定位在中国主权和国情，国情又蕴含着中国文化的传承。交大一百多年来可以说一直在实践“中体西用”，运用“中体西用”，克服重重困难，绕过无数险阻，跟随着时代步伐，突破一些禁区，开拓新的领域，交大发展了前进了，也养成了坚持实践，不讲空话的百年校风。造就了勇于开放不断创新的世纪传统，中是体，西是用，成为交大文化的传承核心。

史学家王尔敏在《晚清政治思想史论》（广西师范大学出版社，2005 年 11 月出版）中说：“甲午以后‘中体西用’之说既冒行于世，以此种观念为基础，而直接影响于行动者，最佳之例，莫如京师大学堂之创设。此学堂之立学宗旨，实即‘中学为体，西学为用’。京师大学堂创始人孙家鼎1898年制订‘京师大学堂章程’规定：‘夫中学体也，西学用也。二者相需，缺一不可，体用不备，安能成才’？”王尔敏在评述北大例子后，接着说：“另一个最佳例子为南洋公学的创立”。王尔敏引述了盛宣怀办南洋公学奏折中“西学为用，必以中学为体”的立意，王尔敏的结论是：“京师大学堂与南洋公学，均为后来国内著名大学，培养人才最多。推其创设之宗旨，实建立于中体西学的思想基础上。……不能予这个具有时代意义的重要观念以轻忽的估量，更不可任意讥讽，以免蹈数典忘祖之嫌”。

二

在“中学为体”的前提下，盛宣怀以无比的勇气和胆识落实“西学为用”。

创办南洋公学前盛宣怀曾先后二次考察西方强国，亲眼看到了西方的现代教育，在办实业过程中更是接触到众多的外国人，感受到这些洋人的科技知识，办事能力“皆出于”现代教育。中国要兴国，和外国人打交道时不会吃亏，如果靠科举制度，靠老式书院，更不要说靠私塾教育培养的“人才”，必输无疑。这位洋务派高官，放下架子，联系自己的不足对光绪说他：“不谙文语，每逢办理交涉备感艰辛”。

盛宣怀清楚认识到，万事开头难，南洋公学要办成一流的现代大学，一定要聘请一流的外国教育家实际负责筹办。盛宣怀选中了南京汇文书院院长，美国人福开森。福开森1886年毕业于波士顿大学，1888年美国教会创办南京汇文书院（金陵大学的前身），即被聘为首任院长，能说一口流利的南京语，对中国社会文化情况比较了解，到盛宣怀把他挖过来时，已担任了9年汇文院长。福开森为人如何？水平如何？盛宣怀看来是清楚的，从以后的实践和他的一生经历看这是一位对中国人友好的美国教育家。但要请一位外国人担任国立大学的第一把手，不符合“中体”，是通不过的。于是请具有三品官衔，曾是李鸿章的幕僚和自己有共同理念的何嗣焜担任“公学总理”（相当校长）。盛宣怀自任南洋公学的督办(相当董事长)。盛宣怀特别创造了一个"公学监院"的职务请福开森担任,这是第三把手。但是由于公学总理每周来校只三个上午,实际上创办时期的四年,从选择校址,购买土地,设计方案,监督建造,置办设备,开设课程(不包括中文教学),组织教学到学生的住宿膳食,卫生健康,体育运动,日常管理等,都是福开森在操作。盛宣怀坚持"中体",他要公学总理与福开森签定一个书面的"议定约款",内容为:聘期"四年为限","监院应听总理节制",对学生"有必须斥退者,应请总理查核施行;学生犯规经总理汰除,监院不得请留"。盛宣怀立下的这一规矩福开森做到了,他尊重中国的主权,也认真把西学引进交大。

福开森在南洋公学四年任内,要把美国现代大学的模式搬进来。首先要把校址选定下来,几经实地比较,经盛宣怀、何嗣焜点头选定在现在的徐汇校区。接着福开森规划设计了校园的总体,从当时上海的社会治安情况出发在校园边上挖了一条护校河,挖出的泥土用来填高校园。由于校大门外有了一条护校河,才有那座现在不复存在、但老校友们却至今无限怀念的校园桥和桥上的灯。福开森又亲自设计了"中院","上院",还自己监造,选购材料。他把西洋教学建筑搬到了中国。4 000 平方米建筑面积的中院现已成为中国高校中跨越了三个世纪、迄今保存最完整的老建筑。在福开森推荐下南洋公学又聘请了美国人薛来西、勒芬文、乐提摩等来公学任教,他们搬用欧美教育制度、教学内容、教育方法。高班级的所有课程(除中文外)均用外语讲授。"西学"大举进入南洋公学,不可避免与"中学"教员间发生了碰撞,有的中文教员批评这是"轻中重西",有的指责学生"见西书则兴起,视力中文则若免,此大感不得解者也"。福开森等洋教员则认为中学时间太多是"轻视西学",难以完成要教的西学课程。在这种情况下何嗣焜制定了"南洋公学章程",一刀斩规定:"每周中西课的教学时间比例为各得三日","上华课时禁止学生翻阅西文书籍"。其实福开森在南洋的所作所为都是得到盛宣怀的信赖和支持。四年内公学总理(校长)先后换了四位,没有盛宣怀的胆识和支持,福开森能纹丝不动?1901 年福开森回国休假,盛宣怀要他顺道赴英、比、法等七国考察商务学堂章程及造屋图式“折中比较，不厌其祥”，“假内薪照给，另发给川资银 1 千两”。当福开森仍在欧美考察时，商部发文“南洋公学监院名目为省所无，应在裁撤之列。监院福开森，合同届满碍难续定”。福开森回到中国后写了一份考察报告。他并不认为被炒了鱿鱼，感到自己把西学引进到南洋，已完成了任务，中国各界反映也很好，他情绪很好告别南洋公学，他自己说：“同时被盛宣怀调至中国铁路总公司担任秘书长”。福开森担任南洋公学监院后不久，还先后被聘为两江总督刘坤一和两湖总督张之洞的顾问。辛亥革命后又先后担任北洋政府国务院顾问、总统府顾问，南京政府行政院顾问。1922 年交大学生罢课拒不承认未经校董事会推荐，由政府派来的校长，僵持很久，为此福开森作为北洋政府顾问及 20 年前交大创办人之一，偕同校友、校董黄炎培专程来校，再三劝解，学潮才告结束。1926 年建校卅周年，学校又特邀福开森从北京南下参加盛典。现在徐汇校园内四片大草坪，当时为体育场地，被命名为“福开森田径场”。福开森在交大的四年引进西学办现代大学，起了开拓作用，是成功的“西学为用”。

南洋公学落实“西学为用”除了直接引进教师外，另外一个重要措施是派学生出国留学。其决心之大，力度之强，有点难以想象，已经在外国的是想方设法保证他们学完学成归国。南洋公学实践“中体西用”成绩显著，名声很大，清朝二位总督先后写信指名点姓要盛宣怀把南洋派出的留学生提前归国委以重任。盛宣怀作为教育家于 1903 年答复粤督岑春喧：“蔽学堂立法，比欲期满考得毕业文凭，所以杜学生噪进之心，免浅尝辄止之消，不徒为虚糜经费也”。“瓜不熟而生摘，殊属可惜”。1904 年又答复川督锡良：“若令早回，所造尚浅”。为了学生的学业，他拒绝了二位比他职位高的总督的要求。从现在有案可查的记载从 1897 年至 1906 年南洋公学派学生去日本、美国、比利时留学的达 58 名。那时派留学生“就一人非万金不办”，而南洋一年获得的经费是 10 万两，没有远见，没有魄力是万万做不下去的。

译西书亦是早期南洋公学落实西学为用的主要环节，学校成立了

“译书院”，在李鸿章的推荐下，聘请了因参与戊戌政变“罢官南下，到沪未久”的张元济出任主任。张是一位名家。译什么西书，即“用”西学的重点放在那里，这是个关键问题。盛宣怀1898年说：“中国三十年来如京都同文馆、上海制造局等处所译西书，不过千百之十一，大抵算、化、工艺诸学居多，而政治之书最少。且新学以新理、新法为贵，旧时译书半为陈编。将使成名成才者皆得究极知新之学，不数年而大收其用”。三年后张元济向盛宣怀报告，译书院翻译了“有关兵政者十二种，教务商务者各一种，尚有兵政八种，理财一种，商务二种，国政二种，学校三种，税法一种，均能译成，现已陆续付印”。其中出版严复翻译的英国亚当·斯密的《原富》，共22册，传播了民主主义思想，更使南洋公学名噪一时。

1907年唐文治出任交大校长(当时校名为邮传部高等实业学堂，校长名称为监督)。唐文治精通经学，1892年进士，曾在清政府外务部、商部、农工商部任职，官职相当现在的中央政府副部长。他也曾二次出国考察日、美、英、法、比等国，对他思想起了很大变化，他认为日本中兴是学习了英国德国的结果。他认为英国的“名儒名相都出其中”，“中”就是牛津大学。唐文治尽管是一位饱学之士，国学大师，但在引进西学上却是非常的开放。他是一位“中体西学”的力行者，在他主持交大校政13年期间，作为现代大学他把交大提高到了一个新的高度，这就是与美国的现代大学学制接轨。

唐文治对“中体”的理解，不是忠君，而是忠于祖国，这在他对待辛亥革命态度上清楚无疑；他为了办好学校先后要和清政府和北洋政府的高官和办事人员周旋；由于他奉仰孔孟儒学，强调“注意道德，保存国粹”，他亲自制定了“勤、俭、敬、信”为校训，还在大礼堂悬挂了“好学近乎智，力行近乎仁，知耻近乎勇，虽愚必明，虽柔必刚；富贵不能淫，贫贱不能移，威武不能屈；所存者仁，所过者化”的联幅。他本人每星期日上午在大礼堂开设国文课，对学生讲授经学，从不间断，这也是他坚持的“中体”。这样一位老夫子，却在引进西学上非常开明开放。他请美国人谢尔屯担任电气机械科科长，美国人万特克担任土木科长，二位科长建议把本校所设的预科一年改为专科一年级，原来的一、二、三年级各升一级，二位美国教师说“实行专科四年学程之制，与美国大学体制均等，程度也合”。这是与国际上现代大学的接轨。唐文治采纳了美国教师的意见，学制改为四年，1918 年交通部批准了这一建议。从此，交大学生无论留学、工作，有了完整的本科资格。由于学制的改革，学校得到了相应的发展。

唐文治要培养什么样的人才，受到牛津大学的启发，他说：“中国最要者，在造就领袖人才。……鄙人办学时不自量力，常欲造就领袖人才，分播吾国，作为模范”。又说：“维余平日志愿，在造就中国之奇才异能，冀与欧美各国颉颃争胜”。“要知限制我人才，即限制我之国力”，“人才之兴废乃国家兴衰之几”。唐文治站得何等高，看得何等远。唐校长力行“中体西用”，13 年的治校，在交大历史上留下浓彩重墨，为后人敬佩。过了几十年后交大确实培养出他希望的当代中国政治、科学、技术界的顶尖人物，领袖人物。虽然唐校长没有能看到，但他的理想终于实现了。

唐文治校长之后直到新中国成立，主持交大的历任负责人，教授们，员工们在中国社会更加动荡、战争、动乱、革命等一波又一波冲击下，在学校最困难的情况下还是顽强拼搏坚持“中体西用”。效果如何？20 世纪 80 年代，钱学森在他写的《回顾与展望》一文中说：“1935 年秋就到美国麻省理工学院航空工程系学习，这才发现，上海交大的课程安排全部是抄此校的，实验课的实验内容也都是一样的。上海交大是把此校搬到了中国来了！因此也可以说上海交大当时的大学本科教学是世界先进水平”。钱学森在交大念书是在 30 年代初，福开森离开交大已久，盛宣怀也已作古，唐文治也已不在交大，但他们那种实践“中体西用”的执着，那种不把教育和科技看成意识形态，对西方现代教育敢于学，勇于搬，又结合中国国情，这是既有真才实学，又能与时俱进的教育家才有的气魄和智慧。

三

1949 年新中国成立。1950 年朝鲜战争爆发，中美处于对立状态，交大与美国学校间的交流也随之中断。在海外许多学生，冲破种种阻挠于50年代陆续回国。罗祖道、诸诚、王希季、邵士斌等来到交大，都成为学校的骨干教师和知名教授。1950年中苏签定“同盟条约”，启动“一边倒”政策，开始按照苏联模式实行社会主义计划经济。影响所及，高校进行了全国性的院系调整，交大自然不能置身事外，也从专业设置、教员配置直到教学方法全面进行调整。交大这次调整，“中体”不变，但“西用”已转为“苏用”。

苏联地跨欧亚，就其文化、教育、科技、政治背景而言当属欧洲，也是西方。苏联的高等教育有着俄罗斯的传统特点，与美国有所不同。苏联的教育制度也培养出大量高水平的人才，自有其优点长处。从1953年开始到1960年，交大先后聘请22位苏联专家，2位民主德国专家来校工作。苏联的舒金专家还担任彭康校长的顾问。1960年，中苏发生争论，苏联政府把苏联专家都召回去了。交大与苏联高校间来往也随之结束。在这短暂七年学习苏联的日子里，交大教师们付出了艰辛的劳动，要改学俄语，要翻译各种苏联教材和教学资料，要学会掌握苏联式教学的各个环节。在交大工作的苏联和德国专家都很认真负责，他们开设课程，规划建设实验室，指导研究生和进修教师做设计或论文，他们不干涉学校的行政事务，也尊重交大的教师和学生，这个时期交大也得到了发展，造就了一批人才，这是应该肯定的。对于苏联专家的功劳也是不应该忘记的，是人民之间的友谊。当苏联政府决定召回专家，学校当然有点被动，原定苏联专家开设的课程要由中国教授顶上去，研究生的导师要由中国导师接替，在建的实验室要由中国的教师和工程师来完成。但是从1958年开始，中央已经在强调“解放思想”，“自力更生”，“走自己的路”，“学习外国不能照搬照抄”等等，思想有所准备，工作有所防备，因此专家的撤走，学校的教学等工作照常运作。特别值得研究的是即使在“学习苏联”的高潮期间，专业越办越窄，甚至按产品设置专业时，彭康校长和有关教授及行政部门仍然抓住老交大教学传统的核心“基础厚”不放，将数、理、化等十门左右的基础课的教学组织由校部直接掌握管理，并且成立相当于系一级的基础部，把一年级学生全部集中管起来。

1960年，由于国防建设需要，中央决定将上海交大等几所重点院校划归国防科委主管。国防科委高层主导科技的权威人士几乎都是曾留学西方的科学家，如钱学森等。他们熟悉美国高等教育的结构和方法。1962年，国防科委转达了那里的科学家们对老交大教学质量的好评。换句话说就是希望上海交大能培养出像那时那样"基础厚"的学生。交大管理层感到，如何发挥有效果的"西用"又一次放在上海交大的面前。但是20世纪60年代初，林彪一套"突出政治"的极左理论已经攻占高等教育的思想阵地。交大的管理层和教授们既不能讲学习苏联的教育和科技；也不能说引进西方的教育和科技，前者是"修"，后者为"资"。学校也很乖，嘴上不说或也跟着喊一些"口号"，却在埋头实干，如抓基础课教学，抓实验水平，不搞按产品设置专业，对学生严格要求等。1964年，国防科委通知可派教师去英国等西欧进修，学校立即抓住机会，派何友声、翁史烈等赴西欧"取经"学习。可惜不到二年，"文革"开始，派出的进修教师全部召回，与西方的来往又一次中断。那个年代，一些"左"的教育口号和教育政策，交大也不得不喊，不得不办。但交大的教学方面抓基础厚、严要求的"马脚"还是露出来了，"文革"一开始，嗅觉灵敏的造反派一下就抓住了"老交大传统"，开始大批特批。张春桥说："老交大要兜底翻"。而"老交大传统"的文化核心和思想背景就是"中体西用"。

"文革"结束。邓小平同志主持中央工作，决定解放思想，改革开放。"开放"不是一句空话，要和海外人士接触交往。那个年代还是有很多令人心悸不安的问题横在前面，如"立场是否站稳了"，"是否丧失了国格"，"是否吃亏了"，一直到"是否被收买了"等等。有着70多年的与海外人士打交道的上海交大，积累了许多经验，相信交大的干部和教师能够站稳自己是中国人的立场，能坚持结合中国国情学习西方，不要怕"走出去"，"请进来"，能处理好与外方关系。在开放"西用"过程中即使个别人犯错误，甚至跑了，也不必大惊小怪。

1978年，邓小平同志批准上海交大以教授为主体组团访美，一举恢复了中断30多年中美大学之间的来往交流,“西学”又开始引进交大,引进中国高校,这是“走出去”的突破。

1980年,世界船王包玉刚先生为上海交大赠建图书馆。邓小平同志在接受他捐赠时同意以他父亲包兆龙的名字命名这座图书馆。从而开创“西用”不仅指科学技术,学术思想等无形资源;而且海外的资金、实物也可大胆的“用”。这是“西用范围”的突破。

1980年为了恢复管理学院,学校聘请美籍教授朱传榘,担任交大顾问教授、校务委员会名誉委员,以打通与美国宾州大学的合作。宾大先后派来20位教授帮助交大重建了管理学院。朱教授象50年前美籍谢尔顿教授一样在新上院设置了办公室。这是“请进来”的突破。

从改革开放初期到现在,交大人的足迹遍及五大洲,与世界上百所知名大学建立了各种形式的联系交流;难以计数的外国教授和外国学生进出交大校园。交大永远在引进“西学”,为我所用,交大的教授和学生也永远记住上海交大是中国大地上的一所向世界开放的现代大学,而她的目标要建成世界一流大学。

四

一种有根有据,又经过实践检验,站得住的思想、理论、学说有着极大的生命力。在适用范围内,穿透力极强,影响面极广,延续性极长;是封锁不了,批判不倒,抹杀不掉的。中体西用就是这样一种文化理念,有时有人表述这种文化时用其他语言进行包装,也属于想与时俱进,也应该包容肯定。但无论如何包装,还是会透露出或检察出“中体西用”思想的影响和“基因”。事实上承认传承前人的理论并不影响新思想理论的价值和创新。马克思主义的创始人说到辩证唯物主义哲学时他们总是说来源于黑格尔的辩证法和费巴哈的唯物论。这是马克思主义和他的创始人的实事求是科学态度。

一百多年来,上海交大发展到现在这样,在“引进西学,为我所用”上,盛宣怀,校长们,教授们,一有机会,抓住不放,遇到困难,曲折应对。

不可否认“中体西用”的思想理论或隐或显在起作用。“中体西用”思想由前清文人最早提出，又经洋务派高官加以系统论述，因此每当反封建高潮时，把“体”等同于皇帝，封建主义，大张挞伐，并不奇怪。文革期间要破“四旧”，又经历了“横扫”。但是不论怎样挞伐，怎样横扫，只要中国人与外国人打交道，只要想引进西方科技教育文化艺术，就有一个“中外关系”如何摆的问题。一百多年来总有一些人，包括一些名人攻击“中体西用”，火力集中点就是“体”。“中体”就是维护封建统治，当然要打倒。最露骨的主张是“中体”根本不行，一定要“西体”，要“西体西用”才解决问题。说白了就是全盘西化。“全盘西化”论直到 20 世纪 80 年代还被一些人奉为救中国的灵丹妙药，到处兴风作浪。他们也和 100 年来主张“西体西用”的人一样，以失败告终。现在或许可以预言中国在前进的道路上，改革遇到了什么困难，社会发生某种动荡时，还是有人会主张“西体西用”，“全盘西化”，当然用的语言不一定如此相同，也会带上新的装饰，但稍加分析，不难看透，而结果如何？也可以肯定，将重蹈走不通的覆辙。

几年前我在《风雨交大》中写道：“历史已过去一百多年，回过头来可以看到 100 年来凡是中国要实行开放政策，要学习借鉴外国文化思想时，总是会产生中学与西学，体与用的矛盾。毛泽东说，马克思主义是外来的，是十月革命一声炮响传到中国。但是马克思主义作为外来学说只有和中国革命实践相结合才产生毛泽东思想。也只有毛泽东思想才使中国获得解放。什么是毛泽东思想？中共七大的经典表述为：马克思列宁主义与中国革命实践相结合。马克思主义是‘西学’要‘用’在中国，必须与中国革命实践相结合，这就是必须坚持‘中体’。毛泽东解决了这个‘中西’‘体用’的关系，中国革命才取得了胜利。而党内教条主义者把马克思主义的‘西学’拿来生搬硬套，脱离中国实际，使中国革命走上了弯路，遭到损失。还有一些中国人，拒绝马列，贬之为外来邪说，拒绝用于中国革命，终日唠叨‘人心不古’，但终被历史所抛弃。‘社会主义’同样也是产生在外国的学说，而只有和‘中国特色’相结合，中国才走上强国富民的新时代，这就是邓小平理论”。

现在需要补充的是：从中共为毛泽东思想和邓小平理论所作的经典表述，可以看到“中体西用”的文化概念和逻辑思维在表述西方学说——“马克思主义”、“社会主义”在中国运用时与中国主体——“中国革命实践”、“中国特色”的关系。今日中国走向世界，与外部世界的交往必然更加广泛深入，中国要用“西学”，早已没有争论；利用“西资”也在大规模引进，就是“西法（律）”有的内容也在搬过来接轨。一百多年来中国人在“西学为用”过程中，一部分先进知识分子一直注意不能照搬照抄，要有创新，要有创造。特别在社会科学和革命理论方面，毛泽东思想、邓小平理论、“三个代表思想”成为用得最好的马克思主义中国化，这是创新。自然科学和技术科学中国同样也有创造，可能不及前者显著。因此现在要上一个台阶。用的语言是“要创新”，“要有自主知识产权”，“要掌握核心技术”……等等。但是不论是引进、利用、接轨还是创新、发明、突破，永远要记住“中是体，西是用”。“体”是中国主权、国情和中国文化的精华传承。

“名校”问题面面观

改革开放以来，新事物新品牌不断涌现，一个个带上“名”字称谓的“名牌”，“名厂”、“名校”、“名人”、“名品”，频频出场，应接不暇。挂上“名”字就可以引起人们的信任感。购物，这是“名牌”，不会上当；入学，这是“名校”，不会误人；交往，这是“名人”，不会受骗。总之遇“名”就可安心放心。几乎与之同时，人们又发现有些所谓“名”，实在是虚名，空名，假名。“名”字声中鱼龙混杂，泥沙俱下，引起不少人对“名”的警觉。

究竟什么叫“名”？现实世界并无严格定义标准。三百六十行几乎行行都有“名”字品牌。从传媒不断爆光的事实看，有的所谓“名牌”完全是自我吹嘘。不信，走在街上，进入商店，随手可以拿起一件包装上打着“名牌”的物品，稍加观察，不需研究，也不必送检，有的几乎即可断定所谓“名牌”，乃自己封的，吹牛促销而已。当然买还是不买得靠自己的经验判断是否物有所值。

三百六十行，行行都有“名”，要做探索，力所不及，还是缩小题目，谈谈最高学府的“名校”

问题。

新世纪的第一年的8月，传媒报导在中国北京举行了一次世界八所“大学名校”的赛艇比赛，这八所名校是美国的哈佛，麻省理工，英国的剑桥，牛津，中国的清华，北大，上海交大，复旦。这是一次名校在体育领域里的集中登场，发生在中国首都的盛事。比赛结果如何似乎不象世界足球赛那样如痴如醉，感到高兴的是中国也有自己的名校和世界的名校一起亮相。当今，名校确实也越来越成为青年的向往，传媒的热点，社会的希望，政府的重点。

大学名校是一个国家先进文化的集中表现之一。是培养出主导这个国家的大政治家，大科学家，大军事家，大工程师，大经济学家，大企业家，大文豪，大医生，大律师……的摇篮。名校也往往是这个国家当代“智库”所在地之一。名校的某种举动，例如某种剧烈动作或提出某种影响深远的理念，既可能推动这个国家的前进，也可能拉住这个国家后退。因此名校都受到所在国家和城市的政府的关注和支持，成为社会的骄傲和荣耀，青年的追逐和向往。当然也会促使一些人物和势力动脑筋，想在名校身上捞取点什么，轻者想图个名，赚点钱；严重的想搞点什么动作，包括制造社会不稳定等等。名校既有巍然不动的历史传统，凝重矗立的校园实体，无法计算的软体财富，也一定凝聚着一群名师名人，但名校也有易被攻击和利用的弱点和软档。

究竟怎样才能称得上大学“名校”？好象现在并无现成的定义和公认的标准。查查新版“辞海”有名人、名士、名山、名牌等等解释，但就是没有“名校”一目。教育部确认的中国一千多所大学中也没有看到哪个红头文件宣布某大学为“名校”。教育部只区分出“全国重点大学”，“部属重点大学”，“省市属重点大学”。近年来还出现列入国家“211 工程”或“985 工程”的大学，总之没有“名校”官方之正式的宣布。虽然没有，但是“名校”称谓在传媒上，在校际间，在学生中，在人才市场上出现频率却是越来越高。因此对“名校”问题进行一些探索，看看大学“名校”究竟有些什么特点？戴上“名校”帽子，要一些什么客观条件？还是有社会需要的。中国的大学成为“名校”，得抓住“名”的实质，“名校”总得有名人（名教授，名研究员，名教育家等），名事（对中国历史和当代社会有过重要影响等），并且曾经培养出名人。三者应该是统一的，缺一不可的，这就必须有时间的积累，名校都有一定的历史可追溯。

“名人”、“名事”、“培养出名人”不是华丽辞藻的堆砌，不是胡编乱吹的泡沫，都是有血有肉，有“故事”的。先说说名校的名人问题，名校要有一批名教授，这是不言而喻的。问题怎样才称得上是名教授？教授首先得面对学生“要教要授”。教育部近年来提倡教授上基础课这是非常有道理的。年富力强的教授，躲在教学第一线后面既不勇于上课，又不认真指导研究；或者虽然又开课又研究，可是马马虎虎，不认真，不严格，无耐心，讲完课一拍屁股就走，这就谈不上是名教授。教授的教学方法可以多种多样，事实上也不会一个模子刻出来的，但是认真、严格是名教授必备品德。名教授应该在同行中，在学生中有很高的威望，实实在在的“德高望重”。名校还要有一批名研究员，名研究员和名教授虽然做的事相当一部分是交叠的，但是也会有侧重面不同，有的侧重教学，研究较少，如基础课的名教授，也有专攻研究，教学较少，但成果显著，这就是名研究员。名校还应有名教育家，教育家主要指管理学校，有教育理论，成绩显著的校长、书记及有关方面的管理者，从广义上说教授也是教育家，但是名教授又不能等同于能办好学校的名管理者教育家。现在的情况似乎很少谈名校的教育家。大学的校长书记象走马灯一样流转，年龄到线或任期到了就下来，回自己的专业。名教授当校长并不一定能管理好学校，二者不是一码事。让院士当校长，看上去有的好象当四年“义务兵”，到时复员，查一查院士们研究的学科方向，他们招研究生的课题，没有一个是办大学的学科。请一位院士当校长，当然对这个学校讲有名人效应，提升学校层次，但并不等于成了名校。人们极为尊敬院士，但也不会把有特定专业领域的院士当成万能。

总之名校首先要有一批稳定的名教授，名研究员，名教育家。

既然是名校还得有“名事”可谈。名事可分两类：一类是历史沉淀，这是传统；一类是现实的突破，这是创新。当我们谈到“五四运动”总是和北大联系在一起；谈起兼容并包的办学思想也总是想起蔡元培校长；当人们探索中国最早的大学历史时也总是离不开盛宣怀先生创办北洋大学和南洋公学的故事；当现代青年在回顾历史上的爱国斗争时，交大学生自己驾驶火车开往南京向国民党反动政府请愿的壮举，常常难以忘怀……总之名校的传统不是“包装”出来的，是历史的积累，有实实在在的、可圈可点的故事组成的，是我们国家、我们民族文化渊源和发展的一个分支的标志。名校的“名事”还得有现实的突破，名校不可能也不会抱着传统过日子。传统表示过去，并不等于未来。马克思主义要与时俱进，名校也要与时俱进。中国名校在现实生活中都是朝气蓬勃，人才培养上是青出于蓝，学术研究方面屡有突破，改革开放则走在前列。谈到名校的“现实突破”，当今社会竞争酷烈，评比排名五花八门，层出不穷。名校受到的压力非常大，名校的主持人更是紧张万分，不知道哪天传媒报导，某项评比得了什么名次，如果列后或者落后若干，校内外上上下下各种指责纷纷涌现，一部分师生也会一股怨气涌上心头。作为名校要经得住这类评比排序的冲击。名校确实某一方面落后了或失误了，公之于众的评比和批评无疑是一次较好的激励和推动。任何名校不可能在各个方面永远处于某一名次，有进有退是很正常的。要力求避免的是不要在某种评比压力下产生浮躁心态，急功近利，偏离自身的传统和正确的发展方向。为了名次，学术研究和办学领域里的弄虚作假永远不应该发生。如果发生了，这当然比名次排列上落后若干名严重多了。名校都有坚实的历史底蕴和优良传统，看看中国的几所大学，近百年来几经风雨，不论怎样折腾，即使经历“文革”劫难都没有垮下来，现在风行的评比排列也不可能把任何一所名校搞得灰溜溜。名校会坚定地走自己的路。说起评比排列，也要看到其局限性。有的评价体系的公平性科学性并非没有问题；至于非权威机构任意公布什么排名，更是促进不足，混乱有余。评比泛滥也是一种“灾难”。

称得上名校，还要有一流的“产品”，就是培养出名人。这是最难办的一条，也是“实践检验”是否称得上名校的最最硬的指标。用重金礼聘知名人士担任校长、教授不难办到；从海外引进一些名人也并非很困难的事；至于建造一些漂亮校舍，买进一些先进设备以提升办学条件，也是屡见报导，但是有这样条件的学校还难以称之为“名校”因为还没有培养出社会认可，拿得到台面上，经得起推敲的名人，要培养出名人，肯定得有岁月的浇铸。

中国的名校，究竟有多少？说不清，但人们的心目中还是有点数的。我们不要放低“名校”标准，不要滥戴“名校”桂冠。“名校”自己当然非常爱惜声誉，坚持高标准，拒绝和防范一些人借“名校”之名行欺骗之实。最近电视暴光，一家不法装潢公司在店堂公然把某名校放在自己公司名称前，蒙骗客户，在电视台记者刨根追问下，这家公司承认与名校全不搭界。第二天，电视画面上不法公司把名校桂冠拿掉了。中国的名校规模都很大，学校主持者很难面面管到，而政府有关部门对假货、冒名等不法行为又处罚不力，名校被人冒用，势所难免。看到这种现象，也不必大惊小怪，更不要未经核实就认为真是名校干的。现在的趋势已经很清楚，政府的打假决心和手段是会日益深化和完善的，法制是会到位的。说到底维护名校声誉肯定是这个国家的利益所在，名校所在地政府也是责无旁贷的。

名校问题，写了上面一大堆，还有一个问题需要探索，名校会不会象一些名牌企业那样衰落、出局、破产？“名校”是不是“永久牌”？我的观察，从中国高校近百年史看，还不能说都是“永久牌”。例如上海在 20 世纪中叶，一所非常有名的大学，在调整中消失了。这是维护国家主权起了主要作用。除此之外，中国名校在可以预见到的岁月里是不会衰落的，也不会象资不抵偿的企业那样宣布破产的。其根本原因在于学校不是企业，名校是社会永远需要的，是国家、人民群众心中的一个“宝”，是不会让他“破产”衰落的。一所名校如果出现困难或管理严重失误，政府也好，社会也好，学校内部师生也好都会适时采取措施，支持纠正甚至挽救的。回顾历史，抗日战争的困难岁月，日军侵占北平、上海。清华、北大师生历尽艰辛在昆明办起西南联大；交大的校舍被日军占领了，民国政府教育部不同意交大内迁，交大师生一面在敌后上海艰难办学，一面又在重庆再办一所交大分校。十年“文革”的动乱年代，名校的名事、传统被当作修正主义、资产阶级胡批乱斗，教授们纷纷落难，当作反动学术权威斗倒斗臭，下放农村接受再教育，搞什么“停课闹革命”，名校遭遇了史无前例的摧残。粉碎“四人帮”，中国名校解放了，在中央正确领导下很快恢复了，发展了。看看今天的中国，从中央到省市党政主要领导几乎都是从中国高校，而且许多是名校培养出来的，这就是“名校的魅力”。

名校垮不了。但不能由此得出名校不会发生严重困难的曲折。思想保守，不能与时俱进；作风不纯，不能团结师生；水平不高，不能创新开拓。如果某名校真的一时落后了，由于我国名校都是国家办的国立大学，当这种情况显现时，上面会很快采取措施，进行调整的，不必忧心。这所名校一定会很快振作发威的。

中国一些名校正在迈进世界第一流，这和我们国家在世界经济、政治、科学等方面的崛起是相匹配的。名校的责任是抓住机遇与时俱进。

交大有没有“校训”[*]

交大有没有“校训”？前不久一位教授突然发问，服务交大将近五十年，似乎没有听到有难忘的用文字表达的“校训”，只好如实回答：需要研究。

“饮水思源”——流传很广、很久、很远，刻在石碑铜器上，印在书报信封上，算不算“校训”？怀念母校培育成长是一根剪不断的纽带联系着数十万曾念过书、教过书、干过事的交大人。“饮水思源”舒发着诗情画意的动态思念。但思念的表达不能视为校训。

“门槛高（后改为起点高），基础厚，要求严”——这是著名的老交大传统，我曾写过一篇“老交大传统的故事”，发表在校刊上，后收集在《风雨交大》中，人们说这是校方和教授们办学之道，没有对学生思想品德的直接要求。传统是历史的积累，不是主观可以制订的“训”。是啊，办学者的传统要诀不能算作校训。

---

* 本文写作于2005年10月。

“民主堡垒”——新中国成立前，交大师生在争民主求解放的岁月里，不畏艰险，不怕牺牲，前赴后继，甚至自己开了火车去南京请愿，震动全国。上海人民于是在1948年送给交大“民主堡垒”的荣誉称号。革命传统与荣誉称号想来也不能变成校训。

“饮水思源”，“门槛高，基础厚，要求严”，“民主堡垒”这三句话几十年来已成为交大的著名“品牌”，传播很广，难以忘怀，但又都不是校训。

前不久，在1986年出版的《交通大学校史》第65页上查到了“校训”，照录如下：“唐文治对学生的道德教育是不遗余力的。……他还亲自制订了‘勤、俭、敬、信’四字为校训。在大礼堂则悬挂了‘好学近乎智，力行近乎仁，知耻近乎勇，虽愚必明，虽柔必刚；富贵不能淫，贫贱不能移，威武不能屈，所存者仁，所过者化’的联幅，作为学生砥砺品德的座右铭”。在《校史资料选编》上又查到唐校长对“勤、俭、敬、信”的解释。唐校长订的校训和解释。当年很好，没有不妥，今天有益，无可指责。但是却没有能像“饮水思源”那样凝聚交大学子的过去、现在和未来，流传至今。这是值得思索的“为什么”？

唐文治，1907年起来校担任校长过13年之久。他是近代中国著名的教育家、国学家；又是一位引进西学、思想开放力行“中体西学”的校长。他对学生思想教育抓得极紧，每周上午在大礼堂向学生讲授孔孟之道。他制订的“校训”，即不属于民主自由的价值观，也不是马克思主义的人生观，而是源出儒学的为人之道。1919年，中国发生了“五四”运动，口号之一“打倒孔家店”，交大学生砸掉了校内的孔子牌位，儒学和封建主义成了批判对象。唐校长对交大发展作出重大贡献，也有很深的感情，但批孔他难以接受，1920年以目疾为由坚辞交大校长。随着儒学的被批和唐校长的离去，四字“校训”也就自然淡出。

唐校长之后主持校务者也曾将四字校训进行增删，但也没有留下深刻印象，未能流传下来。“文革”以后，与林彪捆绑在一起无辜被“全民共讨之”的孔夫子得以解放，儒学的积极面作为中华民族的传统文化与道德得到认同。20世纪90年代初学校管理层又一次讨论要不要制订“校训”，并且将“求真，务实，开拓，创新”作为校训提出。当时既没有人反对，但也没有能坚持下米。看来校训之沉浮难产除了政治因素外，似乎还有什么”技术”上原因可探索?

“技术原因”之一：将独立含义的几个单字(或词)组合在一起的校训，尽管每个字(词)有深刻的内涵，但感觉上似乎刻板、枯燥；没有意境。

“技术原因”之二：独立的单字(词)组成的校训，缺乏稳定性，根据某个时期需要组合不断可变，这要大学生记住就难了。

“技术原因”之三：没有“个性”。不少有“校训”的大学或中学，大多雷同。有的干脆把党的思想路线“实事求是”拿来当校训，当然没有错，但同时也就没有特色。

进入21世纪，师与生关系，校方与学生关系与百年以前封建时代私塾、书院教育以及国民党统治年代都已大不相同。校训要“训”的对象是谁？当然是学生。学校对学生的教育主要方法是教与导，即使学生犯了错误，要给予处分，也不是“训”，教师与学生、校方与学生都是平等的民主的关系，不是“训”与“被训”的关系。随笔写到这里，我觉得实际上交大没有稳定的、师生有共识、一代又一代能延续、为大家能记住的校训。有的是深入人心的交大精神“饮水思源，爱国荣校”和教学传统及革命传统。

交大的“霸王课”

——百年普通物理*

物理作为一门学科，作为一门大学的基础课程，从西方引入中国，在中国高等学校生根发展，交大可能是最早的大学之一。交大创始于 1896 年，当时校名南洋公学，1900 年在美国专家福开森的规划指导下，在新落成的中院“辟格致室，内置理化仪器”。从此物理在交大一步一步发展，是主事者和教授们极其注重的教学、科研的基础学科之一，也成为历届学生心中的“霸王课”。

106 年来，交大物理经历过的风风雨雨与祖国的苦难历程和振兴崛起，与师生的自强不息和创新实干永远密切联系在一起。物理系的几位资深教授在系党政领导的支持下把这段历史编著了《上海交大百年物理》，不仅记录了历史，也启示着后人。110 年来交大的培养对象以工科学生为重点，物理对于学习工程技术的学生乃是

* 《上海交大百年物理》一书于 2006 年 3 月由上海交通大学出版社出版，本文曾作为“序”，后刊于 2006 年 6 月 19 日《上海交大报》。

一门极其重要的基础课，在这点上，师、生、校三方认识都很一致，问题是如何做到“极其重要”。这本书描述交大物理教师们一代又一代献身物理，热爱教学，上每一堂课，编每一本书，带每一个实验都是那样地认真负责。我在交大工作50年有幸认识周铭、程守洙、任有恒、方俊鑫、胡盘新等著名教授。也曾以有机会为交大物理服务。他们中，有的比我年高二代，是德高望重的前辈，如周铭老夫子，他曾担任老交大教务长，是交大“严要求”教学传统的标志性人物之一，也是“霸王课”中实验部分的把关者。20世纪60年代初，在经历了教育秩序的动荡混乱之后，中央教育部决定统编工科普通物理教材，由上海交大组织，程守洙教授受命主持这项工作，他和江之水教授一起带领当时还年轻的胡盘新、朱詠春等教师极其认真编出了工科大学《普通物理学》教材。半个世纪来，这本教材一版又一版与时俱进修改出版，程、江二位虽已作古，但书直到现在长盛不衰。这本教科书出版量之大，受益面之广是全国之最。

物理对于交大不仅是一门基础课，而且作为一门学科而建立的一个系。1930年，交大物理系就招收了10名物理系学生。著名的裘维裕教授担任系主任。在裘教授主持下交大物理系聚集了一批名师，如周铭、胡刚复、班乐夫（德国）、束星北、赵富鑫、许国保等。抗日战争和解放战争使学校处于动荡状态，物理系在困境中坚持下来了。新中国成立后，根据计划经济的要求，中国高校进行了大规模的院系调整，交大调整为多科性工科大学，物理系的许多教授和主要实验仪器设备根据命令调整至复旦、华师大、南大、南京水利学院和南京化工学院等校。物理系只剩下为工科本科生开设普通物理的部分教师和实验设备。但是作为一个中国著名大学，背负着东方MIT美誉的交大，并不认同办纯粹工科的大学模式，一有机会学校主持人和教授们就想恢复理科。1958年趁“大跃进”机会物理专业恢复了，但戴上“应用”帽子，使主管教育行政部门容易批准认可。然而好景不长，1961年由于“三年自然灾害”等因素，在“缩短教学战线”的原则下物理专业被停办。但已经积累的师资力量没有受到大的影响，保持住了。过不多久“十年文革”。动乱过去后，邓小平主持中央工作，解放思想，改革开放成为那时思考如何办大学的准绳。当时交大主持人和教授们又一次一致认为要恢复理科，为了审批方便还是戴上“应用”帽子。1978 年 9 月，上海交大应用物理系正式恢复，并且同年就一举招了 63 名本科生，19 名大专生，3 名硕士生。将近 30 年来，交大物理系有了极大发展，现在的教学和科研水平跻身于中国高校的前列。

上海交大要办成世界一流的大学，没有高水平的理科这是不可能的。我相信上海交大物理系的教授们，员工们，一定能实现交大几代人的理想。作为物理学科，交大要攀登高峰；作为面向全校的普通物理教学也要结合时代特点保持“霸王课”的雄风。

研究中国高校变迁的样本之一*

上海交通大学最近出版了约 20 种校史专著。《上海交通大学纪事》按年按月如实记载了建校 110 年的“事”和“人”，篇幅长达 300 万字。2005 年和上海交大合并的上海二医大，也同时出版了 90 万字《上海第二医科大学纪事(1952～2005 年)》。

《江泽民和他的母校上海交通大学》，用写实的笔法，以一系列的故事反映了江泽民的师生情、同窗情、母校情。

交通大学办在上海徐家汇，《三个世纪的跨越——从南洋公学到上海交大》一书是三位青年作者化了三年时间用不长的篇幅描绘上海交大的历程。《青青犹在》记载了为中国站起来而奋斗牺牲的 24 位交大校史人物的烈士事迹。《春风桃李》汇集了从交大走出去的文化、教育、音乐、美术、戏剧、考古、新闻等各界名人。《老房子，新建筑》以校园建筑为载体，用图文并茂的编

---

* 本文原载 2006 年 7 月 3 日《上海交大报》。

排，从历史人文的视角记录了百年交大的沧桑变化。《思源湖》则收集难以见到的一些重要的文章，如盛宣怀创办南洋公学的奏折，以及不同年代的回忆和访谈，“思源湖”上显现的是一个“感性的交大”。

中国自盛宣怀1895年创办天津大学、1896年创办南洋公学这两所中国最早的现代大学起，迄今已有111年历史。研究中国高等教育的发展变迁，交通大学无疑是样本之一。一百多年来交大不论经历什么样的动荡、战乱、曲折、磨难，都克服了，闯过来了。近30年来更是得到了巨大发展。为什么能如此，从交大校史《上海交通大学纪事》等研究著作中看到的答案是：中国需要交大，人民需要交大；交大回报国家，交大思源致远。

研究校史也要解放思想*

研究中国高校校史也要解放思想，也要与时俱进。解放什么思想？

“宜粗不宜细”。这是经常听到的处理带有现实政治影响的历史问题的一项政治方针。用得对路，无疑是好的。但这不是研究历史和校史的方法。研究校史如果“宜粗”就没有必要研究了，不研究是最好的“粗”。校史研究的史实收集要细，考证要细；对事对人的评论同样要细。大量的收集、分析比较、鉴别，最后的“成果”可能只形成几句话，但这是可贵的。也可能由于当时政治因素，不宜发表，也是正常的，但不能因此认为校史研究可以“粗”，文字不多不等于“粗”，也要“细”。

“对事不对人”。同样是处理某些问题的又一种方法、手段、政策。但也不是研究历史的方法。历史是人创造的。评价“人”是研究史的核心。春秋、史记、中外史书都是评论人的。中国高校历史最久也不到 120 年。而涉及当代高校

* 本文写于 2008 年 5 月 26 日。

的历史研究，不少当事人还健在，有些档案还没有公开，也没有经过时间的检验，评论人难度很大。但既然称为“校史研究”就不能回避对人的研究评论。办法只有更加要注意史料的可靠性，有时要考证。推理也要有根有据。不要骂人，扣帽子，或者任意戴上华丽的桂冠。某些评论尽可能引用本人原话或权威的“原话”“结论”，切忌“断章取义”、“曲解原意”。涉及到的校史人物以宽容为主，多写为国为校的贡献成就。对国家、对学校、对人民造成严重伤害，甚至已作出犯罪结论的“名人”也不宜回避隐没。

“没有人这样写过，不符合写史结构”。其实正是没有人写过，写出的书才有新意。如何写中国高校史迄今为止没有看到教育部有什么规定，没有听说大学间有什么相互约定，也没有范本可抄。只要不是写小说式虚构戏说，不是写工作总结式报告，不是写时效为先的新闻报导，不是搞资料汇编。认真写出的中国高校史一定会受到欢迎。事实上近年来已看到有的大学出版的校史，是非常好的学术著作，会是中国高校传世之作。

大学文化与“问题文化”*

学校正在进行大学文化和大学精神的广泛讨论，这是一项基础建设。

说到文化，现在的人都在承受各式各样“文化”的影响，在“文化”包围之中。文化有东方的、西方的、中国的、民族的、儒学的、基督的、城市的、社区的，……一直到大学文化、企业文化、社交文化、饮食文化等等。谈文化是当今的热门话题。现代社会的精英几乎全部出自大学，大学又是出思想的殿堂，讲大学文化、大学精神又成为一个焦点。但真要把大学文化、大学精神说清楚、讲明白并不容易。有些讲文化的人并非出于善道，各有企图，讲的是假文化、伪文化、落后文化，对这类“问题文化”要当心上当。

一所大学的大学文化、大学精神，不可避免与这所大学的历史、传统、校风、校园、名师、名人，……以及师生关系、社会环境等等可捉摸的实体难舍难分。说是在讲大学文化、大学精神，

* 原载 2006 年 11 月 6 日《上海交大报》。

实际在讲校史、校风、传统、名师、名人……是很正常的。学校文化离不开时空载体，抽象源于具体，否则就“玄”了。谈大学文化、大学精神不论用上什么美文，包上什么彩妆，还是有些起码的要求：①讲事实，要有根有据，不能造假。文化造假并不罕见。假校史、假名人、假事件，在平面媒体上、网络栏目上、电视画面上、出版著作上不时可见，但假的终究会露底。②分析时，要入情入理，不要拔高。吹捧拔高也是造假的一种。这样的大学“文化”不会有说服力，也不要由于意识形态而刻意贬低有建树的名人名事。③少讲空话、大话、套话。“空、大、套”，虽然不是假话，但也不是先进文化，讲的人辛辛苦苦，听的人厌烦疲倦，废话一堆。

研究大学文化，讲解大学精神，产生不同观点，是很正常的，文化问题没有“一言堂”。讲得不够全面，有些不妥；个别史实运用不够正确，都可以理解，不要求全。但是讲大学文化，讲大学精神归根到底是为了真善美，为了文化的先进性和前进性，这可是不能糊涂的。

招商局与交通大学*

130 年前，清政府的高层经过一场激烈的争论后，一个“官督商办”以股份制为核心的近代企业——轮船招商局在中国上海大地上诞生了。这是一个引进西方技术和管理模式，谋求强国，创导开放，并且敢于和洋商争利较劲而令人耳目一新的大型企业。它成为了那个时代中国在发展先进生产力的起航路上的标志性实体之一。过了 24 年，即 106 年前，上海又诞生了一所以西方著名大学为模式的新式大学——南洋公学，即交通大学的前身。

创建交通大学的是晚清高官盛宣怀，盛也是当时控制招商局的“官督”和股东。盛宣怀向清政府打报告时，同样提出要以“官督商办”的形式办南洋公学。奏折到了光绪皇帝手里，这个光绪，情绪兴奋，大为欣赏，发出谕令“既准设立大学堂，则是国家陶冶人才之重地，与各省集捐设

---

* 本文于 2002 年 5 月 4 日为庆贺中国招商局创办 130 年而作。部分内容曾刊《文汇报》，未署作者名。

立之书院不同，着由户部筹定的款，按年拨给，毋由盛宣怀所管招商、电报两局集款解济，以崇体制”。交大于是一开始就成为完全的官办大学即国立大学。但那时清政府已国库空虚，要户部拨款，成了皇帝的空话。盛宣怀并不完全照“圣旨”办事，交大创建时的经费主要还是盛宣怀每年从招商、电报两局调集银两拾万两，落实开支，其中招商局承担陆万两。

这些资金，交大主要用在：买地、扩大校园；建房、打造校舍。仅在1898年至1906年学校就购置了徐家汇地120亩、建造中院、监院的住房和洋教习住房、为建上院置地、建总理公馆、门房、小学校舍等等。今天交大校园内有一幢跨越了三个世纪的老房子——中院，仍然折射着当年招商局对交大的投入。

两局的支持建成了南洋公学。正是这座典雅的新式学堂，为当年处于危难之中的中国培养了一批兴业之才和治国之才。他们中有民族英雄蔡锷、辛亥革命烈士白毓崐、民主革命先锋黄炎培、早期马克思主义者邵力子，以及早期将西方戏剧、音乐、绘画引入中国的开创者李叔同、中国话剧奠基人之一洪琛、著名新闻工作者邹韬奋等等。还是在这幢迄今完好保存，有着招商局资金支持的中院老房子里，著名教育家蔡元培曾在这里执教过，被国家授予人民科学家称号的钱学森院士与江泽民总书记也曾在这里就读过。

派毕业生出国学习。公学开办之初。盛宣怀已有此打算，按盛的估算“经费每人每年约需银二千两，连同川资书籍，造就一人非万金不办”，但盛认为“学生必出洋游历，躬验目治，专门肄习，乃能窥西学之精，用其所长，补我所短”。“以备学成回华传授，实为强本利国之根基”。从1898年冬起，交大就选送了学生留日、留美、留欧学习，为此经费要增加。1901年起“招商局每年添拨规银二万两，电报局添拨规银二万两。以备游学经费”支持南洋和北洋的学生留学。档案记载1897年至1906年仅南洋派出的留学者共达58名，这在当时是非常不容易的，招商局是最早支持中国高校派出留学生的企业之一。

1901年李鸿章病死，袁世凯任直隶总督兼北洋大臣，袁趁盛父死

“守制”，夺取了招商局控制权。1903 年初，又借口交大发生学潮，想解散交大，致电盛宣怀：“闻南洋公学已罢散，能否趁此停办，或请南洋另筹款”。盛宣怀顶住了袁世凯的赶尽杀绝，拒绝停办南洋，采用“收束”规模，“劝募”经费等办法把交大保存了下来，但招商、电报两局每年给交大的拾万两经费被袁世凯切断了。这段共同走过的路，形成了他们相似的传统精神。每当上海交通大学回顾百年校史，研究办学传统时，交大的同仁总是不能忘怀招商局对交大的支持。招商局不仅在创办中国新式企业上开风气之先，而且在支持举办新式大学堂也是功不可没的。

2000 年江泽民主席讲了一段历史，对我们理解评价招商局成立时的背景，极有助益，江泽民说：“清朝从 1644 到 1911 年共延续了 268 年。从 1681 年到 1796 年是史称为‘康乾盛世’。在这个时期，中国的经济水平在世界上是领先的，乾隆末年，中国经济总量占世界第一位，人口占世界三分之一，对外贸易长期出超。也正在这一时期西方发生了工业革命，科学技术和生产力快速发展。但是，当时的清朝统治者却不看这世界的大变化，夜郎自大，闭关自守，拒绝学习先进的科学技术。最后在短短的一百年的时间里，就大大落后于西方国家，直至在西方的坚船利炮面前不堪一击。这个历史的教训刻骨铭心啊”。晚清的一些高官如李鸿章、张之洞、盛宣怀等洋务派人士以及民间有识之士如容闳、唐景星、徐润、郑观应等都看到了帝国主义的“坚船”带来了利炮，带来了鸦片；“坚船”带走了中国人民的财富。他们也看到“坚船”运量大、速度快，又稳妥，带来了世界贸易的大扩张，庞大的海运船队，取代了丝绸之路上悠悠行进的骆驼。到了 1866 年时，清政府内一些头脑像石头一样的大员，往返各国也“非轮船不坐”。在这样背景下，洋务派主张中国不仅要造利炮，造兵舰，也要造轮船，也得有船队。这是先进生产力，顺应了历史前进的步伐。但那时的顽固派还是在攻击变革开放，说什么“师法夷人可耻”，洋务派则理直气壮驳以“天下之耻，莫耻于不若人”。中国轮船招商局就是在这样的潮流下办起来了。

以后的 90 多年，招商局和交大都经历了无数的困难、曲折和变迁。

在抗日战争的艰苦岁月里，招商局撤退至重庆，交大也迁到重庆。1944年一位交大毕业后留英学习造船、造兵舰的学子归来了，这位远方的游子说：“人离开祖国，如螺旋桨之离水，以儿之念祖国，知祖国必念儿也”。是他把交大和招商局又一次联系在一起。这就是交大造船系创始人之一的辛一心教授和招商局当时的工程课长、以后的总工程师辛一心。交大与招商局双方商定同时聘请辛一心，从1944年重庆开始一直到1957年他在上海因病故世。13年来他一直既在交大任教、又在招商局任职，这在中国校企间成为佳话。辛一心是我国造船界的泰斗，又是大学的名师。在重庆期间，他主持修复了抗战时撤退至重庆的6艘大型江船。抗战胜利后又是他带领了交大造船系的师生乘座6艘中最后修复的招商局“江运”号船复员回到上海。1949年，招商局的同仁在中国共产党领导下经过光荣斗争，包括起义、流血，回到了人民怀抱，获得了新生。但是由于众所周知的原因，中国发生了指导思想上“左”的偏差，国家没有及时转到以生产建设为中心，中国与发达国家的差距拉得更大了，招商局也宏图难展。1976年，一举粉碎“四人帮”，“文革”宣告结束。党的十一届三中全会的召开，中国迎来了新时代。

新的时代呼唤中国人民要解放思想，要改革开放，要敢于引进世界先进的科学技术和企业管理。就在此时有着改革、开放、引进传统的中国招商局，又一次扮演了新时期改革开放的急先锋。招商局的改革开放是多方面的，成就也是多领域的，但给世人留下最深刻的印象和最着力的震撼是创建了“蛇口工业区”。蛇口，深圳南山脚下的一片荒滩野地，虽东临深圳湾，隔海目接香港，地理位置非常好，却常年沉睡。是交通部和招商局的历任领导和广大职工在许多中央领导人的领导、支持下，打破了闭关锁国的条条框框，唤醒了这片沉睡的大地。短短的几年蛇口变了样，蛇口成功了。蛇口工业区提出的“时间就是金钱，效率就是生命”使人耳目一新，推动思想解放，1984年2月24日得到了邓小平同志的赞赏和肯定。1984年的国庆游行队伍中，打着这个口号的彩车出现在天安门广场。蛇口工业区实际上成为中国实行对外开放的特区和各地涌现的各式各样的开发区的先驱者。招商局的蛇口工业区提供了极其宝贵的借鉴。当人们回顾 20 多年来中国人民在邓小平理论指引下，踏着坚定的步伐，摸着石头，实践改革开放，振兴中华，人们永远不会忘记招商局开创的深圳蛇口工业区。

历史有时也很有趣，无独有偶，几乎与招商局开发蛇口的同时，也有着改革开放传统的交大，在邓小平同志亲自批准下于 1978 年派出新中国第一个访问美国的高校代表团，走出了教育领域的闭关锁国。交大率先进行了大学的管理改革，打破了"大锅饭"、"铁饭碗"，推行了带有"物质刺激"的工资和奖励制度，交大在教学、科研、校园建设各方面得到了发展。从而影响了全国各个领域，1984 年 2 月 16 日，邓小平同志在上海接见交大代表赞赏交大的改革。为此 1984 年国务院总理的《政府工作报告》写上了交大的改革，给予肯定。

回顾招商局和交大 100 多年的风雨历程，人们深深感到墨守成规是要落后的，闭关锁国是要挨打的；科学技术是没有国界的，而学习先进一定要放下架子。100 多年来，中国一直在谈论要不要学习西学？如何学习西学？以及西学与中学的关系，这是对外开放回避不了的问题。100 多年来一直有一股反对学习西学的声音，当这种声音上升到"国策"音调时，一定出现"洋奴"、"卖国贼"等高分贝噪音，知识分子中主张开放改革的就会遭殃，而国力则陷入衰微，无力抵抗列强斩割。因此，如何处理好学习西学，既是一个理论问题又是一个实际问题。就在招商局成立的年代前后，清朝有见识的学者提出了一个著名的公式，"中学为体，西学为用"，以此处理中学与西学关系。这是一个正确的方针。盛宣怀是力行的。问题在于对"体"的释义，长期存在不同解读的空间。从盛宣怀的实践看，盛把"体"定位在中国的国情和主权，而不是清皇朝的体制。招商局当年采用"官督商办"，就是从中国国情出发。"中体西用"不是洋务派的专用名词，作为一种思想和学说一个多世纪来一直影响着中国人民学习西方，探索富强，解放思想，独立自主的前进步伐。毛泽东说：马克思主义是外来的，是十月革命一声炮响传到了中国，毛泽东把"西学"马列主义与中国革命实践相结合。“社会主义”同样是产生在西方的学说，也只有和“中国特色”相结合，中国才走上强国富民的新时代，这就是邓小平理论。政治学、社会学、经济学，这样一些敏感的领域，从中国共产党成立之日起一直在学习“西学”，问题是如何坚持“中体”。130 年来，招商局在实践着把西方的科学、技术、资金、管理用到中国来，与中国国情相结合，坚持主权，走自己的路，招商局取得了巨大的成就。

让我们衷心祝贺招商局，在新的世纪沿着邓小平理论和”三个代表”的思想，坚持改革开放，作为具有中国特色的大型现代企业，在驶向广阔世界航路上取得更伟大的胜利！

说说“思源致远”*

“思源致远”——上海交通大学为庆祝建校110周年，校方经网上网下广泛征询意见后，作为凝聚100多年来上海交大历史文化的学校精神，以最简洁的词语公诸于世。“思源致远”一经公布得到全校师生的广泛认同，各地校友的深情赞许，社会各界的诸多好评。人们说：这就是跨越三个世纪的上海交大的学校精神。2006年4月6日，原中共中央总书记、国家主席、老学长江泽民欣然命笔用行书书写了“思源致远”四字，惠赠母校。

“思源”典出于铁道部长孙科兼任交大校长时决定建造一幢学生宿舍，落成时为纪念1920年反对军阀战争中就义的革命战士、孙中山的忠实追随者朱执信，乃取名“执信西斋”（现徐汇校区学生第一宿舍）。1930届毕业班有幸首批入住，毕业前夕他们为感谢母校和老师培育之恩，捐资在“执信西斋”前赠建一座水池，池中央矗立

---

* 本文原载2006年4月《上海交大报》。

纪念碑和校徽。纪念碑的大理石正面，学生们镌刻中国人民的传统格言“饮水思源”。从此“饮水思源”成为一届又一届、一代又一代从交大走出去的学子对老师、对母校最真诚、最形象的感激之情和默默承诺。

“致远”典出于南洋公学创始人盛宣怀1896年给光绪的奏折:《请设学堂片》，盛宣怀针对当时清政府办的学堂，如同文馆(外语学校)等，盛认为这些学堂“孔孟理义之学未植其本，中外政法之故未通其大，虽娴熟其语言文字，仅同于小道，可观而不足以致远也”。盛宣怀要举办的是能“致远”的大学，要培育的是能“致远”的大才。100多年来，交大也确实培养出像钱学森、吴文俊、江泽民等“致远”大才。这是交大对中国的贡献。

“思源致远”是一幅画卷，是一首诗词，有对过去的怀念和未来期望，有现实的这里和期望的那里。在世的人都有过去，有生我育我的家人、故乡、祖国，有教我成长的老师、先辈、母校。过往人生或许是一帆风顺，平淡无奇，或许是曲折沉重，已有作为，但这些都是已经不可改写的往事。“源”是不能忘记，不可以忘记的。但人都面向未来，“远”是未来，是憧憬，是理想，是大志，是可追求，可书写的人生价值。“致”的意境是追逐，达到，极致;追求最好，最美丽，最有价值。

“思源致远”的交大精神，将永远激励上海交大追逐理想，前进创新。

上海交大120年历史源远流长*

一、校名来历和办学目标

(1)"南洋公学"(盛宣怀创办)。"任重致远"(黎照寰语)。

1896年盛宣怀奏:"西国人才之盛皆出于学堂"。盛要在上海办"南洋公学"。盛之后解释南洋公学校名名称:"西国、民商办,官助叫公学"。

盛宣怀在办学奏折中评论当年各类学堂"可观而不足以致远也"。就是说盛宣怀办的南洋公学要"致远"。

1930年起担任交大校长14年的黎照寰说学生要"才识丰、体力雄、志气高,始能任重致远为国效劳"。

2006年校庆,学校请江泽民书写"思源致远"。江泽民用行书在宣纸上书写后惠赠母校。

(2)"交通大学"(叶恭绰取名)。"天地交而

* 本文是2015年10月按校关工委和学指委安排,分别向致远学院和青年马克思主义学校讲交大故事的提纲

万物通，上下交而其志同”(《易经》语)。

1921 年叶恭绰任北洋政府交通总长时将交通部属 4 所学校合并取名交通大学，本校称交通大学上海学校。叶主张“交通救国论”，叶的“交通”是实体交通。

21 世纪初上海交大管理层引用《易经》语，将“交”与“通”跳出实体所指，作了宽广、深厚、致远的哲理解释。上海交大要放眼世界，探索宇宙，格物致知。

(3)“上海交通大学”(周恩来批准)。“世界一流大学”(江泽民题)。

1957 年周恩来总理批准交通大学分设西安、上海两地。1959 年独立为两校，上海部分定名上海交通大学。

江泽民 1987 年任中共中央政治局委员、上海市委书记，参加上海交通大学闵行新校区开学典礼，典礼后在会议室题辞：“百年大计，教育为本，努力把上海交大办成第一流大学”。1991 年校庆前夕，时任中共中央总书记江泽民从北京寄来贺辞：“继往开来，勇攀高峰，把交通大学办成世界一流大学。”1998 年中国政府立项：中国要建设几所世界一流大学。即“985 工程”，上海交大为其中之一。

二、交大精神

(1)“与日俱进”。“敢为人先”。

上世纪 20 年代，交大毕业生赠给母校一件古代天文仪器的复制品，放置仪器的基石上刻“与日俱进”。

上世纪 80 年代，改革开放初期，“敢为人先”是交大人的精神写照。当年交大的改革开放受到邓小平的表扬。并写入国务院政府工作报告。

(2)“民主堡垒”。“爱国荣校”。

1948 年国统区的交通大学，上海学联认为是爱国学生运动的“民主堡垒”，在一次全市学生代表在交大集会时，市学联在交大校园中心搭起大型竹构架，上书“民主堡垒”4 个大字。1948 年 7 月 28 日国民党机关报“中央曰报”发表社论，称交通大学为共产党的“民主场”，“独立王国”，

"苏维埃租界",要"操刀一割"。上海解放前夕交大学生穆汉祥、史霄雯被捕就义。

抗日战争时期,民国政府不同意内迁,交大被迫坚持在敌后办学。八年抗战敌后交大1 000多名毕业学生大部分赴内地或延安报效祖国。敌后交大培养出新中国13位两院院士。1940年在后方重庆白手起家的交大,集合大量海归学者执教,形成"理、工、管;机、电、讯;海、陆、空"的学科布局。1945年后方交大13%学生从军抗日。新中国成立后,1950年战火烧至鸭绿江,1951年15%的交大在校学生参加人民解放军保家卫国。

(3)"中体西用"。"饮水思源"。

清末处理中外来往的原则是"中学为体,西学为用",但社会对"中学","体"的解释不一,争论不断,盛宣怀坚持南洋公学一定要大举引进西学,但同时"必以中学为体"。

执信西斋(学生宿舍)竣工,首批入住的是1930届116位毕业班同学",住了半年为感谢母校培育之恩,集资建造以校徽为中心的喷水池,正面刻"饮水思源",自此成为一代又一代交大学子对祖国、对母校的信念,成为交大的文化传承。

三、学在交大

(1)"老交大传统:门槛高,基础厚,要求严"。

老交大传统是从南洋公学时已开始形成的教学特点。其核心是严要求。90年前曾有一位交大校长"旁进"(现叫"开后门")三位学生,因师生反对,而被免职,只担任了8个月校长。60年前张鸿副教务长归纳出"门槛高,基础厚,要求严"。就此代代相传。"文革"时"老交大传统"被"上纲"为"复辟资本主义","打击工农子弟","反革命修正主义","孔孟之道",上海交大许多教师和干部因此被批斗。"文革"结束后,1978年新华社以《为老交大传统恢复名誉》为题发表新闻,为一所大学的"文化传统"平反。

(2)“霸王课”。

物理是交大的“霸王课”,学生中这种评论,大概出现在1920年左右。其实交大还有一些课程具有霸王课特性,如数学、外语、电工基础、流体力学。交大学生毕业后适应性大,学好霸王课是因素之一。

(3)“综合性、研究型、国际化”。

20年前学校管理层回顾百年交大办学实践,提出上海交大的学科设置要“综合性”,与科技关系要“研究型”,与世界交往要“国际化”。经教育部、上海市认可,上海交大的办学模式确定为:“综合性、研究型、国际化”。也是与二医大、农学院合并的办学理念。

(4)“住在交大”与“学在交大”。

1987年交大闵行新校区使用后,大学生们对比上海各高校后,称“住在交大,吃在 * *,玩在 * *”。不久政治局委员、国务院副总理兼国家教委主任李铁映来校视察闵行校区,在听到学校介绍学生们上述评论时,李根据他考察交大闵行校园所见所闻,结论为:“学在交大”。李铁映并当场题辞:“学在交大”。

改革开放篇

邓小平与上海交大*

邓小平同志没有到过上海交大校园，但他关注交大，交大师生也一直敬佩他。

一、“批邓”在交大，批不起来

1975 年，小平同志主持中央工作，开始全面整顿，人民看到了希望。年底，“四人帮”兴风作浪，冒出一个“反击右倾翻案风”，实际是“批”邓小平。交大师生普遍认为小平同志说的、做的，是对的；对他只有敬佩，根本没有什么可“批”。诺大的一所大学，出现几个跟着“反击”的人也不奇怪，有一个兼系总支书记的工宣队连长贴出几张抄自“四人帮”报上的“反击”大字报，但没有人响应，冷冷清清。校园内师生们，教书的教书，读书的读书，成了“逍遥派”，这是人心所向。1975 年终究不是 1966 年，即使搬出“最高指示”也不灵了。面对如此“反击”局面，“领导”交大的上海市革委文教组当然没法向张春桥交代。于是，文

* 本文写作于 2006 年 3 月 20 日，刊载于 2014 年 9 月 22 日《上海交大报》。

教组会上点交大“落后”的名，会下要交大派人去某校取“反击”的经，会后向张春桥写小报告说“杨恺有问题，转不过弯子”。进驻在交大，分布到各系的工宣队想出个办法，把报纸上那些“反击”大作，拆散分装，摊派到下面抄成大字报贴出去，以此骗骗他们的“春桥同志”。校园内大字报就这样多了一点，文教组和“康办”马上说交大“赶上来了”，要杨恺总结“反击”经验，去市里会上介绍。杨恺同志原为华东局宣传部副部长，是位老干部，“文革”靠边，“解放”后落实政策分配来交大任党委书记。要他去介绍“经验”，杨说交大在“爬坡”，没有经验，他不去。但“四人帮”余党，搞阴谋也要抓“名校效应”，在北京他们抓“梁效”(北大、清华)；在上海，他们当然放不过交大。文教组下令交大非去介绍不可，于是只好由工宣队政委兼校党委副书记出面应付一番。12 月 26 日这天，这位政委身不由己，“戏”一直唱到了电视台。但是真实情况如何？就在这天上午校园内冒出一张攻击小平同志的长条漫画立即引起师生极大不满，“凭什么丑化小平同志！”下午即被覆盖。“批邓”在交大，就是批不起来。

“四人帮”的折腾一直拖到 1976 年秋天，中央一举粉碎。消息没有立即公布，上海几个余党探听到“王洪文、张春桥出事了”，10 月 12 日晚还在康办策划搞武装叛乱的春梦。上海交大四系的学生也从北京传来了可靠消息，“四人帮”已抓了起来。交大学生们不顾余党们可能的镇压，连夜在华山路上“康办”的边上，贴出大快人心的打倒“四人帮”标语。嗅觉灵敏的“四人帮”余党当然会很快获悉上海交大有人贴出打倒“四人帮”的大标语，而且就在眼皮底下。但形势发展太快，第二天余党们即使想镇压也力不从心了。贴标语的交大学生虽然不知道，余党们同时在做叛乱春梦；但警惕性也很高，贴完标语就立即转移到校外。

二、交大代表提出对十七年教育的评价问题

1977 年 7 月，交大党委接到市委通知，要派一位教师去北京参加中央领导召开的“科学与教育工作座谈会”。虽不知道“中央领导”是谁？但预感到这是一次很重要的会。交大决定派一位有见解、敢发言的中青

年教师去参加，选定了电机系的吴健中同志。行前党委专门召开座谈会，集思广益为他作准备。到了北京，一下飞机，教育部同志告诉吴健中中央领导就是小平同志，而且会要连开五天，受邀的一共 33 位。上海四位，除吴外，复旦是苏步青教授，中科院有二位老科学家。20 年后吴健中回忆当听到是小平同志亲自召开座谈会的心情："精神振奋，浑身充满力量，不知不觉从机场到了北京饭店"。

8 月 4 日上午开会。小平同志先说："十届三中全会刚结束，决定我出来工作，我自告奋勇，分管科学和教育工作"，"这几年'四人帮'对科学和教育工作，对各行各业破坏极大，对我们国家是个大灾难"。又说："这次会要畅所欲言，发言可长可短，讲一次、两次；八次、十次，随时可插话，把座谈会开得生动活泼"。小平同志还注意到这次会有中青年参加，他说："这样很好嘛!"接着很多老科学家和教授纷纷揭露"四人帮"破坏科学和教育，迫害知识分子罪行等。两天来，吴健中一边认真听一边在思索要向小平同志讲什么才是大学当时"最重要、最关键"的问题。6 日上午，吴健中第一个发言，吴说："教育的问题，主要还是在路线问题上界限不清""还是那个十七年和十一年的问题。说教育工作十七年是修正主义路线，其他战线都是红线。教育培养的人到其他战线，到科技战线都是红人"。吴提出问题后，小平同志问坐在左边的教育部负责人，这位负责人不知怎样回答。坐在右边的方毅同志接着说："科学技术战线是明确了红线为主"，"教育战线还没有解决"。小平同志接着说："教育和科学一样，绝大多数知识分子是为社会主义作出贡献的"。8 日座谈会结束时，小平同志讲了话，他说："对全国教育战线十七年的工作怎样估计？我看，主导方面是红线。""我国的知识分子绝大多数是自觉自愿地为社会主义服务的。""无论是从事科研工作的，还是从事教育工作的，都是劳动者"。9 月 19 日小平同志又把教育部主要负责同志找去谈话，他说："建国后的十七年，各条战线，包括知识分子比较集中的战线，都是以毛泽东同志为代表的路线占主导地位，唯独你们教育战线不是这样，能说得通吗?""毛泽东同志画了圈，不等于说里面就没有是非问题了。""'两个估计'是不符合实际的，怎么能把几百万、上千万知识分子一棍子打死呢？……你们管教育的不为广大知识分子说话，还背着'两个估计'的包袱，将来要摔筋斗的。""教育部要思想解放，争取主动。过去讲错了的，再讲一下，改过来。拨乱反正，语言要明确，含糊其词不行，解决不了问题。办事要快不要拖"。

小平同志两次内部讲话否定了"两个估计"。1977年11月18日《人民日报》发表了教育部大批判组的文章《教育战线的一场大论战——批判"四人帮"炮制的"两个估计"》；1979年3月，中共中央又正式发文决定撤销1971年的《全国教育工作会议纪要》，至此，禁锢在教育战线和知识分子头上的紧箍咒被彻底粉碎了。

吴健中那天发言，讲了十七年（指建国到"文革"开始的十七年）和十一年（指"文革"开始至开会这年），讲了所谓修正主义路线和"红线"问题，讲出了许多老科学家和教授"心里想说而没有说的话"。这是因为，对十七年教育战线是"修正主义"和教育战线知识分子世界观是资产阶级的估计，"四人帮"提出后都经过毛主席圈阅同意的。粉碎"四人帮"后，又出现"凡是毛主席作出的决策，我们都坚决维护，凡是毛主席的指示，我们都始终不渝地遵循"，"两个凡是"造成的压力。"两个凡是"在这次座谈会前虽然小平同志已向中央表态不同意如此说法，但没有见之于报纸，也没有在党内传达。因此，1977年8月上海交大一位中青年教师发言涉及不同意毛泽东主席"圈阅"过的对十七年教育战线评价和对知识分子的评价确实需要有一点勇气。

三、邓小平批准上海交大组团访美

1977年8月8日，小平同志还说了一段很重要的话："接受华裔学者回国是我们发展科学技术的一项具体措施，派人出国留学也是一项具体措施。我们还要请外国著名学者来我国讲学。同中国友好的学者中著名的学者多得很，请人家来讲学，这是一种很好的办法，为什么不干？"这是来自中央的一个"开放"的信息。交大从盛宣怀创办南洋公学起就采用请进来、派出去的办法与外国打交道。交大之所以被称为“东方MIT”，就是因为一直坚持以主权和国情为核心的中学为体，然后大胆引进西学为我所用的办学思想。新中国成立后外部环境和国内政策起了变化，与西方高等学校来往传统中断了。“文革”期间从海外归来的教授几乎全部受到无端“审查”，有的被关进“牛棚”。那个“史无前例”的年代，即使没有出过国，谁有一点“海外关系”也几乎都遭到“怀疑”。1977年小平同志讲，要把海外学者请进来，中国也要派出国留学生，交大的管理层非常拥护。那时“四人帮”虽已粉碎，思想上拨乱反正正在进行，有的中央负责人还在挥舞“阶级斗争为纲”和“两个凡是”，人们还“心有余悸”。出国访问和请外国人访华都是极其难办的事。例如1978年，交大要邀请周志宏老教授之子周以苍教授(美籍)来华讲学，竟然要惊动国务院。据档案记载:5月25日，学校接六机部通知:“经国务院批准，同意邀请美籍教授周以苍来华讲学参观二个月”。因此，如何落实小平同志指示，需要突破重重困难，就成为放在上海交大领导层面前的重要课题。交大历史上和西方交往最多的是美国，从1897年盛宣怀请美国人福开森当南洋公学监院起直到1949年与美国来往不断，留学归来的教授也大多是留美的。在美国还有数以千计的交大校友。1972年，尼克松总统访华后，在美国许多校友或来信或回国探亲，已与母校建立起一些联系，他们流露出盼望母校有人去美国访问，但也知道国内方面难度很大。在这种情况下，交大党委反复研究后，于1978年初提出要组织一个“交大教授代表团访美”，以贯彻小平同志的“开放”指示。这是一个很大的动作，如能实现，乃是新中国建立后打破中美教育交流中断将近三十年的第一个中国高校访美代表团，造成的影响也必然会越出一个学校的范围。学校的想法在征得主管交大的六机部柴树藩部长口头支持后，1978年3月30日正式向六机部打了个“用交大名义组团访美报告”，提出用一到一个半月时间参观访问美国高校以“吸收有用的东西”、“收集教材、资料”、“与交大在美国校友建立联系”等。考虑到方方面面的关系，报告说这个团交大派5人，别的学校或研究单位派7人，团长请六机部派。

报告送到了柴树藩部长手里，柴是一个热心教育、思想解放、作风开明的部长。他亲自出面做工作，在报告他的顶头上司王震副总理同意后，又取得军委罗瑞卿秘书长支持，还和外交部黄华部长进行了沟通。经过一系列细致周到工作，六机部出面打了个报告，提出访问团12个成员由交大选派，六机部不派人参加，由党委书记、校务委员会副主任邓旭初任团长。报告最后送到了小平同志手里。7月10日早上，邓旭初接到柴部长北京打来电话："小平同志已批准学校出国访问的报告和成立校对外联络处"。

在促成上海交大组团访美的过程中，王震副总理起了很大作用。也是1978年上半年，柴部长看到交大要改革、要开放、要起飞，需要上面领导的支持，光是六机部支持这样一所全国名牌大学进行改革开放力度还不够。柴树藩亲自出面请当时分管国防工业的王震副总理担任上海交大校务委员会主任，自己则任副主任。大家知道王震同志在粉碎"四人帮"后反对"两个凡是"，主张小平同志尽早出来工作起了很大作用。王震同志兼任上海交大校务委员会主任得到小平同志支持。1978年9月29日上海交大访问团出发赴美，行前王副总理、柴部长接见全体成员，交待了注意事项。

访问团在美国用了47天，走了20个城市，访问了包括MIT、哈佛、斯坦福、加州大学伯克莱分校、宾州大学、哥伦比亚大学、华盛顿大学等27所高等学校和14个研究机构和工厂。访问团中年龄最高的为80岁的金悫教授，张钟俊教授见到了40年前指导他博士论文的导师、MIT老校长斯却教授；访问团重新建立了与美国高校的交流、来往，从此日益密切。访问团会见了许多老交大校友和台湾新竹交大的新校友。访问团遵照小平同志的思想，沟通了中美两国高等学校之间联系渠道，达到了预期目的。

四、小平同志打开"禁区"接受包玉刚先生赠建图书馆

粉碎"四人帮"后，中国面临百废待兴，"兴"的关键是资金。国家穷，

学校肯定穷，1976 年的上海交大，政府拨的事业费全年只有 580 万元人民币，这些钱要用来发 3 600 名教职工的工资，付 3 400 名在校工农兵学生的助学金，余下的支付全校水电费、差旅费、修缮费、实验室等日常开支，即“教学维持费”。同年，政府拨的专项基建费 70 万元，只够用来造一幢 1 600 平方米家属宿舍和学生食堂的附属用房。到了 1980 年情况好了一点，经费多了一点，但在校本科生和研究生也增加了很多。中国高校的经费原来和国际上公立大学差不多，除了政府拨款外还有：①收学费、杂费；②接受自然人或法人以及外国政府的捐赠；③校产收入。我国自实行计划经济和贯彻“左”的办学思想后这三个渠道全部被切断，只能向政府要。

1980 年，上海交大属六机部（造船工业部）主管，既开明又开放的部长柴树藩在支持促成上海交大组团访美，恢复中美两国大学之间往来后，他认为学校经费筹集上也要突破“左”的框框，敢于向法人和自然人筹集。柴部长的想法，学校领导人非常支持拥护，并提出学校急需建造一座现代化的大型图书馆。作为主管造船工业的中央部长当时与香港船王包玉刚先生已有很多接触往来。包先生是一位国际知名的大资本家，又是一位热爱祖国的中国人，他希望中国富强，他也重视教育，他还是一位坚守儒学理念的孝子。1980 年 10 月，柴部长在日本访问考察时向陪同他一起考察的包先生提出，希望他为上海交大赠建一座现代化图书馆，需 1 000 万美元。包先生允诺了柴部长的希望。

包玉刚要出资 1 000 万美元为上海交大赠建一座图书馆，20 世纪 80 年代初这是一个大动作、大新闻，不仅赠建金额大，而且传递了中国政府改革开放的幅度和诚意，中国教育将接受海外资本家和企业的赠建。

在包先生赠建意向肯定以后，1981 年 2 月，校党委书记邓旭初在广州与包先生进行了具体讨论；4 月，学校又派本项目负责人与包先生的副手李伯忠先生在北京进行了赠建细节的洽谈。在赠建项目谈妥后，柴部长报告了有关方面和王震副总理及小平同志，得到他们的支持和同意。

1981 年 7 月初，包玉刚先生和他的父亲包兆龙先生以及李伯忠先生一行专程到达北京。6 日，在交大校务委员会主任王震副总理的陪同下，小平同志亲切接见了包先生一行。包玉刚先生向小平同志面交一封信。信上除确认 1 000 万美元赠款外，并说希望以父亲包兆龙之名，命名为“包兆龙图书馆”。

小平同志接受了包先生的信，实际上又打开了一个“禁区”，同意以个人姓名命名的赠建项目。在 1985 年图书馆落成前夕，王震主任特请叶剑英委员长题写馆名。叶帅虽已高龄，却欣然命笔，此时他已不适应用毛笔书写，改用了硬笔，现在悬挂在“包图”入口处的“包兆龙图书馆”横匾就是德高望重的叶帅留下的题字。

1985 年，上海交大徐汇校区 26 000 平方米“包兆龙图书馆”落成了。由于汇率变化等原因，上海交大又将包先生赠款节余部分在闵行校区建造了一座 14 000 平方米的“包玉刚图书馆”并于 1992 年落成。

包先生赠建消息公布后，学校内部和社会各方面都很赞成、支持和高兴。但是也有一些不同看法，学校曾收到全国政协转来的信，质疑学校为什么同意以个人姓名冠名。学校正面向全国政协作了答复。学校也深切地感受到，在处理这一类认识上的不同看法时小平同志说他要当高校“后勤部长”，不是一句空话，是巨大的支持力量。是小平同志在接受包先生赠建项目上，打开了一个又一个“禁区”，是他体察学校包括基本建设在内的后勤工作的困难。

五、邓小平“对交大改革表示满意”

小平同志关注交大的开放，同样也关注交大的改革。

十一届三中全会决定，全党工作重心从“以阶级斗争为纲”转到“实现四个现代化”，小平同志说“思想不解放，思想僵化，很多怪现象就产生了”。这种“怪现象”在上海交大表现为：人浮于事，学生与教职工比例几近 1∶1；进了学校就有了“铁饭碗”，没有活力。物质待遇连年一个样，新助教月薪 60 元，新工人 36 元，物质奖励成了“资本主义”的“物质刺激”。这种“怪现象”的后果是学校管理体制上队伍老化，奖罚不明，效益低下，吃大锅饭。造成的原因既有计划经济的过度统一，又有行政管理的没有与时俱进，而“文革”的动乱更使“怪现象”恶性扩展。

从 1979 年起，上海交大的管理层决心遵照小平同志“解放思想，开动脑筋，实事求是”的思想进行管理改革，这一轮改革大体上起于 1979 年止于 1985 年。主要做了二件事。

人才流动。1980 年和 1981 年调出教职工 500 多人，占在编职工十分之一多，同时也调进一部分教职工，打破了死水一潭和铁饭碗。1983 年万里同志说：“交大能流动出去 500 人是不容易的，交大能办到，为什么其他学校办不到？”

恢复物质奖励制度和进行自费工资改革。“四人帮”搞极“左”，挥舞的棍子是“资产阶级”，发奖金是“资本主义思想”，评工资是“资产阶级法权”。“四人帮”只想把人们都搞成不食烟火“纯而又纯”的造反派。其实“四人帮”自身却是一帮骄奢淫逸的腐化分子。但是十年极“左”宣传流毒很深，尽管小平同志 1978 年 3 月在一次内部谈话中已明确讲：“将来随着生产的发展，工资要逐步提高”，又说：“奖金制度也要恢复”。真的做起来难度极大。上海交大按照小平同志要求，先恢复了奖金制度，每月分别发 4 元、6 元、8 元。接着又开始进行自费工资改革，方法是在考核基础上每人每月分别增加几元工资。为了打破吃大锅饭，为了发 6 元钱的奖金，学校管理层动足脑筋，做足文章，不仅校内做了大量思想工作，外部更要做大量请示汇报。没有上级批文，劳动部门通不过，人民银行领不出要发的奖金和增加工资，管理改革也就成了空话。谁有权批准发这 6 元钱奖金和几元钱的工资？市政府或六机部？上海市政府当时改革还没有走到这一步，交大又属六机部主管，因此上海市虽支持但不能批也不便批。剩下就是寄希望于六机部了，在柴部长和其他部领导以及劳动部的支持下终于白纸黑字批下来了。交大办成这二件事后，实实在在轰动全国，有一段时间，学校几乎天天要接待来自全国各地兄弟院校和其他系统的参观考察。为什么他们要来参观考察？“坚冰”已被上海交大打破。兄弟院校和其他系统的单位当然也可照此办理发奖金，搞工资改革了，而且改革搞得好，效益比交大好，多发点奖金，多增点工资，也就成为这些单位增加职工收入顺理成章，有根有据的事了。

1984 年 2 月 16 日上午，正在上海的小平同志，在王震同志和市委陈国栋书记等领导陪同下，在他的住地接见上海交大党政领导和部分教授 50 余人。下午王震又赶来学校，在总办公厅向学校 100 多位干部教师转达小平同志意见：邓小平同志对你们的管理改革工作非常关心，非常支持，对你们在改革中取得的成效表示满意，他对你们在当前的改革中认真贯彻中央、国务院的精神很高兴。

邓小平接见交大代表：一排右起盛振邦、陆中庸、张钟俊、范祖德、王宗光、张定梅，二排右起李勃仲、杨锡山、陈楚

这年的 5 月 15 日，在全国人大召开六届二次会议上，国务院总理的《政府工作报告》中指出："上海交通大学等院校改革管理制度，层层扩大自主权，实行定编定员，人员流动，挖掘学校科研潜力，承担经济建设研究课题，制订教师工作规范，明确干部责任，试行岗位津贴和职务工资，提高了教学质量，出现了科研新局面"。这就是说，人大和国务院从国家层面上肯定了上海交大这一轮的改革。

回顾上海交通大学的发展历程，交大人将永远怀念一代伟人小平同志对上海交大的关心。

1977 年恢复“高考”的故事*

恢复高考 31 年了。这是小平同志复出后，十一届三中全会召开前，由小平同志亲自主持、发动的一次最早、最快、不争论的“思想解放”。

回顾那场“高考”，当年许多上海高考负责人如杨恺（副市长），刘芳（教卫办副主任），宋兰舟（招办主任）等已故世。有的负责人身体不佳，有的去向不明。要我这个具体工作者，打开尘封的记忆，回忆一点亲历的见闻，说说当年的故事。感到这是应该做的事，我东翻西寻，找到了当年笔记，同时又一次学习了《邓小平文选》。总之“回忆”要有根据。

一、小平同志复出，下决心“马上”恢复“高考”

1977 年 7 月，小平同志复出。8 月，他说：“我自告奋勇管科教方面的工作”，并召开科教座谈会，亲自听科学家和教育家代表的意见。他否

---

* 本文原载 2008 年 6 月《新民晚报》、《上海滩》。

定了建国后十七年教育战线是“黑线专政”和大多数人是“资产阶级知识分子”的所谓“两个估计”。小平同志提出“今年就要下决心恢复从高中毕业生中直接招生”。教育部说年内恢复高考来不及。小平同志说，可以把开学日期延缓几个月，回去马上就改。一个月后，小平同志又说：“为什么要直接招生呢？道理很简单，就是不能中断学习的连续性”。针对教育部起草的招生文件，小平同志说：“写得很难懂，太繁琐。关于招生的条件，我改了一下。政审，主要看本人的政治表现。政治历史清楚，热爱社会主义，热爱劳动，遵守纪律，决心为革命学习，有这几条，就可以了。总之，招生主要抓两条：第一是本人表现好，第二是择优录取”。就这样中断了11年的中国统一高考招生终于在1977年恢复了。根据小平同志的决策，教育部10月宣布恢复全国统一高考，决定11月报名，12月统考，1月录取，2月开学。上海怎样贯彻？

二、上海的落实和招办的考务组

中共上海市委10月24日发出贯彻通知。成立了由62位上海市有关部门领导和大学校长们组成的高校招生委员会和高校招生办公室。招办工作机构设在交通大学工程馆，下设秘书组、政审组、考务组、体检组、总务组等，考务组负责人是高教局的司经中和交大的董七子。他们二位团结来自各高校大约50位左右的教师、干部争分夺秒，开展千头万绪的考务工作：帮助各区县招办考务组开展工作；设计报名办法和明确报考资格；组织命题和印刷保密试卷；选定考区和考场；选聘监考老师和评卷老师；划定录取分数线和录取流程；组织招生学校完成录取；及时发放录取通知书和接待未录取考生的查询等等。总之，大家忙得很，但情绪也好得很，都认为能参加粉碎“四人帮”后，这样一场小平同志亲自抓的拨乱反正硬仗，实在是一生有幸。大概由于文革前我担任过交大教务处负责人，参加过招生，文革打倒，虽已“解放”，但结论还在复查中，工作“荡”在那里，就这样调我到考务组工作。先担任考务组的命题小组长，1978年2月因研究生也要全国统考统招，又担任招收研究生小组组长。

工作了一年,参加两届高招,一届研招。

上海高校“招办”考务组部分人员合影

三、高分是优,高分取优

“择优录取”是小平同志说的招生主要抓两条之一。“优”是什么?怎样“择优”?文革前以至中国传统考试,在考生、家长、老师、社会的心目中一直很清楚:高分是优,高分取优。这是常识,也是常理。但在“左”的年代,可是大逆不道,飞来的政治帽子:“分数挂帅”、“不讲阶级路线”、“把学生当敌人”、“打击工农子弟”……。“文革”时期,“四人帮”曾把考试交白卷的奉为“反潮流英雄”,在全国范围内树为学习“样板”,成为“优秀学生”,实在荒唐到极点。恢复高考,贯彻小平同志的择优录取,就是要把颠倒了的“优”,颠倒过来。

四、组成八个命题小题

高校招生回到“择优录取”,就要统一考试,统一才有比较,才能公平,考出来的优,大家才服气。因此就得先出好统一试题。市招办决定从全市中学、大学中选聘有经验的教师组成政治、语文、数、理、化、史、地及外语八个命题组。外语又分设英、俄及德、法、日、西、阿7个命题组。参加命题的老师50位左右，三分之二来自中学，三分之一来自大学。从11月18日起，大家集中住到金山石化宾馆，外语组晚二天集中，石化宾馆离市区远，干扰少。大家不回家、不写信、不打电话。命题小组完全信任命题老师会顾全大局，遵守纪律，处理好保密问题。如果家里发生困难市招办帮助解决，因此都很安心。市领导很关心，命题完成后，批准全体去黄山休息，记得住在黄山脚下人字瀑景点对面的“观瀑楼”。等到12月11日高考开始，命题组老师才回家，休息一天，又分别赶到不同课程的阅卷处，参加评卷，解释“标准答案”和评分中可能出现的问题。

五、完全的闭卷考试

命题开始，首先碰到考生可否带参考书、笔记本。这个问题很快明确，不可以。这是一次完全的闭卷考试。带上书或笔记将视为作弊。“开卷考”从1964年开始已成为折腾中国十多年的“教育革命”中的“革命”之一。本来开卷考作为一种教学环节或考试方法，在一定情况下采用，没有什么好大惊小怪。但在大学、中学普遍推行，并且上纲为对学生的政治态度，说成是“革命”与否，这就走了样。青少年读书时记住一些知识，背出一些公式，是完全必要的。青年学生为了成材，为了以后工作，更不要说为了“优”，死记硬背也好，活记软背也好，总得背出一些知识。30年前的这场闭卷统考在考试方法问题上一举完成了拨乱反正。这是一次不争论的“思想解放”。31年来中国高考在门数、内容、时间、份量等方面也有不少变化和改革。还有一些不够满意之处，甚至有激烈的否定言论，但用“闭卷统考选才”这个基本点，始终没有变。也没有看到谁开出不用闭卷统考，行得通，不搞乱社会，而且公平公正的高招新处方。

六、要出一点难题，发现优秀

古今中外统考主要目的是发现优秀。如果考试结果，大家成绩在一个平面上，就发现不了优。因此考题的效果一定要拉开差距。高考终止了 11 年，恢复后第一次高考，虽然 11 届高中生由于各种因素，大多数不可能报考，然而初步估计上海考生仍将在 10 万以上，但是上海高校录取（包括外省市高校在上海招生数，不包括上海高校在外省市招生数）只有 7 000 多人，几乎 15∶1。因此命题指导思想必须出一点难题和“活”题，不能大家都考成“高分”。试题也不能超越考前公布的“复习大纲”范围，也不要出偏题、怪题。试题量也要控制在中等水平考生在规定时间内能答完。

12 月 11 日、12 日统一高考，上海社会好像遇上什么喜庆节日。家长们感到子女中学毕业后“上山下乡，接受再教育”这条路终于走到底了。心中盘算着题目难吗？考得出吗？

开考以后，考生、家长、老师们的反映大体满意。评卷后从登分数据分析也拉开了差距，录取时从高分开始一段一段向下录取，没有发生困难。当然也有个别试题，出得不够严密，有关课程的评卷组及时在评分标准上作了调正。

七、在山沟里印刷保密试卷

命题时要保密，印刷试卷时也要保密。由于市出版局支持，把印刷任务安排在黄山边上安徽绩溪县山沟里的一家上海市属的印刷厂。这是一家排字、制版、印刷、装订全能保密厂。厂里职工大多是上海人。厂党委书记朱文尧是位认真负责的老干部，他非常重视，全厂动员，做好保密。接触试卷的职工，在完成任务的十天时间内集中住在一起。我去了厂里，实地看到全厂职工保密到家，一丝不苟。在排印期间里负责看清样的命题老师也蹲在车间，及时解决问题。10 月 8 日，文科和理工科共 13 万份保密试卷，包括备用卷和标准答案，在 10 多位招办干部押送下，装上三卡车，化了一天时间从安徽安全运抵上海。

30 年前的这次高考，上海共设 175 个考区，4 425 个试场，其中包括上海在山东张家涯、苏北大丰、徐州大屯、南京梅山等外省市的上海市属企业也设置了考区。试卷没有发生问题，顺利完成任务，招办的同志都很高兴。根据市领导指示，招办向印刷厂发去了感谢信。

八、过去的政审偏差，不看本人，看家庭

对青年学生的政治审查，文革前已一步一步走向极端，主要偏差是不看本人，看家庭。父母如果受到镇压或属地主、富农、资本家，子女就受到歧视。而歧视者则是"阶级立场稳"。发展到"文革"高潮，江青召开红卫兵座谈会，谁发言，谁先要自报家庭出身，如属地、富、反、坏、右、资等"黑六类"子女，立即被赶出去。这种极端荒唐的极"左"动作当然长久不了，搞了一阵，也就息鼓。但政审上的"左"的偏差还是老样子。文革后期，红头文件上出现一个新名词："可教育好子女"，专指出身"剥削阶级和被打倒的叛徒、特务、走资派子女"，红头文件还举了几个老革命的子女作为典型。红头文件的意图是不要看死这些青年，是"可教育好"的。但这个概念本身也是不通的，难道出身工农的子女，不需教育就一定好？儿童、少年、青年都要受教育，否则国家办学校干什么用。"可教育好子女"说到底还是一个歧视性名词。针对这场高考招生，小平同志明确说："政审，主要看本人的政治表现"。接着小平同志列了5条（本文一开始已全文引述）后说"有这几条，就可以了"。5条中就没有家庭出身这一条。可惜小平同志和教育部主要负责同志的谈话，当时没有向下完整传达。《邓小平文选》出版后才看到。因此，那年考生报名单上，第一项姓名、年龄、籍贯，第二项就是"家庭出身"。这个"家庭出身"项目几年以后才取消。

九、祖父和父亲被镇压的考生，能过政审关吗？

糜解是上海常德中学1977年数学教研组组长。祖父地主，解放初被镇压，父亲反革命，1952年被镇压，还有几个在台湾任高级军官和特务的社会关系。糜本人历史清楚，1959年上海育才中学毕业，考入安徽大学数学力学系，1963年毕业。安大"因本人表现较好"推荐他报考中

科院数学所，考试成绩名列第二，但因家庭出身问题，政审不合格未录取。后分配在上海常德中学任教，糜解坚信“家庭出身不能选择，道路自己可以选择”，一直做好本职工作，同时坚持自学数学，他能阅读、笔译5国文字的数学文献。1977年下半年，复旦内部试点招收研究生，中学党支部推荐他报考数学系概率论和数理统计专业。考试成绩优良，概率论考分第一，也因家庭出身问题，政审通不过，未录取。1978年春天，全国研究生统招，在热心人士鼓励和中学校长、党支部再次推荐下糜解报考交大数学系。糜解的家庭出身是个“尖端”问题，糜解政审这个关能过吗？市招办、市教卫办领导研究后认为，从糜解本人表现看，按照“重在表现”政策可以录取。教育部要各省市招办报一些典型材料，于是糜解情况带到了教育部召开的各省市研究生招生工作会上，并说上海市招办认为政审合格可以录取。主持会议的教育部同志没有表态，也没有反对。工作会结束后我还专门问了这位同志，他回答“要请示副部长”。但以后也没有下文。市教卫办和市招办的理解，教育部不“反对”就是同意上海市意见。而且按照当时高考政审规定，包括考研究生的政审并不需要报教育部审批，考生档案均集中在各省市招办，考生政审合格与否权在各省市招办。政治不合格高校就看不到考生档案，无法录取，也无录取通知书可发。但是像糜解这样市招办即使认为政审合格的考生，如果没有学校敢录取，也是空的。市招办不能强迫高校录取，这是高校招生自主权。因此关键在于要考的高校。

十、上海交大敢录取吗？

研究生考试结束，糜解初试成绩：数学96分＋20分（附加分），外语94分，其他各科平均在80分以上。复试两门专业课成绩全优。体检合格。现在的问题是上海交大敢录取吗？

交大研究生招生负责人，开始内部也有不同看法，如说曾经有二个单位不录取的记载。事情反映到党委书记邓旭初那里，邓是一位心急胆大的人，别人说他“敢为天下先”，自己一直提倡要“敢于第一个吃螃蟹”。

邓要学校有关部门详细去中学和街道调查縻解的家庭情况和现实表现。调查完成后邓认为縻解德、智、体均符合交大择优录取的优，于是召开校内会议，统一思想，交大拍板录取。

时年35岁的縻解被交大录取为数学系恢复统考后的第一届研究生。当录取通知书发到常德中学，常德中学校长、支部、师生员工和縻解家庭所在的街道，一片欢欣，放鞭炮，刷喜报，像过节一样。有的教师说："党的知识分子政策真落实了"。也有背上家庭社会关系"包袱"的老师说："縻解的榜样，给我指明了努力方向"。

1978年10月26日，上海《解放日报》以《交通大学破格录取縻解为研究生纪实》为题作了长篇报导。交大"破"的"格"是什么？就是"政审不看本人，看家庭"。几天后的10月31日，《人民日报》又以《重在政治表现，坚持择英举贤》为题在二版作了详细报导，副题说"上海交通大学录取出身反动家庭，社会关系复杂，而本人表现较好，考试成绩优秀的縻解为研究生，受到赞扬"。人民日报评论："在一个人身上落实了政策，影响了一大片"。人民日报是党中央机关报，如此报导，向国内外传递的信息，显然不仅是一个学校或一个省市如何在纠正对青年学生政审问题上的"左"的偏差。

2007年6月，已经65岁的縻解，回到交大看望当年的老师，他说《人民日报》报导后，他收到来自全国和海外数百封信，祝贺他，鼓励他。他永远感谢小平同志，也感谢关心他的老师和交大。他现在美国一所大学担任系主任，终身教授，经常来往于太平洋两岸，他健在的老母住在上海安度晚年。

十一、恢复高考，效果如何？

1978年3月18日，小平同志在全国科学大会开幕式上发表讲话，他说："最近，高等学校招生制度改革之后，发现了一批勤奋努力的、有才华的优秀青少年。看到他们的优异成绩，我们都感到高兴。尽管'四人帮'猖獗一时，但是，他们没有能够扑灭广大青少年的学习热情，没有能够扼杀广大教师为党为人民精心培育下一代的革命积极性。……我们可以预见，一个人才辈出、辉煌灿烂的新时代必将很快到来”。这是 31 年前那场高考的最好总结，小平同志的预见，也已成为事实。

1977 年，十一届三中全会还没有召开，“二个凡是”还有市场，阶级斗争还在为纲，那场高考是小平同志复出后最早、最快、不争论的“思想解放”，给中国青年带来希望，给中国人民送去开心。

建设“包兆龙图书馆”的故事*

上海交大“包兆龙图书馆”，从小平同志1981年接受赠建起已经30年了，建成开馆也已26年。回顾“包图”建设的前前后后和中国改革开放起始岁月的艰辛，深深感到“解放思想”的可贵。

图书馆是大学的知识宝库，文化聚集地，也是传播科学的平台。马克思写《资本论》依托英国伦敦大不列颠图书馆的图书资料。毛泽东曾在北京大学图书馆工作过。钱学森在交大读书时，图书馆是他博览名著，从世界看问题的源泉。

世界著名大学无不把办好图书馆放在突出的地位。一所名校如果没有一座好的图书馆谈不上是名校。图书馆还有其他“功能”，美国总统卸任后要建的是“图书馆”。蒋介石的日记，张学良的回忆都存放在大学图书馆内。中国正在建造的纪念科学家钱学森的也叫“图书馆”。

交通大学对图书馆的重视，要追溯到办学之

* 本文原载2011年5月18日上海交大《思源》杂志。

初。晚清高官盛宣怀重视教育，创办了“南洋公学”，他也重视图书馆，又创办了“上海图书馆”。唐文治主持校务 13 年，为学校办了一件大事，1916 年，用募捐办法建造起交大图书馆，他募集了 4.1 万元，其中无锡荣氏兄弟捐了 1 万元，为表示纪念，学校立一尊他们俩父亲荣熙泰的铜像，矗立在馆前。那时北洋政府大总统和总理也都捐了钱，校史上有记载。加上当时政府拨款 3 万元，1919 年，终于建成了，10 月 10 日举行落成典礼。唐老夫子办学最得意之一，大概是建成了当时国内最大最现代化的大学图书馆。这座图书馆，90 多年来成为交大师生吸取知识的源泉之一，历史保护建筑，也成了影视导演们追逐上镜的文化标记。总之向社会人士捐款建图书馆在交大是有传统的，而且为中国开创了捐款造图书馆的风气。

“文革”结束后，百废俱兴。交大要振兴，校园建设重点之一是要建一座新的图书馆，但没有资金。那时每年上级拨给交大的基建费很少，用来造教工宿舍，还缺一大块，造新图书馆根本排不上队。“文革”后期一所名校归中科院主管，造了一座国内最大的 24 000 平方米图书馆，交大的领导班子看了有点“眼红”，想离开六机部，请国家科委或中科院主管，就是看中那里基本建设资金宽一点。六机部柴树藩部长诚恳挽留，他表示理解学校心情，放在心上。小平同志此时要六机部先试点：造船工业走向国际市场。香港包玉刚和包玉星兄弟响应小平同志决策，和六机部做成几笔生意，定购几艘国产远洋轮船，因而和柴部长有来往。包玉刚当时号称“世界船王”，他爱国，是上海出去的。柴就想开口请包船王捐钱给交大，1980 年上半年，柴征求交大意见，需要什么？交大领导班子提出：需要一座图书馆。1980 年 10 月，包邀请柴部长夫妇考察日本造船厂，柴要交大派一位研究管理的教授陪同他访问，交大派了邵士斌教授。邵当时是交大计算中心副主任，我是主任，我们当时已办好一切手续于 8 月访美。接此任务我们这个三人访美团，推后出国，商定邵完成陪同任务后，在东京会合，再一起赴美。1980 年 10 月下旬，我到了东京，第二天邵教授来了。一见面邵就告诉我：柴部长向包先生提出，请他捐 1 000 万美元为上海交大建一座现代化图书馆，包同意了。我非常兴奋，立即写了一封信给校领导报告此事，那时出国经费很少，打不起国际长途。现在校史“纪事”上记载没有等到柴部长回国通知交大，已“第一时间获悉”，即是邵教授的通风报信。1981 年 1 月，包玉刚和柴树藩到广东，党委书记邓旭初专程去广东，还带了几张拟建图书馆的草图和包见面。包当时提出 1 000 万美元分十年赠付，交大希望提前一点，包同意改为八年，每年分二次，每次 62.5 万美元。邓回来后党委讨论谁来具体负责建馆？党委找我谈话，要我具体负责。我不是学建筑的，也不学图书馆，没有想到叫我具体负责。当年正好 50 岁，“文革”浪费了好多年，只想做点事，加上党内养成了服从分配的习惯，不懂就学习。我清楚这个项目决策是邓小平、王震、柴树藩；领导是党委书记邓旭初，校长朱物华、范绪箕。我和一些同志只是具体负责，当然搞不好我是要承担一定责任的。1980 年 4 月初，我去了北京，和包玉刚的副手环球集团副主席李伯忠见面，讨论落实赠建细节。1980 年 7 月，包玉刚父子到北京，在副总理、交大校务委员会主任王震陪同下，6 日受到小平同志接见。他面交给邓一封赠建的信，确认捐 1 000 万美元，并提出以他父亲包兆龙姓名命名图书馆。7 月 8 日，包氏一行在柴树藩陪同下来到上海，访问交大。在安排游览黄浦江时，包先生个别问我，建图书馆 1 000 万美元要不要那么多？我回答建一个现代化的，国内大学中面积最大的 25 000 平方米图书馆，和包先生的身份相符。我没有完全说出来的是，一年前包玉刚先生赠给国家旅游局造一个宾馆，1 000 万美元。现在为名牌大学赠建一座图书馆，少于 1 000 万既不符合开口者柴部长身份，别人看了也会误会包先生。我感觉对这个答复是满意的，以后包先生每年按时，从不脱期把捐款寄到柴部长处（柴后为中船公司董事长，实际职务为国家计委副主任，党组副书记）。交大再到柴在中船公司董事长的办公室取支票。

建造“包图”带有一点“国家行为”性质，展示了中国政府改革开放政策。为什么这样讲？是国家最高领导人邓小平公开接受的赠建项目；捐款又由中央政府一位部长收下，这位中央部长实际为这个项目作了“背书”。因此柴非常重视关心，交大没有使他失望。不久，他同意交大回归教育部主管，他已实现了对交大支持的承诺。他晚年很高兴，每次到沪，总打电话给我，我去看他，谈谈交大的情况。王宗光同志（后任交大党委书记）和我后来编了一本纪念他的文集，有些材料是他太太提供，江南厂出资，档案馆操办。王震副总理也很重视，他专门写信给市委陈国栋、胡立教、汪道涵同志，请他们支持。信上说“邓小平同志同意以包兆龙命名”，叶帅同意“书写馆名”，还说“‘包图’造价要低，质量要好”。有一天还把我召到北京西单他家里，向他汇报建造情况，他很和气，问我学什么专业，经历如何，不像现在电视剧里的“王胡子”。他提出为读者服务要全空调。至于同意用个人姓名命名图书馆，不仅突破“文革”的极左，而且也跳出了“文革”前 17 年的条条框框。一座大学图书馆牵动了当年邓、叶、王三位党和国家领导人。因此说带有一点“国家行为”，也确实涉及中国改革开放形象。

总之，交大党委和交大同志对这件事认识一致，只能做好，不能办歪。

小平同志接受赠建后，国家计委正式立项发文。交大如何建？学校领导定了几个大框框：25 000 平方米，藏书 220 万册，2 400 阅览室座位，建在校园中心地带，高层，1985 年要落成开馆……。基本建设当年和现在不一样：建设业主要“求”设计和施工单位。设计单位也属吃国家财政，不收设计费，但功能、布局、标准均要听设计单位。六机部提出由所属九院设计，九院的主要业务是船厂设计，设计大学图书馆也是第一次。但从院长、总工到建筑师林关云等都十分重视，也很尊重学校意见，双方合作是融洽的。好的施工单位当年非常“紧缺”。我们拿了包先生给小平的信和计委文件复印本，到处攻“关”，叫做发挥“批件作用”。市建委决定由市四建负责施工。除此之外还要敲出一系列准许“图章”。如建 18 层因龙华机场飞机起降“喇叭口净空问题”，得民航总局发同意文，为此我去了民航总局。好在有“批文”，一关一关总算过了。1982 年 8 月

6日，举行了奠基典礼，包先生请来了菲律宾总统夫人作为贵宾，声势很大。已经开工造了一半，1983年4月9日，我向柴树藩部长汇报进展情况，柴说交大要组团访问美国大学图书馆，学习先进理念。两年前，要我具体负责时，我没有提出出国访问建议，一是因为1980年我访问过美国不少大学，虽然主要考察计算中心，但也参观了几所大学图书馆，有一点概念，同时我校图书馆同志也收集了不少国外图书馆资料，设计院确定后建筑师也急于出图开工，否则1985年开不了馆。组团访美也是很敏感的事。柴部长提出之后，学校报教育部批准，组成五人访美考察团要我负责，设计院去了三位，还有我校图书馆的季绿琴，她是学图书馆学的专家。我们考察了美国10多所大学图书馆。行前，我向柴部长表明因建筑结构已基本成形，包图总体结构、外形上不可能大变，柴部长也同意，因此没有发生大返工。

在建中的包兆龙图书馆，前排中间为包玉刚先生

在建造过程中，柴部长和包先生都先后到徐汇校区工地视察。包的副手李伯忠先生对我诚恳地说，“如何建造学校定，包先生这方面并不熟悉”。这几年的接触，我感觉包先生等非常尊重交大，交大方面也很尊重包先生，双方交往一直很愉快。

包玉刚(前排左四)在黄浦江游艇上与六机部刘青副部长(前排左五)、交大党委书记邓旭初(前排左六)等合影

由于包先生捐款是分八年到位，但四年就要建成，学校向六机部提出要向建行贷款500万人民币，经国家计委审批同意了，由建设银行落实。这是十分重要的一步棋，以后我们能在闵行再建一个图书馆，成为重要因素之一。学校要我具体负责，资金就得管住，有人想动这笔赠款念头，都给我卡住了。在建材上用国产不用进口，费用差别很大。说法是:“我们建的是图书馆不是宾馆，不搞豪华，适合国情”。那时外汇官方牌价是1∶2.8，贸易外汇是1∶5.6，相差一倍。“赠款”算什么？如作为一般往来就是2.8，我们提出要求作为创汇对待，就是5.6，为此我拿了包先生给小平同志的信去了上海外汇管理局，终于同意了按1∶5.6结汇，这是外管局的支持。现在回忆:如果没有500万元低息贷款，如果按2.8结汇，如果采用进口建材，恐怕造一个馆也有资金缺口。

1985年10月，包图终于建成了。27日，王震同志亲自来沪主持落成典礼，全国政协副主席刘靖基来了，柴树藩来了，江泽民来了，教育部黄辛白来了，包玉刚一家来了，嘉宾满座，大家兴高采烈。来上海前，包玉刚参加了北京“兆龙饭店”的开幕典礼。包兆龙图书馆落成后，包氏一家又包了二架小型飞机去了宁波参加宁波大学开工典礼，我也跟了去。宁波是包先生故乡，这个项目他捐了5 000万外汇人民币。

落成后包兆龙图书馆的外形

80年代初，包先生在国内赠建三个大项目：北京兆龙饭店，上海交大图书馆，宁波大学。由于“包图”项目我和包先生及他的三位女儿以及李伯忠先生多次来往。有一次在香港拜访包先生，他问我：教育部黄辛白副部长要来香港，为宁波大学事，我（包）要提什么要求？我说，可请教育部物色一位好的校长和介绍50位副教授、教授。几年的接触，我感到接受赠款的单位与赠款人往来，一定要认真，守信用，尊重赠款人，不要使赠款人感到“烦”；同时也要自尊，不可夹带任何“私”人要求，这是“赠款文化”。

建成后的包兆龙图书馆有什么特色和影响？

第一，“把为读者服务，放在首位”。从结构布局起，处处方便读者，王震强调要全空调，老邓说要多设电梯，馆长则要设立咨询服务部并开始编写服务管理“软件”等均是。第二，改中国传统“藏”书为“开”架。书库布置变了，借书方法变了。第三，开始运用现代化技术，如当年引进磁条、监控、缩微等。特别是计算机的应用，交大看对了，但那时图书编码，国家还没有统一标准，一个学校是无法搞的。而且计算机和存贮器价格高，都还没有突破，但“包图”有了一个好的起点。

交大建了“包图”后，最大效应是看到中国高校开始了一轮建图书馆热，就我所知，中国有点名气的大学随后几年内都建了新图书馆。而且不少也是用海外赠款，并冠以赠款人姓名。在新建图书馆结构布局上也或多或少受到交大“包图”影响。

包兆龙图书馆建成后，在闵行二部新校区又建了一座 14 000 平方米的“包玉刚图书馆”，是包先生和柴部长没有想到的。这是由于外汇结算的优惠，建行人民币贷款的支持，设计院和施工单位坚持用国产建材的节约，因此有所结余。柴树藩很高兴，柴说：现在不少“钓鱼工程，不够了要求追加”。包家高兴，交大也高兴。把包先生赠款留了一百万美元作为维修基金后，余下的钱在闵行又建一个“分馆”，但“分馆”没有等到落成，包玉刚先生故世。学校去信包家建议定名为“包玉刚图书馆”，以纪念包玉刚先生，包太太和三位女儿都赞成。1992 年春天在交大闵行新校区举行“包玉刚图书馆”落成典礼。大女儿包陪丽代表包家讲了话。柴部长太太陈欣（中央纺织部原教育局长）也讲了话。

“中国要有世界一流大学”的由来*

“中国要有世界一流大学”。今天已成为中国人民的期望和中国政府的战略目标。“中国要有世界一流大学”的办学思想是怎样发展过来的？这篇短文探索这一问题。

1987 年 11 月 20 日，时任中共上海市委书记、上海市长的江泽民参加了上海交通大学闵行新校区落成和新生开学典礼后，在学校行政楼会议室题词：“百年大计，教育为本，努力把上海交大办成第一流大学”。这是江泽民第一次从中国百年大计出发提出中国要有“第一流大学”的办学思想。1991 年 4 月 8 日，是交大 95 周年校庆，这天的零时 15 分，翁史烈校长在寓所接到中共中央总书记江泽民从北京来的电话，他在电话中对翁史烈校长说：“今天是母校 95 周年华诞，我再次把在母校的题词‘百年大计，教育为本，努力把上海交大办成第一流大学’作为贺词，祝母校早日办成第一流大学”。

---

* 本文原载 2008 年 3 月 12 日《上海交大报》

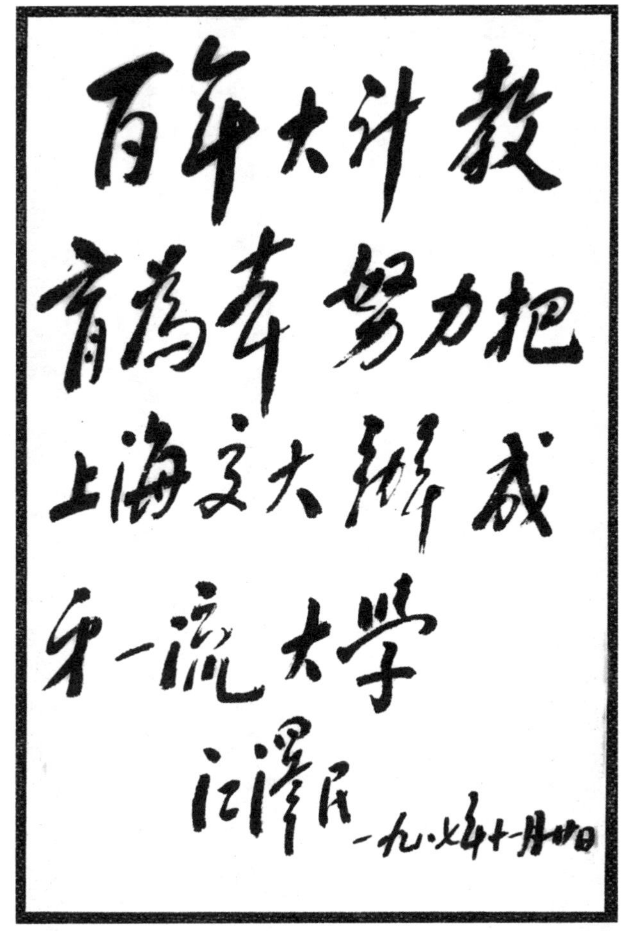

1987 年江泽民在上海交大闵行新校区题辞

到了 1996 年交通大学百年校庆，江泽民又一次就“第一流大学”问题题词，这次题词有二点发展：一把“上海交大”改扩为“交通大学”。作为国家领导人，和 1987 年时已不一样，现在面对的是中国大陆的四所交大和台湾的新竹交大；二是明确“第一流”指的是“世界一流”。题词全文：“继往开来，勇攀高峰，把交通大学建设成世界一流大学”！

中国要建成世界一流大学。这是江泽民教育思想的亮点。是他作为新中国第三代领导核心权衡全局，高瞻远瞩，深思熟虑作出的战略构思；是科教兴国的具体化，也是以后形成的“三个代表”重要思想中“先进

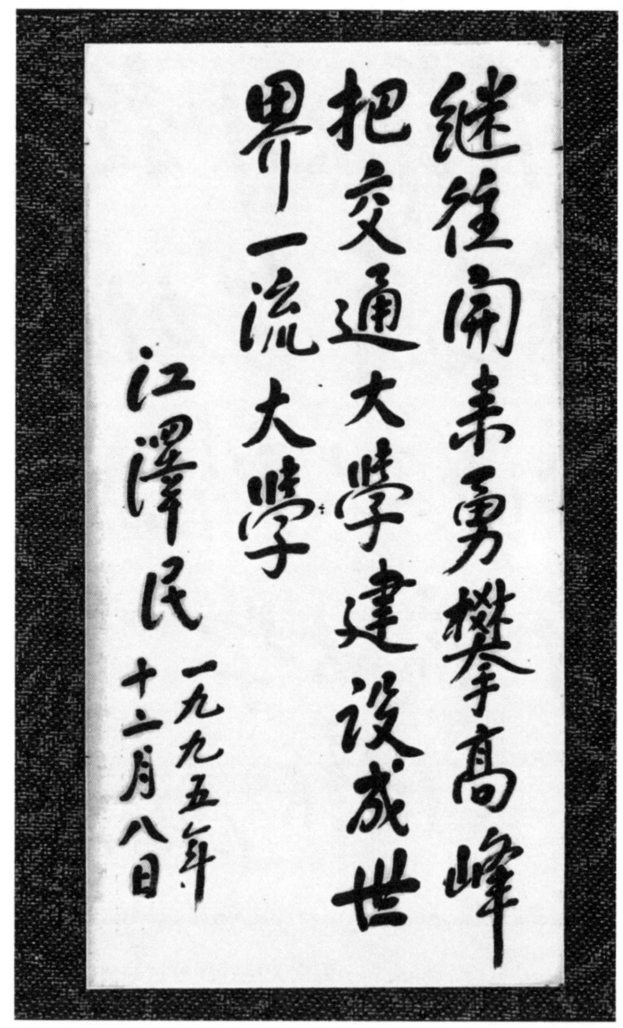

1995 年 12 月 8 日江泽民为交通大学百年校庆题词

文化”的前进方向之一。

又过了二年，1998 年 5 月 4 日，北京大学庆祝建校一百周年，在庆祝大会上，江泽民代表党中央、国务院宣布：“为了实现现代化，我国要有若干所具有世界先进水平的一流大学”。江泽民接着说：“这样的大学，应该是培养造就高素质的创造性人才的摇篮，应该是认识未来世界、探求客观真理、为人类解决面临的重大课题提供科学依据的前沿，应该是知识创新、推动科学技术成果向现实生产力转化的重要力量，应该是民族优秀文化与世界先进文明成果交流借鉴的桥梁”。这次讲话后中国政府正式启动了投资于若干所大学以建设成为世界一流的大学。因为这次讲话在1998年5月，因此定名为“985工程”。上海交大和西安交大是其中的两所。现在“985工程”第一期已完成，第二期工程经国家有关部门确定，上海交大也已启动。

三年之后，2001年4月29日，江泽民在清华大学庆祝建校九十周年大会上又一次讲了中国要有世界一流大学，他说：“大学应该成为科教兴国的强大生力军。要继续提高高等教育的质量，加强教育事业的发展，努力在全国建设若干所具有世界先进水平的一流大学”。如果从1987年江泽民第一次提出要有“一流大学”的办学思想，时间已经过去了14年，积累了14年的实践。江泽民对“一流大学”的内涵作了更具体更深刻的表述。江泽民说：“一流大学应该坚持正确的办学思想，注重形成优秀的办学传统，形成鲜明的办学风格，发展优秀学科，努力建设一支高素质、高水平的教师队伍，为国家和民族的兴旺发达作出贡献。一流大学应该站在国际学术的最前沿，紧密结合生产力的发展要求，依托多学科的交叉优势，努力进行理论创新、制度创新、科技创新，特别要抓好科技的源头创新，并推动科技成果加速转化为现实生产力。一流大学应该成为继承传播民族优秀文化的重要场所和交流借鉴世界进步文化的重要窗口。成为新知识、新思想、新理论的重要摇篮，努力创造和传播新知识、新思想、新理论，不断促进社会主义文化的发展。一流大学应该成为培养人才的重要基地，不断为祖国为人民培养出具有正确的世界观、人生观、价值观，具有创造精神和实践能力的全面发展的人才”。

在引述了这一大段一流大学的四个“应该”后，曾经思索能否压缩在1～2个主题词中，但没有找到。从江泽民历次就“一流大学”的题词和讲话，似乎有两点值得注意：一是没有开出时间表；二是没有把在海外杂志上发表多少论文，得到什么奖作为中国建世界一流大学的标准。江泽民强调的是“全社会的大力支持”和“大学师生员工的艰苦努力”。细细想来这两点和上面这些“应该”切实做到了，中国的世界一流大学并不是谁“承认不承认”的问题，而是客观地已屹立在这个地球上。

第二年，即2002年，江泽民又先后二次讲了“一流大学”建设问题。4月28日，他在中国人民大学师生座谈会上说：“我衷心祝愿中国人民大学在新世纪创造新的成就……，成为以人文社会科学为主的世界知名的一流大学”。9月8日，他在北京师范大学庆祝建校一百周年大会上说，北师大“正在向以教育为主要特点的世界知名的高水平大学迈进”。如果说交大、北大、清华是属于多科性、很多学科交叉的大学，这两次讲话则分别针对“人文社会科学”和“教育”为主的大学，江泽民的教育思想是同样要有“世界一流”和“世界知名”。

从1987年江泽民首次提出要建设一流大学以来，已经20多年了，中国的大学无论量和质都有了极大的发展和变化。有的大学、有的学科已经世界知名或者排名已进入前列。中国建设世界水平的一流大学将脚踏实地、一步一步坚定不移地向前走，中国人民的期望和江泽民的教育思想一定能实现。

上海交大闵行校区初创时的故事*

从上海莲花南路跨入交大标志性的新校门，一望无际的空间，映入视觉为三平方公里的新校园。空天、深潜；风帆、航母；机械、电器；材料、粒子；火箭、核堆；信息、软件；生命、物种；细胞、血液；经济、金融；政法、文史；传媒、艺术；……蕴藏在'天地交，而万物通'的这里和那里。

交大在闵行建新校园已经30年了，现已成为主校区。经历了几届领导人的努力，主管部门的关心，海内外热心人士和校友们的支持。今日交大闵行新校区的建筑美、设施新、环境雅、校园大，在中国和世界的大学校园中已属一流。三万余博、硕研究生和本科生在这里就读，集结了一批中国两院院士、著名教授、海归学者、外籍专家、本土名人、青年教师在此探索研究，教书育人。30年来近10万学生从上海交大校园毕业，成为中国特色社会主义的建设者，也有走向世界，他们对祖国、对世界已经作出了这样那样的

---

* 本文写作于2013年3月，刊于上海交大《思源》杂志。

贡献。

万事开头难,闵行校园初创时定名交大二部,历时7年,那是一个艰难与成功共存的岁月。创业者的一些故事,书写了交大历史和中国高等教育史上淡淡的一笔,但却都是中国改革开放初期献身教育的教师、干部、工人、农民奋斗拼搏的真实写照。饮水不忘掘井人,留下他们的足迹,迎来更美好的明天。

一、艰难的选择

"文革"结束后,经过几年的拨乱反正,中国迈入发展、改革、开放。发展需要人才,社会需要交大毕业生。但交大校园容量已达饱和。1985年在校教职工5 398人,按当时比例计算应有在校生16 000人,但实际只有6 700人。用房极其困难,18平方米一间的学生宿舍住8位学生;许多教师家里三代同室,连一张书桌也无处置放;一些教学楼的公共卫生间改作了实验室。20世纪50年代,交大管理层一直想在周边动迁棚户,扩大校园,但没有资金以及政治动荡,长期无法落实。

改革需要解放思想。校党政领导乃提出在郊县征田建一个新校区。这一设想,除资金问题外,校内阻力很大,相当一部分教工因顾虑交通不便和生活设施不配套而不赞成。党委书记邓旭初去了青浦、梅陇、莘庄实地察看,希望找到一块离徐汇校区近一些的地块建设新校区。范绪箕校长看中了华山路上一块几十亩的空地,他向市里领导做了不少工作,但名花有主难以到手。1983年消息传来,国务院已同意全国政协的建议,选择几所重点大学,给予重点建设,每校每年给2 000万左右基本建设资金,为期五年。此项措施高校之间称"重中之重"。面对如此形势,如不当机立断,停留在扩建方向上选择,就会失去机会。当时调查的结论:如列入重中之重,五年可能拿到一亿基建费,如用来动迁周边棚户,或许可征到约200亩土地,需时3～5年。但5年内交大造教工住宅、建学生宿舍、买实验设备全部叫停,显然行不通;而且200亩地也解决不了交大的需要。交大党政班子乃作出艰难的选择,放弃就地动迁棚户,下决心改为到闵行去建新校园。1983 年 4 月 16 日，学校向上海市政府正式上报要在闵行建新的校区。6 月 20 日，以同样内容向教育部提出报告。7 月 20 日，教育部批复同意：上海交大在闵行征地 1 500 亩，规模在校学生 12 000 人。上海交大列为七所“重中之重”大学之一。一所办在市区的老大学，要在 20 多公里外郊县建一个规模比老校区大一倍以上的新校区。这在改革开放初期属于首创。能否办成？资金有来源吗？效益如何？师生满意吗？都得让实践来检验。教育部注视着，兄弟院校在观望，交大教职工也并非都有信心，也有人认为那是遥远将来的事。交大党政班子和更多的教职工则预感到，在闵行大规模开拓发展是上海交大希望所在。

二、汪道涵市长的远见

交大要扩大校园，必须得到上海市委和市府的支持。20 世纪 80 年代初交大就向市里多次反映校园限制了发展。对此，市委、市府也一直非常关心。汪道涵市长在康办召开了一次专题会议，听取交大对学校规划的汇报。市委分管文教的夏征农书记、教委党委陈铁迪书记，及有关委、办、局负责人都到了。交大党委书记邓旭初带了副校长孟树模和我参加。我们带去了交大校园平面图，讲述了困境和期望。汪市长则谈了上海发展的宏观思路，希望交大在此背景下考虑扩大校园的选址视野。这不是一次“拍板”会议，交大同志的发言即使非常激动，他也以学者风度耐心倾听。经过这次会议，交大了解了市委、市府的意图，汪市长和有关部门也对交大走出困境的急迫心情有了深刻印象。

几经比较和论证后，上海交大接受市政府建议，选择在闵行建新校区，并于 1983 年 4 月 16 日上报市政府。5 月 10 日，校长办公会议又将要建的新校区定名为“上海交通大学二部”，表示规模很大，不是一般的“分部”。7 月 20 日，教育部正式批复：同意上海交大在闵行征地建设交大二部。由于主管交大的教育部正式批准了立项，非常关心交大发展的汪市长随即于 9 月 2 日在外滩市政府召开市长办公会议，专题讨论落实交大征地建设二部。那天阮崇武等副市长和有关委、办、局负责人出席参加，交大派副书记陆中庸和我列席。六号会议室坐得满满，交大汇报情况后，副市长和委办局负责人的发言集中到二点：一是上海这几年“分不到交大毕业生”，有不满之意，二是征 1 500 亩是否太多？经费落实否？管投资的一位委办负责人说：“地方‘六五’计划已没钱，‘七五’有钱时再拿”。汪市长在会上说：“交大二部三年前已定在闵行，你们有想法，当时就提醒拆迁有困难”。“发挥交大潜力，出发点正确，我们要支持。”“交大可先上 12 000 人中央规模。地方 3 000 人归地方，(按：指在校学生数，即“规模”。“规模”决定征多少地)。建议交大多招收硕士生”。会后，市府办公厅发了一个《市长办公会议记要》。交大二部建设正式启动了。1984 年 1 月，市府又发文，将交大二部建设列入地方规模为在校学生 3 000 人，属地方基建计划。当正式列入了国家计委下达的 1984 年全国基建计划后，上海市计委即拨款 700 万元以表支持。市建委重大办负责人朱志豪同志多次出面协调落实施工和配套工程。

经过三年的基本建设和筹备，1987 年 9 月 1 日，2 600 多名交大新生在闵行入学就读。此时汪市长已退居二线，年末，交大邀请他到二部参观视察，在中院(教学楼)楼上远眺周边环境时，汪市长忽然对陪同参观的我说：“那次我要你们多征点地，交大发展需要啊。”这是一位有远见的市长的真知灼见。今日交大新校区已发展至 5 000 亩规模，30 000 人在校学生，完全证实了汪老的预见。市长办公会上，汪老没有采纳有些委办要和交大算规划细帐，以压缩征地规模，会后市计委还拨款 700 万元作为地方任务支持征地，此情此景至今如在眼前。

三、校园总体设计要创新

改革开放的初始年代，中国要建一所新的大型大学校园，应该建成什么样子？交大决定请排名数一数二的上海民用建筑设计院负责交大二部总体设计。民用院洪碧荣院长亲自挂帅，戴振雄工程师负责总体设计，单体设计分别由许多工程师负责，背后是院内总工、建筑大师、室主任们的支持。交大有许多见多识广的教授，学校的党政负责人也大都出过国，有开阔的眼界。大家都认为要有新意，要解放思想，要突破50年代、60年代建成的中国许多大学的校园总体模式，即沿中轴线正对大学校门造一幢体量很大的中高层建筑成为主楼，二侧为对称的一幢一幢火柴盒式的建筑，周边配上一些花坛、水池、绿树等建筑小品，分割空间，马路两旁则一律为高大的行道树。而每幢"教学楼"内既有教室，又有实验室和行政用房。交大向设计院提出：不要搞对称，不要"火柴盒"，要创新，但要控制造价，不搞豪华。使用功能上，以学生为本，教室和实验室不建在一幢楼里。大、中、小教室可集中设计在相近的几幢教学楼里，方便学生跨院系选修课程。学生宿舍改8人一间为4人一间，不搞大卫生间，几个房间设计一个小卫生间。学生宿舍这一改动，按设计定额每人增加一平方米，达7平方米，教育部在审查时破例放行，以示支持。

学校这些想法和建筑师们的构思不谋而合，双方几年的合作虽难免有些争论，但一直十分融洽愉快。民用院为二部设计的三幢教学楼（即现在称为上院、中院、下院）的教室采用两面开窗采光，外廊空气对流好，底层的门厅通透可借景。三幢楼间用二层廊连接，方便学生流动。民用院的设计以后获国家建筑设计奖。二部教学楼使用后，实践检验很好，上海和外地大学新建的教学楼，甚至连重点中学的教学楼有的也采用了如此构思。民用院设计的学生宿舍则被当时上海几所大学的大学生们比较后称之为"住在交大"。由交大创始人盛宣怀嫡孙、旅日华侨盛毓度赠建的"留园"（中式餐厅），交大旅英校友秦本鉴、孙琇莹夫妇赠建的"学生活动中心-铁生馆"，以及"留园"西边相邻的中国式园林"南苏园"由本校建筑设计所负责设计，建筑师为宋漪萍。

一所大学给人的第一印象是学校大门。闵行新校区的南大门，学校请上海市政设计院设计。因为有一条河，在"红线内"门与桥要合二为一。学校提出不搞可关闭式的校门，以示"开放"。市政院提出八个方案，学校选中了现在建成的方案，两根从桥南两侧向空间拱起的弧形钢筋混凝土拱梁，在空间合为一根落在桥的北侧。这样的建筑结构含义是什么？当年的解释为：张开双臂，欢迎来交大。建成后的解释、含义和想象则已超越设计师和校方的“说法”，交大校报上曾发表一篇专文讲了八种含义，均有道理，真乃仁者见仁，智者见智。这座二部的“门桥”还有一个特点，你可从任何角度摄影，连同桥后背景都非常好看。

四、从闵行农民到交大职工

1984 年 6 月 26 日，市建委批复市规划局报告，同意交大二部选址“定点在闵行地区东川路北侧，横径港东侧，淡水河西侧范围内”。同时，要求规划局“补充编制该地区的市政、公用配套设施的规划”。经过几个月的工作，1984 年 11 月 19 日，交大征地办主任陈廷莱与北桥乡代表宋根宝分别代表校与乡“就征地范围、经济补偿、劳动力安置、社员房屋拆迁、动迁等有关问题”正式签定《征地协议书》。农村征地动迁中难度最大的是劳动力安置，当时主要有三种方式：当地政府安置，动迁用地单位安置，社员自己找到适当的工作。由于交大二部涉及动迁面较大。需安置人员量多，闵行区政府安置也有一定困难，同时二部建成投入使用后也需相当数量的职工。因此学校决定由交大成立一个服务性质公司，安置劳动力。这天签的是第一份《征地协议书》，仅涉及 510 亩土地(另代市政道路征地 159 亩)。至 1987 年秋，二部投入使用时，共征地约 1 800 亩，800 多名闵行农民转为交大工作的职工。

进入“二部”的八百多位新职工，他们世代栖息、生产、生活的土地，今天作为交大二部的校园，办好交大二部，他们也是充满期待和希望。为适应在大学工作，他们认真投入学习和各项准备。八百多位新职工分布在二部的食堂、宿舍管理、绿化、校园管理、车队、校园保安、基础课实验室、电化教育以及校实习工厂，还有校系行政部门。各单位对新职工，先在校内或送至校外培训，然后上岗，因此都能胜任大学的后勤工作，也保证了二部按时顺利开学。

1987 年 3 月 25 日，闵行区五届人大换届。林志俭任书记的中共闵行区委和范钦山任主任的区人大常委会决定交大二部作为一个独立选区，选举产生二名区人大代表。这天，二部一千多位选民选举陈廷莱（交大基建处长）和陆祖良（征地进交大的职工）为区人大代表。同时洪光彧（基建处副处长、民主党派）、夏有为教授（实验二处处长）被定为闵行区政协委员。

30 年来，交大的领导和教职工们尊重因征地而进交大的职工，同样他们也尊重交大的领导和教职工，现在相当一部分同志已经退休，但也有继续在工作，有的担任了部门负责人。

五、寻找工程公司，举行“开工典礼”

交大二部在立项、选点、征地、设计落实后，学校决定 1985 年 7 月开工，1987 年秋接受首批 2 600 名一年级新生入学就读。为此要竣工 64 000 平方米各种建筑物和水、电、煤、路、电话均要开通。寻找好的工程公司成为当务之急。80 年代初，中国还是计划经济，资质高，施工水平好的工程公司很少，也没有招投标制。市建委与学校几经商量后决定请金山石化工程公司承担施工。金山石化工程公司曾主要承担几年前国家重点项目金山石化总厂的施工，施工力量强，设备比较齐全。但由于工程量大，时间紧，一部分学生宿舍由郊县工程公司承担。金山石化工程公司总经理陈伯良亲自挂帅，调集队伍，保证用二年时间在 1987 年 9 月 1 日前完成任务，使二部顺利开学。

1985 年 7 月 2 日，“二部”在一片农田上举行了盛大“开工典礼”。上海市倪天增副市长在典礼上说：“虽说交大是扩建，实际上是建一所万人大学”。一句话，道破了二部建设的规模。二部能否顺利开学，并不是造好校园内各种建筑，就能办学。校门前的东川路和西边的沧源路都是“图纸上的路”，当时通向未来校区唯一道路是北面的剑川路，但要通过一条二百米长狭小的机耕路才能到达。校区内全是泥路，交大职工每人发一双长统胶鞋应对。整个闵行区还没有煤气开通，交大二部学生食堂将是全区第一家使用煤气用户。据市政方面估算，解决路、水、电、煤、电话这些配套工程需投资 3 500 万元。这笔巨大资金可以归建设方负担，也可以由市政有关部门投入。交大盛振邦副校长主动承担与有关部门的沟通协调，结果全部由市政有关部门承担，这对二部建设是一个极大的支持。

金山工程公司和市政有关各工程公司为了交大二部按时顺利开学，分秒必争，质量第一，终于完成了施工任务。他们承建的几个工程，以后获得全国建筑方面最高奖“鲁班奖”和上海建筑方面最高奖“白玉兰奖”。

六、与中央水利电力部联合办学

在交大选择闵行建设二部前后，市规划局一直宣称交大选的点及相邻的一大片为“教育科研区”。当年，校址在杨浦区由中央水利电力部主管的上海电力学院也要在郊区建新校区，水电部批准征地 500 亩，规模 5 000 人在校学生，水电部投资 9 700 万元。上海市当即安排在闵行淡水河西、东川路北，与交大二部相邻。电力学院抓得很紧，先征地约 400 亩，并先于交大开工。同样由于没有道路可通，市政配套方面已花了几百万元，同时施工中出现了安全问题。消息传到水电部，1986 年农历除夕夜，钱正英部长召开部党组会，讨论是否将正在上海闵行兴建的电力学院新校园，包括已征的 400 亩地和水电部计划投资 9 700 万元一并交给上海交大，联合办学。经过部党组的认真讨论，钱部长果断拍板，与交大联合办学。春节过后国家教委在北京召开 1987 年全国教育工作会议。会议期间，水电部教育司司长许英才先将联合办学意图告诉出席会议的交大教务二处朱立三处长，朱随即报告翁史烈校长。消息传至上海，交大党政班子一致赞成。随后，翁校长代表学校拜访了水电部几位副部长和有关司局长，并签定了联合办学协议。交大同时成立电力学院，承诺为水电部培养学生。国家教委领导对联合办学评价极高，认为是高校管理体制改革的“创举”，影响深远。以后的实践证明，中央部门主管的大学，除保留少数几所外，基本上都移交给中央教育部或各省市主管。毕业生分配也由于改“计划分配，统一分配”为毕业学生与用人单位“双向选择”，学校已无权要学生服从分配去某单位工作。但交大与电力系统合作一直到现在，仍然是产、学、研很好结合。交大许多学生也向往去电力部门工作。在 9 700 万元投资完成后，尽管由于“政企分开”水电部一度改成能源部，投资权属于公司，但有关领导仍给予交大很大支持。

七、“赠建文化”的形成

闵行新校区的建成，顺利运转，海内外的赠建，是很重要的因素之一。海内外的自然人或机构愿意捐赠，是有很多原因的。其中之一是受赠单位的文化，“开放、包容、尊重、思源”。交大有这样的传统，当年老交大的老图书馆除政府拨款 3 万元，还接受赠款，其中近代中国民族资本家荣熙泰捐赠 1 万元，北洋政府大总统黎元洪也捐了 1 000 大洋。解放战争年代建造的新文治堂(大礼堂)由交大校友会赵曾珏、袁丕烈、茅以升、王之卓、赵祖康、顾毓琇等校友发起集资赠建。改革开放后，小平同志亲自接受香港船王包玉刚赠建交大图书馆，而且同意以他父亲包兆龙命名，最生动形象地表达了中国最高领导人开放、包容的宽阔胸怀。

闵行新校区建设时，国家财政还十分困难，虽然列为“重中之重”，每年也只有 2 000 万元国拨基建经费，且相当一部分要用于买徐汇区田林新村商品住房，造虹桥路上家属宿舍，还要购置必要的实验设备。因此交大以开放的胸怀欢迎海内外赠建。闵行二部(至 1989 年)建设期间的赠建项目就有：

* 包玉刚图书馆是香港包玉刚赠建包兆龙图书馆的节余款建的。

* 学术活动中心是旅居新加坡校友莫若愚夫妇赠建的。

* 铁生馆是旅居英国校友秦本鉴、孙琇莹夫妇赠建的。

* 留园是旅居日本的交大创始人盛宣怀嫡孙盛毓度赠建的。

* 光明体育场是香港校友胡法光赠建的。

还有一些赠建项目以及“二部”岁月结束后更多的赠建项目，正是由于这些海内外热心教育，关心交大人士的赠建。使闵行新校区很快形成配套完整的交大的“教育生产力”，如今能够接纳 3 万多海内外学生，而且其中一半以上为博、硕研究生在此就读研究。

八、“二部”管理体制的演变

1983 年，决定在闵行建设新校区时即取名“交大二部”，以示其规模很大，不是分部，是“上海交大希望所在”。开始的二年，主要是完成立项，列入国家基建计划，征地动迁。选择在闵行建新校区是校党委书记邓旭初主持党委工作时决定的，参与前期工作的孟树模（后调市计委任副主任）、范祖德等。1984 年春，正式启动时，动迁征地等由副校长王守仁，副书记陆中庸负责并成立领导小组，组成动迁办公室。1986 年初，为保证基建任务按时完成和准备 1987 年秋 2 600 名学生顺利入学，校党委决定在党委、校长领导下实行“二部主任负责制”，由范祖德任主任，同时成立二部若干行政机构：二部办公室、教务二处、基建二处、实验室二处、总务二处、财务科、人事科等。考虑到全校本科二个年级的学生均将在二部就读，还成立第一、第二、第三三个教学部管理学生和组织教学。当时设想，学生到三年级时还有理科、文科、电力学院留在二部读至毕业，其他将到徐汇校区读至毕业。

在二部就读的一、二年级的课程由各系负责配备任课教师，不属二部管理。随着开学临近，党委陆续任命何永棣为二部副主任及各处、部、科、室负责人。成立二部党委，卢积才为书记，毛杏云为副书记。任命三个教学部的主任和总支书记。在二部任职同志的特点是先上岗，后任命，有的甚至干了相当长时间才任命，但都不计较。

交大建二部，对上对内第一责任人是当时的党委书记何友声和校长翁史烈，他们二位可说全心全意领导支持二部建设。二部没有进学生时，碰到的问题和困难主要是基本建设、财务、后勤准备等，涉及二部外的学校行政部门，发生矛盾时都要翁校长出面协调解决。交大的副校长和副书记们也都支持二部建设，二部能按时顺利开学，领导班子的团结就是重要的保证。

这一体制运转到 1989 年秋，二部在校学生将达到 6 300 人，竣工各类建筑17万平方米。二部在校学生将超过徐汇本部。情况变了，二部主任于是向校党委和校长正式提出，根据形势的发展，应改变二部以块为主管理体制，与徐汇本部合在一起，实行以条为主管理体制，取消二部建制和主任负责制。经校党委和行政认真评估讨论后，决定采纳这一建议，但由于恰逢1989年学潮，实际实行为1989年底。交大二部改称：上海交大闵行校区。从1983年春立项取名二部起至1989年取消止，交大二部岁月历时约七年。

九、能“按时顺利”开学吗？

新建一个大型校区，在改革开放初期，建筑材料如钢材、水泥，市场上还是短缺，施工机具也不先进，如商品混凝土搅拌车和泵车引进不久，费用贵，按时建成顺利开学许多人并不看好。1984年，校教代会虽民主审议通过赞成闵行建二部决议，但当时不少代表心想那是“遥远”的事。

当招收2 600本科生的计划列入1987年国家计划时，交大已没有退路。确保按时顺利开学，首当其冲是基建处。那时的基建处，功能不仅要落实基建计划，选择和签订设计、施工合同，做好征地动迁工作；在国家还没有建立施工监理制度时，基建处的工程师、技术员、老工人还要承担监理责任。例如，建筑物现浇樑、柱、板，钢筋扎好后，基建处工程师们要按图核对，“点头”签字了，才可继续施工。当浇灌混凝土时，基建处要核对配比对不对，要看着浇，施工单位加夜班，基建处也得相伴。基建处有时还得想方设法采购短缺建材或甲方需要的装饰性材料。……基建处陈廷莱处长及接他班的陈恒足处长一丝不苟，高度责任心，团结全处职工和施工单位职工完成基建任务。陈廷莱被评为上海市劳动模范。

实行二部主任负责制实际上是二部主任立了“年令状”：保证“按时顺利”开学。“按时”指2 600新生1987年9月1日在二部报到注册入学。“顺利”指学生宿舍要水通、电通；食堂要按时开饭，卫生安全，秩序不乱；教室要窗明几净，随时可用；接送师生的交通班车要按时开出，任课教师从徐汇校区来要保证每人有座位不能让教师上车站着吊着一个多小时来上课。保证“按时顺利”开学除基建处外，后勤是第一线，总务二处杨念祖处长，杨病休后由王永弟任处长。他们二位团结全处职工，工作一丝不苟，没有发生“事件”更没有引起“风波”，学生说“住在交大”也是对后勤工作好的评价。二部的绿化被评为“先进”。

1987 年 4 月校庆时，教务二处邀请挂钩重点中学校长来二部参观，当时主体建筑基本已完工，正在室内装饰，安装课桌椅等设备。马路则在大开挖排近一米直径的下水道，满地泥泞，“无路可走”。中午一起在征地后保留的农宅改成的临时餐厅内用餐，有的中学校长餐桌上直言表示：9 月 1 日交大不可能准时开学，有的甚至“打赌”如准时开学，姓名颠倒写。

5 月 25 日，非常关心但也不放心交大二部建设的国家教委副主任朱开轩（后为主任）亲自来到二部现场视察，同样看到主干道正在埋下水道一片泥泞。他问我：9 月 1 日开学有何问题？我回答：道路这些问题都可解决，就是三公里外面闵行污水处理厂的污水泵站可能来不及建成，这属市政，学生宿舍和大食堂的污水如何排放、如何处理还没有把

朱开轩（国家教委副主任、党组书记，右二）
在新校区使用前检查工作，翁史烈校长（右三）在介绍情况

握。交大基建处长正盯在那里。年底，已顺利开学，我去北京国家教委，见到开轩同志，他一开口就问我："污水问题如何解决?"可见教委领导的关心，细心和不放心。

8月27日，离开新生报到还有几天，市委副书记曾庆红，市教委党委书记陈铁迪，副市长谢丽娟等也到二部实地视察，他们也是"既关心又不放心"，在查看了学生宿舍、食堂、教学楼，正逢各班班主任教师在提前集训，他们发表了勉励性讲话，对"按时顺利开学"大体放了心。校内其他部门的同志则齐心协力保开学，路还没有修好时，外语系总支书记老齐对我说："你放心，我们会安排中青年教师来上课，老教师跌了跤不好办"。我回答："老齐，我们不是办五七干校，不会让老师走泥泞路上课"。

1987年7、8月份，一个一个好消息传来，食堂煤气接通了，冷库建成了，浴室锅炉试车合格了，宿舍的床、桌、椅运到了，教室课桌和黑板、灯光都到位了，新体育馆也可以放电影了，新购置的大型交通车到了，各个班级的任课教师已落实，课程表也排好了，普通化学实验已准备就绪，三个教学部的政治辅导员也都到岗了……。提前三天报到的学生干部也已到了，并组织起"志愿者"，迎接二天后报到的同学。1987年9月1日，交大二部终于"按时顺利"。这天当学生们和陪同家长笑逐颜开在体育馆报到后，在校园内参观宿舍、食堂、教室，家长们几乎众口一辞：这是一个"读书的好地方"。学校领导和二部的同事终于松了一口气。

十、江泽民在二部开学典礼时提出，上海交大要办成第一流大学

1987年，入学新生按照教育部规定要先集中进行军训。交大2 600新生在入学教学结束后，就去了宜兴第一集团军某师军营进行军训。开学典礼推迟到11月20日举行。

盛大开学典礼在新校园大广场举行，新生们穿着学军时的军装，每人带了一张学军时用的小木凳，面向二部行政楼而座，经过军训，整齐划一，纪律严明。中共中央政治局委员、上海市委书记江泽民，国家教委副

主任刘宗德，水电部副部长姚振炎及上海市有关负责人，复旦大学校长谢希德等兄弟院校负责人出席了开学典礼，江泽民、刘宗德、姚振炎、谢希德都讲了话。

典礼结束后，来宾们由校党政领导陪同在大食堂用午餐，然后参观新校园。江泽民书记因下午有事不用餐，乃由我陪同参观，在离开会场时，江泽民看到了他的老师、老校长朱物华教授，江对朱说：他要送老师回家，请稍等一下。我于是请江泽民先到行政楼会议室题词留念，江泽民那天情绪很好，挥笔题词："百年大计，教育为本，努力把上海交大办成第一流大学"。接着江泽民参观了学生宿舍、教学楼，在体育馆，有学生正在打乒乓球，他兴致很高与学生打了几个来回。

建设"第一流大学"作为办学目标和含义，江泽民在担任中共中央总书记后不断发展和深化。1996 年交大建校百年时，江泽民又一次为交大题词，并有两点发展，一把"上海交大"改扩为"交通大学"；二明确"第一流"指的是"世界一流"。题词全文："继往开来，勇攀高峰，把交通大学建成世界一流大学"。又过了二年，1998 年 5 月 4 日，北京大学建校一百周年，江泽民代表党中央、国务院宣布："为了实现现代化，我国要有若干所具有世界先进水平的一流大学"。这次讲话后中国政府正式启动了投资若干所大学以建成世界一流大学。这次讲话在 1998 年 5 月，因此定名为"985 工程"。上海交大和西安交大是其中两所大学。三年后，2001 年 4 月 29 日，江泽民在清华大学庆祝建校九十周年大会上的讲话，详细描述了中国世界一流大学的四个"应该"。但是没有列出建成"时间表"，也没有把在海外杂志上发表多少论文和获得多少诺贝尔奖作为"标准"。第二年，2002 年，江泽民又先后在中国人民大学和北京师范大学针对以"人文社会科学"和"教育"为主的大学提出同样应该"世界一流"和"世界知名"。

从江泽民 1987 年在上海交大二部首次提出要建设"一流大学"，已经 26 年。中国有的大学实际上已经进入"世界一流"，由于国际上并没有一个公认的评定世界一流大学的权威机构，也没有统一标准。因此我认为，中国政府，例如教育部不会宣布那所大学已是“世界一流”。中国大学也不会有那所“自我宣布”已是世界一流。

十一、二部的青年学生

从 1895 年中国办起北洋，南洋，北大，清华等现代大学，中国的青年大学生无论在晚清，民国，还是新中国，共同的特点是朝气蓬勃，爱国爱校，追求真理。但在不同岁月，受当时国内外政治经济的影响，思想状况和价值取向是有不同特点的。

改革开放初期，由于中国特色社会主义的理论体系和制度还在探索、形成、发展中，急于中国强国富民的大学生们，对各种思潮的识别能力还不强。1986 年曾发生一次规模不大，时间不长的学潮。外地大学的一名头面人物来上海交大做学术讲演，却不谈学术，大肆鼓吹西方“民主”“自由”，声称现在“谁也不怕谁”，煽动学生上街游行做点“动作”。这位教授这套价值观来自西方。有一小部分学生受此影响发生罢课游行的学潮。在党和政府的领导下，经学校各级干部和广大教师的工作，这次学潮很快就结束。但交大党政领导和教师们深深认识到必须深入细致做好学生的思想政治工作。几个月后二部就要接受新生入学了，二部必须做好学生的思想政治工作。

二部的学生思想工作是在校党委统一领导下，由副书记王宗光主管，具体工作二部党委负责。首先要明确教育学生什么？二部同志认为：坚持四项基本原则，坚持中国特色社会主义，抵制资产阶级自由化，决不照搬西方一套。其次谁来做学生政治思想工作？党委明确教书育人，齐抓共管。学指委系统的专职政治辅导教师毫无疑问是首先要负责的。其次各专业派出担任各班班主任的教师，虽然行政系统由教务二处归口协调，也要负责。王宗光强调一个观点，分管教学的副校长，各系主任均负有对学生进行思想教育的责任，交大任课教师都要“教书育人”。1986 年学潮后交大的干部和教师都努力这样做了。1989 年春夏的政治风波，由北京波及上海。由于 1986 年后交大加强了对学生的思想教育，风波初起时，交大学生没有卷入，当时上海市委书记江泽民评论交大学生“巍然不动”。以后由于中央出现不同声音，使一部分受影响的学生按捺不住，也要“罢课游行”一番。交大徐汇校区的高年级学生慢了一拍，闵行二部的一二年级学生由于没有经历1986年学潮，又离徐家汇23公里，慢了二拍，“烈度”也没有北京一些学校那么强。讲一个故事：当时我作为二部主任，找一位带头要到市区游行的学生谈话，劝说无效。我说：你得向市公安局登记申请批准游行，否则是违法。这位学生问：如何登记？我说：就在我办公室向市公安局打电话申请。这位学生接受意见，依法照办了，当时可能是绝无仅有的。1989年的政治风波在中央采取措施平息后，二部很快恢复正常教学秩序，带头的学生也都作了反思。多年后，他们返校看望当年苦口婆心对他们教育的老师。20多年过去了，交大包括各校区的青年大学生们拥护中国共产党和中国特色社会主义道路，虽然境内外不时有人想在交大制造一点“事件”什么的，但一直搞不起来。

交大学生爱校如家，在保卫二处胡刚处长组织下，二部学生组织治保队，保卫校园，学生们每天通宵在广阔的校园内轮流巡逻值班，一天巡逻的学生发现附近的一家化工厂于后半夜偷放有毒废气，刺鼻的臭气随风飘入校园。巡逻学生为此写了一封实名信给市委书记江泽民。在江泽民主持的一次市领导会议上专门讨论了此事，决定这家化工厂不再发展，要治理。

十二、国旗广场和思源湖

顺利开学后，校园内的基本建设还得进展。开学典礼在气魄很大的广场举行，但广场北面却是一片野草丛生的旷地。1988年学校决定，紧沿广场北面要竖起一根高达28米的旗杆，升国旗。国旗下堆出一片高出周边的坡地，坡地上用彩色马赛克制作一大幅球面形的全中国地图——“我的祖国”。基建处杨振海和蒋宏工程师承担设计，计算中心主任何焕熹教授用计算机标出每块不同颜色的马赛克坐标，以便施工。建成后师生们普遍称好。二部党委决定每天组织一个小班的学生负责升降国旗。不久，全国人大颁布了“国旗法”，规定了学校都要升国旗。上海各大报为配合“国旗法”实施，报道了交大学生升国旗的活动。

学生在闵行举行升国旗仪式

1988年底，广场北面，人工开挖的“湖”竣工完成。交大青铜公司铸造的一尊大型铜质展翅雄鹰，公司总经理盛宗毅教授提出送给学校，学校决定安放在闵行校区大广场与人工湖之间的大草坪上。交大闵行新校园从象征开放欢迎的校门桥到白色整洁的广场，庄严的中国地图，高扬的国旗，展翅的雄鹰，宽阔的湖面……还有包玉刚图书馆和教学楼的湖上倒影，周边的建筑，花、树、草、石构成了一幅美丽的完整的图画。但是“广场”与“湖”取什么名？当年没有定。以后从校报上看到校党委副书记陈龙在一次“校际讨论”社会主义文明建设的会上介绍校情时说：“交大学生说，交大的‘国旗广场’实在太好了”。“国旗广场”多好的名称。我因此写了一篇短文：“美丽的国旗广场”，发表在交大校报上。人工开挖的湖取什么名？“饮水思源”是交大的文化传统，湖是水，交大师生很自然的把这个处于中轴线中心的湖称她为“思源湖”，这也是一个难得的好名称。

建筑是艺术，是文化。建筑能引起对历史、民族、祖国、人物的联想，怀念，深思。上海交大闵行新校区经过30年的努力，她的建筑、她的环境、她的功能、她的文化体现着时代特色，中国元素，交大传统。这是美丽中国的一个美丽校园。

十三、上海交大的“梦”一定成真

30年来，随着中国的改革，开放，发展，办在市区的中国老的著名大学，到郊区或近县建新校区办学，已是一条必定要走的路。上海的知名大学，有的选了宝山，嘉定，松江，有的去了闵行，奉贤，浦东……。外省市的知名大学，凡原在市区的几乎也都走上了这条发展之路。交大早走了一步。上海交大闵行新校区有幸获得改革开放30年“上海城市建设发展成果优秀奖”。

世纪之交，交大又作出重大决定，办学主体从徐汇校区转移至闵行校区。闵行校区“交大希望所在”的梦已经实现。

交大人现在的“梦”是要“办成世界一流大学”。这个梦也一定会成真！

相　聚*

20年前参加建设上海交通大学闵行校区（当时称交大二部）的30多位同事今天又相聚在一起，古人云：光阴如箭，岁月似水。今天相聚的同志们都已从岗位上退下来，垂垂老矣！或许大家都有这样的感触：自己生命历程中一部分融化在交大闵行校区的开创时期，我们多少做了一点，即使是非常小的一点事情，铺了一块砖，盖了一片瓦，但有益于中国，有益于上海，有益于交大。回想起“左”的岁月，我们这些人已都浪费了不少青春年华和中年盛气。我们今天相聚时，不由想起已故世的杨念祖同志（总务二处处长）和吴志天同志（二部党办主任），多年来，每当谈起交大闵行建设时，他们以及已经离我们而去的同志的音容言貌总是浮现在我的脑海里，不能忘怀。

建设闵行校区的同志来自四面八方，有党政干部，有教授工程师，有后勤职工，还有因土地被

* 本文写作于2007年1月11日。

征建新校区而进入交大工作的农村干部和农民兄弟。二部最早的建设队伍达 1 000 多人，还不包括设计院和施工单位的队伍。20 年前，大家一起工作时也有这样那样的分歧和争论，但相互间是宽容、体谅和支持，没有“上纲上线”，没有“推卸责任”。如果能套用一句现在的政治话语，当时的闵行校区或许也可说是一个“和谐校区”。

人是要回忆的，老了，更要回忆，这是人性。20 年前的闵行校区建设，作为国家教委的“重点建设”，上海市的“重大工程”，交通大学的“希望所在”，我们不能不怀念当年的上级领导们。批准交大在闵行建新校区的是当时的市长汪道涵同志，由于他的远见得以落实规划用地和市政配套资金。2005 年 12 月，汪市长已离我们而去，我们怀念他。国家教委主任朱开轩同志多次到闵行校区现场视察，他一直把闵行二部建设记在心上，因为这是中国大学能否冲破校舍不足的瓶颈，采取异地建一个新校区的试验性项目。当时国家教委许多直属重点学校也在考虑走出市内老校区，建设新校区，而交大则已在探索，探索的成败得失将影响这些学校。因此当 1987 年按期顺利开学，当国家计委专家组来校评估“交大重点建设效益”得出肯定评价；当大学校长们的赞美之词等集中到开轩同志那里……，几年后我已离休，又见到开轩同志谈起交大闵行校区建设，我感觉他的心情好像“放下了一块石头”，他很开心。

20 年前，对闵行校区的建设认识，学校领导班子，虽不能说“铁板一块”，至少是“没有分歧”。书记何友声同志实行“无为而治”。无为而治的领导方法不是无所作为，也不是不问不闻，在一定环境条件下，“无为而治”也是一种好的有效的领导艺术。如果当年何友声同志对闵行建设具体问题今天一个指示，明天一个点子，我想我们这些人可能会感到“为难极了”。据我所知当时有些人到老何那里“告状”，指责闵行，都给老何或化解或顶回去。老何碰到我时“一句不提，若无其事”，我心中明白这是极大的“抗干扰”支持。校长翁史烈同志对闵行建设则是“真抓实干”。无论为了资金筹措，还是联合办学，还是建筑物的设计讨论，还是学生食堂，他都关心支持，碰到建设中什么问题困难，作为校长“随请随到”。在建设中一些具体问题有时有分歧，我是一个有了主见并不轻易就改变的人，翁史烈从不以“校长”来压我，我也从不用不尊重他的语言来争论。常常是争论归争论，支持归支持，让时间和实践来作结论，总之，这是一位有民主作风的校长。闵行校区建设正巧碰上学生中资产阶级自由化思想泛滥的高峰期。王宗光同志当时任主管学生工作的校党委副书记，担子重，压力大。1987 年 9 月闵行校区顺利开学后，由于 1986 年学潮，中央决定大学新生先去部队军训一段时间。一年级 2 700 名新生于是去了驻在宜兴的解放军部队军训，军训期间不幸发生了车祸。当宗光同志惊悉这一消息后立即赶赴宜兴现场，日以继夜与部队首长、地方领导、学生家属一起协调妥善处理事故。1989 年春天，闵行校区已有二届学生5 000 多人，全是一、二年级学生，他们年纪轻，心灵纯洁，但没有社会经历，一些同学容易冲动，容易上当受骗。1989 年政治风波中，所谓“民运人士”打着“民主、自由”旗号，兴风作浪，也波及交大，波及闵行校区。在反对政治动乱，稳定闵行校园的日子里，王宗光同志带领学生工作队伍和班级老师深入学生之中，做耐心的工作，满腔热情，苦口婆心，经受住一些过激学生的恶言恶语。交大回避不了大的政治环境，虽然“节奏”“慢半拍”，闵行校区还是发生了所谓“罢课、游行、空校”等。由于宗光同志等大批教师和政工干部的坚持岗位努力工作，把学校和交大学生的损失减少到最低程度。动乱过后，闵行校区很快就恢复了秩序，真正保护了学生。学校各级领导和许多同志对闵行校区建设的支持，我能回忆的还有许多许多，这是篇短文，只能打住。但有一位同志不能不提及，这就是基建二处陈廷莱处长。老陈为了基建工程按期完成，他全身心扑在上面，精打细算，亲临现场，争分夺秒，他的事迹大家都看见，他因此被评为“上海市劳动模范”，这既是老陈的光荣，也是我们大家的骄傲。

20 年过去了。今天，交大闵行校区已是交大的主校区，校部和大多数院系已经落定在闵行，在校学生达到了 3 万余人，从本科生、硕士生、博士生到博士后。校园占地面积将近 5 000 亩。一切的一切与 20 年前已不可同日而语。

一部分参加闵行校区初创时工作者合影

上海交大的文化精神是“思源致远”。“思源”是20世纪30年代交大毕业生向母校表达的信念，永远要饮水思源。“致远”是交大创始人盛宣怀为办南洋公学写给光绪皇帝奏折中提出的办学思想，要办高层次学校，要培养“致远”人才。20年前的闵行校区作为交大的“希望所在”已成为“现实存在”。20年后的相聚，我们回忆过去，更着眼于“致远”。祝愿交大明天更美好，早日成为世界一流大学。

“欢乐相聚”开场白*

不到一个月，我们将迎来交通大学 117 周年校庆。上海交大闵行新校区的建设，从 1983 年立项建设、取名“二部”到今年 5 月整整 30 年了。

3 个多月前在参观杉达大学嘉善分院时遇见交大二部老同志龚发志，他在当副院长，发志说：“离别多年的二部老同事都在想念学校，想念老同事”，他建议我这个当年二部主任出面请大家叙叙旧。回来后我和王宗光、毛杏云、何友声、翁史烈等同志谈起此事，都很赞成，乃一起发起了这次“快乐的相聚”活动。今天到的已退休的老同事 70 多人，还有一部分当年的青年干部，他们至今还在拼搏，有的在外单位，获悉后都很高兴，表示“一定来”！“一定来”！此次相聚活动，我们报告了党办李建强主任和校办汪后继主任，得到支持。我们邀请马德秀书记和张杰校长见见当年的老同志们。我们还邀请二部结束后，主持新校区二期建设的校党政老领导和老同志以

* 本文写作于 2013 年 3 月 14 日。

及一些现在部处的领导相聚，他们以更大的气魄和远见，把交大新校园建设成“如此多娇”。他们也都很关心老同志。

我们特别邀请支持交大二部建设的当年闵行区委书记林志俭，区人大主任范钦山，市计委副主任、交大校友孟树模，市建委重大办公室主任朱志豪，市民用建筑设计院院长洪碧荣，金山石化工程公司总经理陈伯良等，对老领导老朋友们的来到，我们感到分外的欢乐。

交大闵行新校区经过几届交大人的努力和各方面的支持，现在已经成为中国的也是世界的：“建筑美，设施新，环境雅，校园大”的一流大学校园。今天送大家一本由基建处蒋宏处长提供、谢绳武任名誉主编、张世民任主编的《21世纪上海交通大学校园新篇章——记闵行校区二期建设》，这本大型摄影画册，反映了新校区的“时代特色，中国元素，交大传统”。新校区的一期建设则提供一篇新写的一万多字《上海交大新校区初创时的故事》，讲“二部”岁月的人和事，述一漏万，难以周全。

在纪念中国改革开放三十年时，上海交大闵行校区荣获：“上海城市建设发展成果优秀奖”。

得悉这次“欢乐相聚”，原基建处副处长于明伟，她还在校外“基建”，也有成就，她送给各位一件纪念品，晚上熄灯后会发出动态小红光，告诉你时间和室温，陪伴你或许出现的难眠之夜。谢谢于明伟同志。

校园周边的一件环保公案*

第一流大学要有第一流校园和校园周边环境。

1987年,交大闵行新校区第一期工程即将竣工。秋天,首批2 600名大学生将在这里入住就读。交大教职工们以兴奋喜悦的心情日夜忙碌,为的是"按期顺利开学"。由于交大徐汇老校区校园太小,无法满足发展需要,必须在国家投资允许情况下征地建一个比老校区大若干倍的新校区,交大才能维持下去。于是,根据上海市总体规划布局和定向引导,被选在闵行区的教育科技区建一个交大新校区。1985年开始了建设。在这个"教育科技规划区"里有一家化工类的橡胶厂分厂,与交大相邻,这当然是不协调的,从长期看,这个规模不大的分厂前途是关停并转,这是个本来没有疑义的问题。1986年可出了问题。这家分厂在市区的总厂要扩大生产,大规模生产子午线轮胎,决定迁往闵行,分厂就地

* 本文写作于2001年10月。

扩建。这样一来，国家重点建设的交大就要与一家大型化工厂相邻，教育科技区也将变成化学工业区。消息传来，交大的党政班子一致认为不能接受，并据理向上正式反映。闵行区政府也认为化工橡胶厂不宜放在闵行大门口，市规划局领导对我们说他们也不赞成。如此拖了一年多，到 1987 年春，信息传来，区政府已“顶不住”了，规划局也“无法讲话”了。据说这家厂效益很高，扩建后可赚很多钱，工厂的顶头上司在“高效益”的驱动下，热心非凡，四处活动，摆出一副非与交大共舞不可的架势。到了夏天，校办突然接到通知，一位副市长约见交大负责人，要协调这件事。学校决定由翁史烈校长和我应见。地点：副市长办公室，时间：上午 11 时。副市长满脸笑容，胸有成竹说，处理此事的原则为“数据说话，依法办事”，但没有介绍其内涵，也没有说出他赞成还是反对分厂扩建，他表示将召集一个有各方面负责人（包括交大、工厂）参加的会，商议此事。对副市长的八字方针，翁校长表示赞成，他要开会，我们当然奉陪。就这样，我们客客气气告辞了。在回来的路上，我们分析了“数据说话”，大概是指家工厂提供的周边大气的几项常规测试“数据”，我们认为橡胶生产的高分子化合物的复杂过程还未被认识，对环境污染的数据还没有掌握，不久前发生在印度的美国联合碳化物公司的严重事故足以说明问题。关于“依法”，我们认为化工类橡胶厂依法就不应该放在“教育科研区”。但副市长可能判断为，他提出八字方针，交大没有反对，又手握常规数据，问题不大了。于是趁热打铁，立即通知市规划局、环保局、经委、教委、闵行区政府、交大、工厂各派负责人第二天上午在他办公室开会。第二天我们又去应会。副市长的办公室坐满了人，有两位处境很为难的有关部门负责人，他们坐在一个不显眼的角落，避开副市长的视角，最好不要发言。会议主题是要交大表态同意。在副市长开场白后，我们也觉得没有必要兜圈子，没有必要为难有关部门负责人，让他们说同意扩建的违心话，或者与副市长顶撞。于是，翁校长先表态说：学校要稳定，橡胶厂经常施放带有恶臭的废气，遇上顺风充满校园，教师与学生难以接受（我们还带去了中央关于高校要稳定的文件）。翁校长结论：橡胶厂要扩建,不利学校稳定。翁校长发言比较婉转,文质彬彬,但态度清楚。我作为闵行校区建设的直接负责人,说话就开门见山,补充了一点对“数据”和“法”在这个问题上的理解,明确表示反对。我还说了作为闵行二部主任,直接面对师生,我要是同意橡胶厂扩建,危害师生,学校不稳定,就得下台。在交大这种鲜明的态度下,别的部门的发言也就全免了。也有两位发言,只是打哈哈,缓和一点气氛。如此局面当然出乎副市长的预料,但也只能就此收场。

这样又拖了一年,我们又突然接到市有关部门的通知,要我们去参加地点在橡胶总厂开的讨论此事的会。我们表示忙于开学不去了。后又连续来电话,又是给党办,又是给校办,甚至说:“这是给交大一个机会”,好像要搞缺席判决。原来在副市长那次会后,为了要拿出过硬的说话“数据”,这家工厂花了10多万元人民币请了一家不搞环保研究的研究所,历时一年在这家厂的市区总厂和交大边上的分厂周边记录了一点大气数据,画出一张大气“玫瑰图”,这份研究报告得出的结论是:“预期扩建项目正式投产后,对职工健康不会带来新的危害,对周围环境的人群健康不会产生严重的影响”。这份报告甚至列出一些“数据”,比较出:有污染的总厂周边的居民区比没有这种厂的居民区疾病减少,寿命增加。两厚册的研究报告,厂方送了一份副本给我们。我拜读过,对这种可疑的数据和野豁豁的结论,实在谈不上科学,当然无法认同接受。可是这家橡胶厂却自以为稳操胜券了。由于副市长说要依法办事,没有说以权办事,对这种无法可依不明不白的会,我们当然拒绝参加。到了秋天,闵行新校区按时顺利开学了。学校在校园大广场举行开学典礼,江泽民同志作为市长出席讲话。我作为二部主任主持这个典礼,坐在江市长后一排,我就趁机“告状”。当别的领导和代表讲话时,我用手点给江泽民同志看:我说:“西北角边上看得见的橡胶分厂要向交大方向大扩建,现在他们放出的臭气,校园内闻得到,扩建后不知道怎么样。学校里都反对。”江泽民同志反问了我一个问题:“他们说比你们来得早?”这时我已感到副市长压不住交大,已把问题上交给江泽民同志了。我答复说:“这是历史遗留问题,市里规划,这里是教育科研规划区,有条件时他们应该搬迁。现在反而要扩建,这是不妥的。”

在江泽民同志亲眼看到了这家橡胶厂离交大很近后,又发生了两件事给我们抓住了,真是“数据说话”了。

一是:这家分厂发生了严重的环境污染事件,1988 年 8 月 11 日,他们排放出一种液体化学品,流入河道,“严重污染水体和大气”,附近“六个居民区约二万余居民”发生“恶心、头昏等症状”,市环保局为此发出:“上海市环保局沪环保发〔1988〕271 号”书面通报和进行处罚。这份“通报”我们看到了,有事实,有数据,有后果。由于事故发生时正值我校暑假,大部分师生已离校,受害面缩小了。联系到这家工厂在此之前信誓旦旦说“没有污染”,“不危害健康”,而且还有“玫瑰图”支撑,我们于是将这份“通报”的主要事实上报市委市府领导,抄报国家教委和国家计委。这份“通报”完全证明交大反对论点是正确的。橡胶分厂不扩建已经如此污染环境,危害健康,如扩建更不知是什么局面。我们吃不准这份通报从市环保局系统上去是否与要在交大周边扩建这家厂相联系,市主要领导是否看到?特别是有关部门一心要扩建分厂,对这一事故进行“低调处理”时,很有可能市主要领导根本看不到。

二是:1988 年 11 月 29 日,我们的三位学生写来了一封人民来信,揭发这家分厂在后半夜师生沉睡时,偷偷排放有毒废气,校园严重受到污染的事实。这三位学生写的信,有时间,有地点,有具体描述。因为当时闵行校区实行学生勤工俭学,每天有学生通宵值班巡逻以保护学校安全。正好在这三位学生值班时,抓到了分厂偷放有毒废气的事实。三位学生信上说:“我们今天需要良好的环境,明天需要健康的体魄。一两次的废气,倒也无关,可和废气生活在一起,日积月累三四年,对生活的影响是绝对不可等闲视之的。”我们也把这封信如实转报市委市府领导。

至此问题已经清楚,1989 年 2 月 25 日,在市委主要领导关怀下,由另一位分管文教的副市长向学校正式传达了市政府的决定:这家工厂不再在交大闵行校区边上扩建了,另行选址。这件公案就此了断。

在上海市政府和教育部的关怀下，闵行校区现在在校学生已达12 000人，周边道路和绿化都上了一个台阶，闵行区也已成为全国著名的绿化城区。

十余年来，人事变动很大，这件公案的当事者或已调动升迁，或已离职退休，我也早就不在这个岗位了。可是前不久又听到学校有的部门的同志对我说，上海另一家橡胶厂又在动脑筋想在这个橡胶分厂的地方（现挂牌为“炼胶厂”）扩建搞什么“没有污染”的化工橡胶项目。前几天我特地去这家厂厂门外，一看动静，见到正在平整厂区中间场地。当然，这是“听说”，但愿是“误传”，“没有的事”。但如果事出有因呢？我想，我们现在的当事者又得进入角色，依靠市委市府领导，与急功近利视环保为空话、置周边居民健康于不顾的人周旋。

上海交大,30年的解放思想*

30年前,小平同志说:"一个党,一个国家,一个民族,如果一切从本本出发,思想僵化,迷信盛行,那它就不能前进,它的生机就停止了,就要亡党亡国。"又说:"就是一个工厂,一个机关,一个学校,一个商店,一个生产队,也都要实事求是,都要解放思想,开动脑筋想问题,办事情"。

一

小平同志在交大师生中有着极高的威望。30年前上海交大师生在"都要解放思想"的指引下,办了几件有全国性影响的事情。

第一件:1977年8月,上海交大教师代表吴建中在小平同志亲自主持召开的"科学和教育工作座谈会"上,建议推翻毛泽东同志认可的所谓文化大革命前十七年教育战线不是红线;教育战线的知识分子是资产阶级知识分子。小平同志和党中央采纳了这个建议。这是解放知识分子

* 本文写作于2008年5月9日。

的突破。

第二件：1978 年，上海交大向六机部柴树藩部长提出组团访问美国，得到王震副总理支持，最后经小平同志批准，得以成行。成为新中国第一个以教授为主体的访美团，走出了中国大学开放的一大步，架起了中美大学间的来往交流。

第三件：1978 年，上海交大录取了海外关系“复杂”，祖父、父亲解放初被镇压，但本人表现好的縻解为数学系研究生。对此，《人民日报》作了详细报道。此举突破了大学招生工作“不看本人表现，看家庭出身”的所谓“阶级路线”。也是落实小平同志说的“总之，招生工作主要抓两条：第一条本人表现好，第二条择优录取。”

第四件：20 世纪 80 年代初上海交大冲破平均主义、“铁饭碗”、“大锅饭”的僵化思想和管理模式。经过校内的艰苦工作和对上的反复请示，终于得到主管部及有关方面的批准，在教职工中发放了有差别的奖金。随后又实行了自费工资改革和人才流动。上海交大这场名为“管理改革”，实质是冲破“物质刺激”是“修正主义”，不长工资是“社会主义”的假马克思主义，但前提还是思想得解放。上海交大的管理改革写进了 1984 年国务院总理向全国人代会提出的《政府工作报告》。

第五件：接受海外企业家、校友和热心教育人士的赠送。有的赠建项目并且以赠建人姓名命名。当年接受香港著名实业家包玉刚先生赠建的以他父亲包兆龙命名的图书馆，引起全国震动，这是一次不小的思想解放。如此模式，现在中国大地上已经遍地开花。

改革开放的起步年代，上海交大在教学、科研、后勤、学生工作各领域还做了许多解放思想的事。

二

解放思想，改革开放说到底为了发展。上海交大的发展目标是什么？

1987 年 11 月，时任上海市领导的江泽民同志在参加交大闵行新校区开学典礼后题词:“百年大计,教育为本,努力把上海交大办成第一流大学”。1995 年 12 月,时任中央领导的江泽民同志又为交大百年校庆题词:“继往开来勇攀高峰,把交通大学建设成世界一流大学”。从此“建设成世界一流大学”就成为交大的发展目标和未来的定位。30 年来,一任一任校、系管理班子,一代一代教授团队,一直不停地在探索,一直不断地在讨论,一个又一个交大规划和设想呈现在师生员工面前。30 年来有的实现了,有的经过修正也实现了,也有一些则落空了。但是总体说,上海交大与祖国一样,30 年的改革开放发展,发生了使人不认识的巨变,交大在向世界一流大学的目标迈进。

建设一流大学,“规模”和“水平”是两个主要的内涵指标

有 13 亿人口的中国名校,没有相当大的规模,满足不了国家和人民的需要,也没有规模效益可言,而且必然陷入经费困境和边缘化,名校也难保住,世界第一流更是无从谈起。当年囿于徐家汇的交大要扩大学校规模,同样先要解放思想。

“大学不宜太大”。这是三年自然灾难时教育管理部门的办学思路。据说超过万人大学就是过大,就难管理,就办不好。其实国外实例早已回答了这个并不存在问题。但在 80 年代上级也好,校内也好,时不时会出现这类指示和舆论。

“交大到郊区发展,没有人去,学校很难办下去”。20 多年前,上海交大内部持这一观点占相当比例。当年学校决定在闵行征地建设新校区,以及随后办学实体逐步向闵行校区转移,困难和阻力可说一直很大,有人甚至说老交大的传统就要终断,交大文化无法在闵行新校区“克隆”。

“扩大招生要降低质量”。现在,上海交大在校学生 4 万人左右,其中本科生和研究生各占一半,医学院学生大约占 20%。如果说,从 1987 年闵行新校区投入使用扩招算起(当年招收本科新生 2 600 人),20 多年过去了,1987 年入学的毕业生已经成材。也看不到交大学生质量因扩招而下降的事实。交大的规模扩大和扩大招生是在国家总的发展背景

下实现的，是中国发展的需要，交大只能与祖国共呼吸。有人说现在大学生毕业后找职业难，就是因为“扩招”。当高中毕业生想进大学，家长也宁愿省吃俭用送子女上大学，而大学又有潜力可挖。还有，考生的文化水平又达到基本可行情况下，我们没有理由拒绝学生入学。即使读完大学后失业，也总比没有进大学就失业要好。

“以人为本”、“教育为本”不是空话、大话、套话。真正要为二个“本”办点事要解放思想才行。

30年来涉及到要不要“上水平”的争论极少。或许这与从盛宣怀、唐文治以来交大一直跟随世界潮流办学、办学科、办专业的传统有关。三中全会以后，交大管理层很快就交大要办成理工科为主的多科性大学取得一致，同时恢复了管理类专业和一些文科专业。随后岁月，又逐渐形成交大是一所开放性、多学科、研究型的大学概念。在具体表述上可能有一些细微不同，但基本还是一致的。

三

30年来我们国家、我们学校尽管取得了巨大成就，但还要前进，还要发展，还要解放思想。

“世界上没有放之四海而皆准的发展道路和发展模式，也没有一成不变的发展道路和发展模式”。这是胡锦涛总书记最近说的一段话。话是说给西方听的，西方道路、西方模式并不是放之四海皆准的。同时也是说给中国自己听的，不要僵化。结论是：“必须适应国内外形势的新变化，……真正做到与时代发展同步伐，与人民群众共命运”。30年后，怀念小平同志关于解放思想说过的话，办过的事，更感到，中国要发展，交大要前进，还是要不断解放思想，千万不能停滞，千万不能满足，政治理论上如此，科学技术上也如此。

上海交大30年的巨变*

转眼间30年过去了。中国发生了巨变，上海交大发生了巨变。

说交大“巨变”，首先是规模。在校学生增加了5倍，达到35 000人，其中研究生占了14 000人。交大面积从30年前不足1 000亩，增加到近6 000亩。各类校舍达到170万平方米。交大闵行新校区占地近5 000亩，已成为主校区，可能是当今中国最大最完整的单体大学校园，可以与发达国家的一流大学校园相媲美。家长和学生评论读书的好地方：“学在交大”。

上海交大已从30年前的多科性工业大学发展成理、工、医、农；文、史、法、政；经济、管理、金融、传媒等多学科的研究型大学。30年间，10万毕业生走出交大校园。全校科研经费来自各种渠道，今年达到12.7亿元，30年前的交大人谁也梦想不到。

---

* 这是2008年12月18日在上海市教卫系统老干部纪念改革开放30周年座谈会上发言稿。后刊于2009年1月《关心下一代》杂志。

新中国的前 29 年，交大虽然也有一些发展，培养出近 3 万人才，但总的讲发展不尽人意，教工生活清苦，人为的阶级斗争和“文革”动乱，虚耗了教师职工的报国年华。

1978 年，在小平同志领导下，中国共产党端正了思想路线，开始了改革开放，这是中国得以巨变，交大得以巨变的根本原因。谈三点认识，探索交大巨变的具体原因。

第一，“停止阶级斗争为纲，师生齐心协力办学”

30 年前，政治运动接二连三，知识分子看不到“思想改造”的底在那里。动荡的教学秩序，困难的经济生活，狭小的居住条件，心情无法舒畅的政治空气，使师生员工难以聚精会神办学。1978 年，三中全会作出停止阶级斗争为纲，和“思想解放”、“改革开放”，中国历史翻开了新的一页。1977 年，复出的小平同志又自告奋勇首先抓教育，迎来了中国教育的春天。他决定恢复高考，终止执行高中毕业生要“上山下乡”“接受贫下中农再教育”的最高指示，纠正对青年学生政审不看本人看家庭的所谓“阶级路线”，废除了由“贫下中农推荐”入大学的制度。三中全会后，交大不再有政治运动，也没有出现过“批斗会”。犯了错误的党员由纪委依党章处理，犯了国法的由法院依国法审理。交大人从这时开始，得以集中精力办学，力求培养出更多更好的人才。当然 30 年也有曲折，并非一切顺畅。有些教工心有馀悸，束手束脚，不敢创新；也有人习惯于“左”，遇事喜好上纲上线。闵行校区建设初期，有的人自己不想去，说具体主持者在搞“独立王国”。这些年来交大领导班子对于不同声音，既注意听，又按照小平同志发明的“不争论”办法，不搞什么“大辩论”，更不扣政治帽子，让实践检验是非。喜欢争论和扣帽子的人感到没有群众市场，没有领导支持，只能收场，学校就保持了稳定。但是，那个年代还有一种情况，交大抵制不住。就是小平同志说的“迟早要来”的那次政治风波。1989 年，中国发生了被国外敌对势力用西方“民主”、“自由”的花言巧语煽动起来的学潮和动乱。在“风波”高潮时及过后的清理，交大各级领导班子和广大教师对参与的学生，尤其是极少数带头的学生始终坚持耐心教育，一点不夸张，做到了“苦口婆心”，学校恢复了稳定和发展。当年，没有在学生中搞 50 年代、60 年代那种划“右派分子”，抓“反动学生”。18 年后，一位那时带头在闵行校区发动同学上街的学生，回到母校参加班级老同学相聚，他还去看望老师，也来看了我。从他的谈吐看来吸取了教训，现在过得很好。30 年来，从上海交大毕业的大学生和研究生将近 10 万。他们投身中国的变革与发展。这是交大办学的收成和贡献。我的观察和估算，在开放潮流推动下，毕业后大约四分之一左右在走向海外学习或工作，遍布五大洲，他们饮水思源，和祖国、和母校、和老师相处和谐。我没有听到，那一个交大毕业生在海外与祖国为敌，成为所谓“民运人士”。

第二，“发展是硬道理，交大如没有数量上发展，也就没有质量上发展”

50 年前的“大跃进”失败后，经常听到上级说：大学不宜过大；万人大学难以办好。有一位主管教育的领导甚至说：大学招生规模要根据国家粮食生产多少来定。“教育是立国之本”的理念那时根本没有影踪。“文革”时期，“四人帮”的口号是“知识越多越反动”，中学毕业“上山下乡”成了必走之路，大学则到了“斗批散”边缘。国家乱到如此程度，教育遭到如此摧残，毛泽东总算讲了一句：大学还是要办的。才把包括交大在内的中国大学保存下来。

三中全会后，国家以经济建设为中心，全国立刻出现人才短缺。交大看到这一形势，抓住机遇：“发展”。徐汇校区占地 396 亩；加上分散的小校区，按照教育部的办学规划一亩地十个学生。容纳 7 000 学生已到了超饱和状态。为了开设实验，有的教学楼厕所被改成实验室。学校曾经设想动迁周边棚户，可是跑断腿才拿到每年 200～500 万元国家基建拨款，又要造家属宿舍，又要买实验设备，如用来动迁棚户，不但教工不能接受，上级也不会批准。而且即使全部用在动迁，每年拿到徐汇校区周边土地大概不到 10 亩，根本解决不了交大发展的需要。1984 年，获悉中央要批准几所大学进行“重点建设”，每年基建拨款可增加到 2 000

万元左右。在此情况下交大党政班子一致认为要走出徐汇，到郊区去发展。在市委、市府、教育部和闵行区的领导、关心、支持下，选择了离徐汇校区 23 公里的闵行。闵行校区第一期规模定为 12 000 人在校学生，征田 1 200 亩。那个年代，中国大学走出市中心区，决心在郊区建校发展，上海交大是一个突破性的创举。1985 年开工，1987 年首批 6 万平方米校舍建成，当年 2 600 名新生在闵行入学。交大跨过了在校学生超万人这道门槛。大学的经常费包括教职工工资，财政部是按在校学生数拨给的，学生招不进，连发教职工工资都会成问题。总之，发展同样是交大生存的硬道理。

规模数量上去了，上水平的底气也就足了。从 80 年代开始，交大逐步恢复理学院各专业，恢复管理学院，新办文科类专业，20 世纪末又与上海农学院合并。特别是，2005 年在市委、市府和教育部关心下，与上海第二医科大学强强合并，新的上海交大的学科配置、创新优势更加完备。同时，闵行新校区的二期建设，随着国家“211 工程”和“985 工程”的加大投资力度，以及紫竹集团的资金支持和海外人士的赠建，交大的办学水平和学科水平均上了一个台阶。

说到发展，对扩招问题如何认识？今年发生了世界性的金融风暴和经济危机，就业形势严峻。有人说，大学扩招增加了大学生毕业生失业。中国是一个 13 亿人口大国，大学生的毛入学率标志一个国家的文化素质和经济实力，扩招使中国大学生的毛入学率达到 23%，赶上了印度，提升了中华民族的软实力，支撑了“中国制造”走向世界的文化和技术底蕴。当年高中毕业生想升学，家长省吃俭用支持，大学又有能力扩招，这样他们进了大学，有什么不好？有人说扩招降低了教学质量。扩招碰到一点困难就说降低了教学质量，我看属于想当然。至于一时找不到工作，退一步想，中国多一个待业的大学毕业生总比多一个待业的高中毕业生要好。

第三，“摸着石头过河，河那边是世界一流”

邓小平理论宝库中，中国人民受益的一个有效的工作方法就是“摸着石头过河”。这是实事求是思想路线在工作方法上的形象表述。实事要实办，做事要踏实，办事要讲究实效。

上海交大的 30 年也是摸着石头过来的。

改革开放初期，全社会都在批评嘲笑“铁饭碗”、“大锅饭”。可是真的要过这条河，并不容易。交大党委提出，发奖金以增加多年不提工资的教工收入，平均每人每月只有 6 元，实际发分几档，名曰“拉开差距”，以打破“大锅饭”。学校内多数人赞成，也有一些人怕放在最低档，面子难看。发奖金和八级工资曾被最高领导批为“资产阶级法权”，“四人帮”更上纲为“物质刺激”、“修正主义”。当年，有些负责人思想还没有解放，不敢触动，过这条“河”，要摸着一块一块石头走。交大有关部门在党委领导和教工支持下，踏踏实实做工作，说服一个又一个上级有关部门的当事者，终于获得劳动部的支持，市政府的赞成，人民银行的绿灯、六机部的批准。交大恢复奖金制度后，全国各地许多单位派人前来了解，校园内一时车水马龙，来人提出的问题很多，交大接待者说的话也不少，其实核心问题一个：你们怎么能获得批准发奖金的？当来访者摸到了决窍后，回去照办，而且有的奖金发得更多。1984 年，交大的管理改革因此写进了国务院提交全国人大的《政府工作报告》。

上海交大今天要过的，是一条急流暗礁开阔宏伟的大河。河的对岸是世界一流。

学校正在按照邓小平理论、三个代表思想、科学发展观规划未来。前几天召开的校党代会把发展放在第一位，突出改革创新和学术竞争力，并把“快速提升师资队伍整体水平”列为关键。这是很切合交大实际的。

交大建成世界一流大学的目标是一定会实现的，迟早会实现的。但算不算世界一流大学并不是交大自己说了算的。交大永远不要也不会自己宣布是世界一流大学。国际上也没有那一个权威机构在颁发“世界一流大学”证书。现在，国际上以及中国的评估学校的机构，发布的评估结果也谈不上能一锤定音。对这类评估报告不以为然的大学和机构并不少。千万不要跟了某些评估机构的思路办学，要坚定不移走自己看准了的路。交大要一个一个领域，一门一门学科达到世界一流水平，这是最实在的实干。到那时，各种各样评估机构，即使你不认为交大是世界一流，实际上交大还是世界一流。

按国家需要办学的底气是“基础厚”*

上海交大宣布，从2009年新入学的本科生中选25～30人成立“理科班”，“集全校之力”培养“顶级科学家”；“理科班”在教育部专业目录上是没有的。中国要造大飞机，2016年交付商用，总公司落户上海，交大于是成立大飞机“特班”，培养高端研发人才；“特班”名称来源于蔡元培100多年前在南洋公学办的班名，教育部专业目录上也是没有的。前不久国务院宣布上海要加速建成国际金融中心，市委市府要上海交大组建高级金融学院，……。

这些办学措施既是与时俱进的发展，也是实实在在的改革。

办学措施的背后是什么？什么思想在指导？30年来中国社会对培养学生德智体全面发展，有教无类，因材施教，严格要求与爱心耐心相结合，启发式教学等教育思想争论较少。但在办学思想上，无论教育主管部门、校长书记们、教师

* 本文写作于2009年10月。

们、家长们、学生们统统卷入如何办学的实践与争论。如何办学？呈现在眼前的虽不能说五花八门，但鱼龙混杂是存在的。有些所谓办学，实在不能苟同，如“孟母堂”之类；有的把某种办学思想说得神乎其神，如“通识教育”，使人不知所以；至于大学如何招生更是众说纷纭；有的办学广告一看就是为了赚钱，……。总之面对办学问题要想一想究竟是什么思想在指导？

“国家需要”永远是交大办学思想的第一要素。当年蔡元培办“特班”是为清政府培养急需的政治、法律、外交人才，因为“急”，蔡先生自己说用的是“不完全教学法”（学生学外文着重看和写），特班学生李叔同（即后来的弘一法师）边学日文边翻译了二本日文国际法书并在上海出版，可见学生水平高，教学效果好。唐文治是有名的国学大师，主持校务却大办机电专业，因为“国家急需”。“交通救国”、“若要富，先修路”是百年来中国人强国富民的经典思想之一。1921 年，叶恭绰出任北洋政府交通部长，他干脆把盛宣怀办的学校正名为“交通大学”，并且自兼校长。抗日战争爆发前后南京政府要造战斗机，出现一股造飞机救国热，交大于是办起了航空系。抗战开始后，前方与后方，战区之间无线电通讯极端重要，在重庆的交大乃办起了中国最早的电信研究所，刚留美归国的张钟俊教授担任所长，那时重庆政府也好，延安边区也好，搞无线电技术的主要人才均来自交大。1950 年初，蒋军空袭上海，陈毅市长下令要搞防空雷达，交大 21 位在校四年级大学生投笔从军创建了中国第一支人民解放军“雷达部队”。20 世纪 50 年代，中国要造潜艇、水面舰艇，要造火箭导弹，要造核反应堆，……交大二话不说，抽调教师，抽调学生成立舰艇专业、火箭专业、反应堆专业，……满足国家人才需要，历时 20 年上海交大称为“国防工业大学”……

把国家高层次的、最新的需要作为办学思想是要有底气的，底气源于基础。

第一，教师的学识基础要厚，才能办国家需要的新专业和新科技。“新”生于“老”，没有识途老教师带领团队去办新专业，去从事新的科技攻坚，那来创新。

第二，学生的基础也要厚，学理工的要打好数学、物理、外文、电学、力学等基础，学医学、学文科的同样要打好基础，这就是内功，就是素质，交大学生能否适应和满足现在和将来（含就业）需要的底气就在这里。

第三，学校的基础设施也要一流，如设备、图书、校舍等硬件。数十年前，有名人说，名校在于大师而非大楼。当年国家穷，造不起大楼，这样讲没有错。到了 21 世纪，像交大这样的大学应当既有大师也有大楼。可以设想如果没有“大楼”，可能留不住大师，勉强留住了大师，会没有用武之地，结果也就培养不出大师。

功力深的教师，基础厚的学生，一流的校园设备，这是学校管理层追求的目标、办学的本钱，事实上也是国家放心把高端攻坚任务放给这所大学的根据。

教学要改革，改革就是突破。“理科班”和大飞机“特班”在教育部的专业目录上是没有的，这是突破，这是改革。但这项改革又合理合法，抽调选拔的本科生和研究生都是已取得了正式学籍的在校生，在他们自愿基础上确定的，没有“后门”。办学和改革都是办实事，不是搞花花绿绿的包装。相信“理科班”、“大飞机特班”、“高级金融学院”几年后一定会结出好的果实。

交大管理改革的几个问题的思考*

上海交大各方面工作近年来取得很大成绩，有目共睹，不需重述。在学科建设和重大科研获奖方面似有不尽如意之处，议论不少，压力很大。形成这一状态并不是一任领导班子的原因，也不是一朝一夕就能改观的，更不会今天投入大把钱，明天就能产出奇迹。当我们认清了问题，找准了原因，提出了对策，坚持不懈，排除浮躁，一定能消除不足，稳步前进。

20 世纪 70 年代末至 90 年代初的上海交大进行了管理改革。交大的管理改革初期取得了辉煌的成绩，写入 1984 年国务院《政府工作报告》。一个重大事件或改革措施需要经历一段时间的检验，才可以看得更全面更深刻。下面提出的问题绝无否定当年管理改革成就之意，也不针对任何人。人无完人，事无尽美。在当年的管理改革中，当时的领导班子作为集体和教职工一起共享成就的欢乐，也都不会回避历史的思考。

* 写于 2002 年 10 月，写就后送校有关领导参阅，未发表。

上海交大的管理改革的第一阶段，从三中全会算起至1992年校党代会换届，跨度大约15年，管理层的变化也很大。现在回顾这一阶段，似乎有四个重要问题对今天的学科建设和重大科研成绩似有一定的因果关系。

第一，我们曾一度响应“学校规模不宜过大”的上级号召，又上了“少招研究生，经费照给”的利诱。采取了压缩在校研究生规模的决策。1988年在校研究生为1 696人，以后逐年下跌，1991年跌至最低点1 179人。至1993年才恢复至1 637人。也就是说后退和停滞了五年。由于少招研究生，导师无生可带，科研题目减少，升职成了无业绩，论文数量又上不去。以后发觉“经费照给”只是“当年有效”。于是，打报告又要求多招研究生，但有关部门接着出台了一个今年招生数不得超过上年数的“基数法”，在计划、财政部门被“套死了”。几经交涉，虽网开一面批准增加一点研究生招生数，然而培养经费得由学校“自筹”。为了上水平，多出论文，导师有生可导，只好吃下“自筹”苦果，学校经费更为紧张。

第二，改“教研组”管理体制为“学科组”管理体制。启动于1985年初，后又与“三定一评”相结合，是交大的独创。概念是从美国引进的，但美国学校究竟怎样搞的，没有摸清楚；如何搬到中国也没有深入研究。因此，质疑之声，反对意见一直此起彼伏。有的教研室负责人直到现在还在说：“我们明改，暗不改。”事实上在当时情况下，这样的负责人也不可能像原先那样可调动人马了。对这一管理体制改革，没有别的院校跟上，如何评价？校内大概仍无定论。学科组的确立，成绩可以摆出不少，另一方面也形成了许许多多小打小闹的科研“个体户”，有的实验室也几近“解体”；重大科研又难以形成拳头。多年后，重大科研获奖少了也就难以避免了。

第三，至少到1992年，学校抓科研的主要力量是放在“产品”开发上。例如没有达到预期成果的“×××工程”，基本失败的“××××”等。当这些学校投入很大的重点“产品”项目预期目标落空时，重大科研得奖项目随之衰减和重点学科发展受影响也就并不意外了。

在教学改革上，我校率先走出了按“产品”设置专业的模式，可是在紧密相连的学科建设和重大科研上仍把“宝”压在“产品”开发上。这在认识上是滞后了。当然“产品开发”的研发任务，今后还是要接，还是要化力气去争去抢。但产品项目也要尽可能理出他的“学科脉络”，提升他的学科水平。对“产品”项目在可行性分析时其“含金量”多大要尽可能心中有数，不要听信瞎吹乱哄，最后陷于被动。学校自主掌握的科研经费，更要把重点放在学术水平高的课题上。对这类项目的负责人要多宽容一些。“今年投入，明年产出”不一定办得到，论证清楚，即使没有搞出来也不要责备，毕竟是“风险投资”。

第四，在改革开放起始阶段，我们寄希望并化大钱(当年搞到一点外汇极不容易)派出国培养的重点放在20多岁的青年身上，而不是当时三十到四十岁左右的中年骨干。实践证明前者思想不稳定，容易溶入外国社会，基本都没有回来。现在可能“海归”了，大家欢迎，那是后话。今年春天，一位曾热心帮助我校恢复建设管理学院的外籍华人某教授带有歉意说：他帮助交大与宾大合作办的管理学院双学位班，派出的青年都没有回国。由于改革初期，我校在派出国重点培养上“人财两空”，其后果影响了以后若干年学科带头人和评选上两院院士的量。这段曲折现在已扶平。但好几位资深教授谈起往事，都感到遗憾。

现实中的问题在历史的轨迹上留下缘由，发人深省；现实中的疏漏也会重演当年的曲折，再付学费。现在校、院、处管理层中青年占了大多数，这是好事。谈这段历史背景，对于后来者创建第一流大学或许能起一点参考作用。

第一，学校规模。按中国国情像我们这类主要靠人头(学生)费吃皇粮过日子的名校，没有相当大的规模就没有效益，就无法“抽肥补瘦”。我们现在上的新专业，办的新学科，其实都要靠老专业，老学科“输血补气”。规模不大就挤不出钱来搞重要学科建设和基础研究，就没有大量论文出现，SCI、EI等排名就上不去。常常听到说美国加州理工学院，学生规模不大，水平高，研究生比本科生多等等，其实国情不同。前不久，看到一个材料,2001年美国一家大公司赠款20亿美元给加州理工学院。中国的大学在可以预见的若干年内有这个可能吗?那里的教授可以无后顾之忧搞高水平研究,那么多诺贝尔奖获得者,都不是"今年投入,明年得奖"。我们有这个环境吗?

从50年代开始,我们的上级每过几年要给学校"定规模,定编制",这既是计划经济产物,也是分配制度的必需。但是这类"定"从来没有真的"定"下来,总是不断的波动起伏。困难时,要压缩,跃进时,要扩招。半个世纪就是这样过来的。对于来自上面的这种"定规模"、"定编制",既要认真应对,又得灵活操作。上面要"定",不定是不行的,不定也确实无法搞规划,拿到经费,因此要"认真"。但交大定规模的核心问题是坚守"发展是硬道理"。已经达到的总规模,决不可一有风吹草动就"退"下来。本科生和研究生已达到的规模如退下来,如上所述,后遗症实在太大。教职工就要下岗,设备就会放空,就会出现人浮于事,效率低下。用现在的语言:不符合"三个代表"的要求。所谓"灵活操作",就是对来自上面的"硬压缩",要避开风头,真戏慢做。往往压缩戏还没有唱起来,"刀"还没有砍下去时,形势已变好,要"扩招"了。回顾当年我们真戏快做时,几个兄弟院校非但没有少招研究生,反而在扩招,应该承认他们的真戏假做比我们"棋高一着"。

多年前,我曾向校领导写过一封信,其中提到我校规模(指在全日制本科生和研究生之和)4万~5万人比较适宜。这种说法当时可能认为是"头脑发热"。但是现在中国已有几所名校真的达到了这个规模。上海交大则徘徊在2万人左右。若干年后,13亿人口的大中国的上海交大成为世界一流大学,学校规模将达到4万~5万人,否则是难成气候的,紧缩从来不是"硬道理"。中国的第一流大学当然还有其他条件,但没有一定量也就没有一定的质。

第二,学科建设。要把重点放在抓学科上。学科建设与产品研发的关系上面已谈及,从略。还有一个现象似乎也值得进一步研究。从实行两院院士由有关单位(包括本人所在单位)推荐并由院士们投票选举产生以来，从我校产生的院士也有好几位，但数量上似不够理想，被选上的院士中至少三位是由外面单位先提名推荐而后当选的。这说明什么？首先表达了上海交大教授们的潜在实力实在强，根底深厚，其次也表示提名开始阶段他们不在我校管理层的视野前列。为什么？因为没有把这几位的研究项目及其所在研究单位当作重点进行支持和投入，也就不便把他们“先排上队”。投入很大的重点项目却没有产出“成果”，“院士”也就“难产”。这是很容易理解的错位原因。

第三，学科组的体制问题。“摸着石头过河”的务实思想和实践检验真理标准在学科组问题上同样是有效的。谈这点，并不是说也不可能回到 20 年前的教研室体制，但是也不要回避学科组带来的消极面。如果需要，还是应该进行管理体制的深化改革。其实管理体制的改革是不可能一劳永逸的。

第四，改革和新的措施要与时俱进，也要留待历史的检验。从 20 世纪 70 年代末起始的交大管理改革、教学改革、科研改革……已 20 多年了。上海交大取得了巨大的成就和发展，经受了历史的检验。那个年代的一些曲折和不足虽然是第二位的，有的也是已经完全克服，但也是一笔不小的“财富”。既然是“财富”我们就要利用。我深深感到无论是改革的决策还是发展的决策，其科学性和民主性实在是太重要。这二个“性”说起来像唱歌一样轻松，谁人不知；可是真的做起来却辛苦万分，困难重重。有时陷入盲目性和任意性。任何一项改革或发展，当时主事者的主观想法都认为是好的，对的，都希望获得成功，也会在当时宣布如何“科学”，如何“正确”，但事实上都还没有经过实践检验，需要时间，需要“回头看”。重点学科建设、重大科研获奖和新增院士的数量是个现实问题，现在把上述的四个重大措施和管理决策，捆在一起，摆一点事实，分析前因后果，在“解放思想”的推动下写了这些一孔之见，对不对？有待学校管理层、历任领导们和教授们指教。

几个交大校史问题的现实参考*

百年交大的校史是现实交大的资源之一。研究校史,一可借鉴,二可转化成凝聚力,三可提升名校效应。

讲几个校史问题供研究现实问题参考。

一、交大培养什么学生?

早期交大,办学目标定得很高。创办人教育家盛宣怀说,他要培养出像曾国藩、李鸿章那样的“大才”。主持交大校政13年之久的教育家唐文治说,“鄙人办学时不自量力,常欲造就领袖人才,分播吾国,作为模范”。“维余平日志愿,在造就中国之奇才异能,冀与欧美各国颉颃”。

难得的是盛与唐不是说大话,唱高调,当真实干。他们:

(1) 坚定不移开放引进。请洋人任教;派留

---

* 本文写作于2004年。2004年本文写就后曾送校领导参阅,未发表。闵行新校区规划中拟建的8万平方米主楼,后校领导决定缓建,迄今未建。“主楼”原设想组合在内的图书馆部分,几年前已择地另建。各院系的实验室,也均已按各自特点报批建造。

学生出国；重金组织翻译西书；引进外国现代教育学制、教材、方法；用外文上课等等。

(2) 千方百计礼聘名师。当时国内名家、大儒、大教育家能聘就聘。如何嗣焜、蔡元培、张元济、吴稚晖、辜鸿铭等。

(3) 不屈不挠，改革创新。定“公学”为校名，请洋人当“监院”，顶住袁世凯停办公学企图，率先实施停止科举制度等创举。

盛、唐二位的理想多年后是实现了，交大培养出江泽民、钱学森等领袖、大才。到了实行计划经济统一化年代，培养目标定位一路下降，从“工程师”、“专门人才”到“劳动者”、“普通劳动者”，一直滑至“大学就是大家学”。那时办学者胆战心惊，怕“离经叛道”，受学者小心谨慎，怕“白专道路”。三中全会后，科教兴国、教育为本立为国家战略，学校可以有自己的传统和特色。现在有没有当年盛、唐的气慨？建成“世界一流大学”的目标不变，“大才”、“领袖”是否仍将是上海交大的培养目标？

二、中央业务部门主管的得失和影响

交大建校 108 年，其中 63 年由中央业务部门主管。前清时为商部、邮传部；民国时为交通部、铁道部；人民共和国时为国防科委、海军、六机部、中船总公司；还有上海市都主管过。直到 1982 年 9 月，才由中央教育部主管迄今。北大、清华始终没有业务部门主管的经历。

中央业务部门的部长兼校长(或其他名称)也是交大传统之一。开创时是盛宣怀，以后有叶公绰、孙科、蔡元培、王伯群，人民共和国时有刘述周、柴树藩、王震。除个别挂名外，都对交大有重大贡献。如叶公绰，他是北洋政府交通总长，是他把交大定名为“交通大学”，他还搞了个“校董会”企图预防官僚政客对学校的瞎指挥，是他首先提出交大要搞科学研究，办了工业博览会。孙科兼校长时经费比较宽裕，当时建了不少校舍。柴树藩、王震的关心大家都知道，不重述。

业务部门主管交大得失如何？

(1) 经费。国家穷时，业务部门主管经费相对宽一点。国家把教育放到“战略”地位时，业务部门的经费优势就没有了。

(2) 学科。业务部门主管不免急功近利，对口学科会下“本钱”支持；其他学科就难以一视同仁，与时俱进。1982年，交大不失时机归队教育部，走对了棋。

(3) 部长兼职交大。凡愿兼职的，都是热心教育的，由于部里事务多，对学校具体指挥很少，事实是对学校帮助很多，副作用不多。

(4) 与地方关系是个复杂问题。交大从来不是一所地方大学，也不可能完全为地方服务，即使“大跃进”时一度下放给市里主管，也如此。历任地方政府首长都没有想要交大纯粹为地方服务学校，如果那样交大也就枯萎了。有远见地方首长都把交大当成“宝贝”，是上海的重要的招牌和实力。从学校讲，交大办在上海、住在上海、吃在上海，离开地方支持不可能办好。和地方搞好关系始终十分重要，要下功夫。从历史上看这方面并不是完全顺利，有时甚至影响学校发展，值得研究总结。

(5) 原中央业务部门主管的高校现在基本上已交给教育部，或放至地方。学校可自主面对各业务部门；各业务部门同样也不受限制的选择认为对他有利的高校加以支持。新形势下，新关系下，交大如何取得业务部门支持，在竞争的年代，似乎学校更应主动。

三、交大规模多大为宜?

13亿人口的社会主义中国，国家办的一流大学规模小了，没有回转余地，“好戏”就唱不起来。既满足不了国家需要和人民想上好大学的愿望。靠吃“皇粮”为主的大学，学生少了，“皇粮”就少，“皇粮”少的严重后果不言而喻。这个问题千万不能上“少招生，经费照拨”、“规模大，质量不一定高”、“国外某大学规模并不大，却是世界一流的”，这类貌似有理、不合国情、“空头支票”的当。交大历史上有这方面的教训值得借鉴。

“文革”以前，交大的规模一直是上海“龙头老大”。近年来由于有些学校合并了一些学校，交大在规模上失去了优势，于是从发表的论文数，评出的院士数是明摆着的“吃亏”。

交大规模究竟多大为好，10 年前我专门给学校领导写过信，认为定在校学生（本科生加研究生）4 万～5 万人为妥，当时可能认为“头脑发热”。现在这样规模的学校全国已经出现了好几所。顺便说一下，照我看按中国的崛起势头，上海的发展速度用不了多少年，上海的实际人口将达 3 000 万，成为世界最大城市。处在世界最大城市的交大如规模不到 4 万～5 万在校学生是应付不了发展需要的，会被动的。

规模问题要结合历史进行研究，看得远一点。有些措施要谨慎，如土地，现在闵行校区号称 5 000 亩好象很大，其实达到 4 万～5 万学生时，又不够用了。因此像七宝校区即使现在没有非常适合的安排，也不宜转让给其他单位。土地不可再生。卖掉几百亩土地去换造一幢几万平方米大而无当、华而不实的“标志性建筑”，绝对是得不偿失。20 世纪 50 年代和 60 年代交大曾“送”掉二块土地（表面上也是造二幢房子补偿），事后具体决策操作者一直被“骂”。为了子孙后代，交大应该立下规矩，今后“寸土不卖”。

四、交大教学传统的核心是什么?

老交大教学传统在中国教育界、知识界是公认的好品牌，文字表述上有不同版本，但不论 9 字版本或 18 字版本，表述传统的核心却是一致的，即“要求严”。什么是“要求严”？由于“门槛高”（或改为“起点高”）是针对学生的，因此接下来的“要求严”似乎也只是针对学生的。但从校史看，这个“严”其实首先是对教师“要求严”，交大教师自己也是严要求；学校的各项管理工作也是严要求。没有这二个“严”，交大根本不可能形成对学生“严”。

交大“要求严”的传统的完整表述似乎应该是：“对学生要求严，对教师要求严，对工作要求严”。

“文革”时大批老交大传统，把要求严说成是“管、卡、压”、“资产阶级专政”。“文革”后这类恶语推倒了。但恢复和发扬“要求严”的办学传统，事实上还有不少难点需要攻克，不良学风需要纠正。

现在学校规模扩大了许多，学生的世界观、人生观、价值观受到不良影响比以往不可同日而语；学习手段也有了许多“新装备”，如电脑、复印、手机等等。学生作弊（教师也有）方法五花八门，习题可抄，数据可编，论文可买，考试可代，直到文凭可造。面对如此“新情况”，实现“要求严”难度很大，成本很高。我校的督导都是熟悉教育、德高望重的教育家。听他们谈到“要求严”，给我的印象，大多不乐观，有时甚至会长叹一声，以表无奈。但是交大如放松了“要求严”，名校交大也会垮的。

总之，这是个现实问题，需要倾注更多精力研究对策、落实方法、真干实抓。

五、文科问题

早期交大，盛宣怀主持的十年，南洋公学的重点是办文科，办了中国最早的高等师范学院，办了以培养高级政治家、外交家、实业家为目标的“特班”。盛不满国内翻译的西书重点放在技术书上，支持张元济把译书放在政治、经济类，如重金购进严复译的亚当·斯密《原富》出版发行。邵力子、李叔同、黄炎培、蔡锷等均是这一时期的学生，盛辞去督办后，学校长期由中央工商业务部门主管，文科建设摆不上日程。但唐文治主持校政 13 年，仍对学生中文、国学及外语教学极其重视。人民共和国建立后，全国进行院系调整，交大和清华一样被定为“工科大学”。调整时学校把光绪送的一套图书也调给别校，如今成为那个学校的文物，“镇馆”之宝。交大的文科，除政治、外语外在那个年代均呈枯萎之势。但那时学校主持者还是想方设法在夹缝中求文科生存发展。在 60 年代，学校上报批准办起了“科技外语”专业。有人说外语戴上“科技”帽子，不通。其实他不知道如不戴上“科技”帽子去争，工科大学是不让办外语专业的。校史表明，说交大没有文科渊源是没有根据的，情况而且恰恰相反。

“文革”后，交大办起了不少文科专业。现在要建成世界一流大学，文科的地位如何？我的观点，交大文科一定要办，也一定能办好。但是，第一不要和北大、复旦去比，要走自己的路，有交大特色。第二，要紧密结合时代的特点，如科技的迅猛发展，文科也在发展，网络文化、传谋专业、马克思主义哲学与系统科学、经济学与信息科学……。我们不要去办冷门、没有什么社会效益，成本又很高的专业、学科、研究所以及选择研究课题。第三，不要把自己定位在“花瓶”。说“交大文科是花瓶”，是一种自贬自残的精神状态。当然更不能按“花瓶”思路来建设文科。第四，要结合自身特点和资源逐步经常发出有新意的研究成果的声音，也要培养出有特色的文科学生。若干年后会形成某文科领域的交大学派。千里之行，始于足下，持之以恒，定会成功。

交大文科的构架、布局似已搭起，当务之急。好象需要有一位校领导专职或兼职分管文科建设。这个“管”是从头到尾的管，即从研究确定学科方向、研究方向、师资队伍到班子建设，……全面的管，有魄力的管。相信过一二年就会有起色，三五年就会出成果。交大文科主事者要顶得住上下压力，经得起左右流言，看准方向，走自己的路。

六、借债建房问题

闵行二期建设目标已定。共需 40 亿，学校准备借债 10 亿。

借债问题需要慎重研究。交大历史上有过借债建校舍的前例，但很少。为什么？交大是吃“皇粮”的国立学校。国家给的“皇粮”，除人头费经常费外，用于基建的拨款是不固定的，浮动的，视每年经济形势而变化。即使承诺了也会变的，包括停拨、推迟、减少。当然也有增拨。因此即使国家已批准立项并拨款的项目，交大历史上也不借债提前建造。因为万一停拨、少拨、缓拨，学校受不了。特别是并不急需，受益面不大的项目更是不会借债上马的。

交大历史上两种情况，也曾借债造房，一是赠款项目，因后续资金来源落实，如“包图”曾向建行借 500 万元，先造起来，用赠款还有保证。这次借款由于外汇变动等因素学校受益，因此得以在闵行又建一个包图。二是经营性项目，预测可回收的。浩然科技楼当年增加建造面积，超过了赠款的规模，是用了“借款”和“拖欠工程款”造起来的。可当时主事者还是背上了“失控”包袱的，结果基建财务被收到财务处统管，据我观察为此主事者哑子吃黄连，心情不愉快。

现在要借 10 亿元，用在那里？好象主要用在造 8 万平方米的“创新”主楼。这幢楼是闵行校区的标志性大楼。面积和浦东金茂大厦相仿。8 万平方米放什么内容？高楼放教室，显然不妥。放实验室，五花八门要求，大楼难以满足。放图书馆很不方便管理。剩下可能是放办公室了，交大要如此大办公室吗？建这幢楼可能是先定下“标志性、大体量、高标准”的概念，再加上“创新楼”的帽子。据基建处估计投资要 5 个亿。由于放什么内容一时定不下来，基建处说已变了八次，承担设计的建筑师，只能画画外形效果图，看像不像“标志性”，内部则搞“通用”“标准”设计。这幢楼很可能结果是：大而无当，华而不实。成为交大的一个大包袱。10 亿借款，一年要付 5 000 万利息，学校能承受吗？有必要为了这幢用途不明，国家没有拨款的大楼背这个包袱吗？现在的校领导一般担任二任到三任（即 10 年、15 年），自然换届，背上了这个大包袱，弄不好 15 年过去了还没有还清欠债，何苦呢？因此可否建议暂时在总体规划上保留这一项目。改为国家拨款落实后或有海内外赠款时再开工不迟。造这幢孤立的大楼是否一定会成为交大“正面的”标志性建筑？值得推敲。北京一所名大学，60 年代曾仿莫斯科大学主楼造了一幢体量很大的大楼。想成为“标志性”，实际上海内外、校内外都并不把这幢楼当成“标志性”。人们常常在电视上看到的是这所大学的“二校门”“工字厅”，为什么？大、豪华不等于标志性，不等于包容了这所大学的文化、传统、精神面貌。

教育不要折腾*

中国不要折腾;中国教育也不要折腾。

近有两件链接中等教育和高等教育带有导向性的举措,值得研究。一件已在局部实施:若干大学“自主招生”;一件已出现可能实施的信号:“取消高中文理分科”。

先说“自主招生”。由教育部指定若干知名大学,在少数省市的部分中学按核准的部分名额进行“自主招生”。已搞了几年,有所扩大。其流程为:中学推荐或自荐→参加招生大学举办的冬令营或其他方式的相面→相中后参加这所大学特办的笔试或面试或又笔又面→参加全国统考→按统考成绩最后决定录取与否。这样的“自主招生”,一开始家长要带上子女投奔冬令营“相面”,相中后带上子女到“自主招生”大学应试。面试场面豪华,也有的“自主招生”大学出动几百位清一色的教授以示认真严肃。有的学校教授们则自主出题,各显神通,试题没有范围,当然五

* 本文写作于 2009 年 3 月,曾刊载于《上海交大报》、《解放日报》。

花八门，难免题意不周，考生们试前很紧张，试后据说很轻松，因为题目不难。以上这些环节属于大学“自主”。到了决定性的录取环节，教育部铁定必须达到高考相应最低投档分数线，换句话说“自主”又被“统考”收回去了。为什么考生经过如此折腾，学校还是必须依附“统考”？第一：教育部不放心，第二社会不放心，第三大学也不放心。“不放心”什么？开后门，不公平。大学也怕“自主”进了成绩低的学生。总之，“统考”这杆尺还是比“自主”过硬。

其实这些年从“自主招生”进入知名大学的学生，如不参加“自主”，凭他们的统考成绩同样会进这些知名大学。既然如此，为什么家长和考生又要挤进去，甘愿被“折腾”？“多一个机会，多一点保险”。化一点费用，多几次奔波，可能换来优惠几分的心态可以理解。大学为什么又化钱又化力，实际收效并不大，仍要高举“自主”大旗，挤进“自主”行列？说穿了怕被兄弟学校抢走优秀考生，而且被教育部列为“自主招生”大学，也突显这所大学的身价。

这样的“大学自主招生”目的究竟是什么？为学生着想，还是为学校着想？看不清楚，也听不到有说服力的论述。有一种说法“要不拘一格选人才”，但这些年的自主招生并没有看到有那所知名大学拿出实例说由此做到了“不拘一格”。也没有看到自主招生学校公开这部分学生的统考成绩，与非自主生统考成绩是高了还是低了？

真正的自主招生是这所名校不参加统考，自己组织招生录取。13亿人口的中国，每年面对几百万高中毕业生，不论名声多大的名校，有人力和财力来组织独立自主招生吗？除非这所学校实行网上或书面接受报名、推荐，然后就直接选定录取。或者自愿局限在几个省市的部分学校组织报名和笔试面试。但这样的“自主招生”教育部、社会能放心吗？对没有机会的外省市的考生公平吗？录取结束，这所高校能经受住责疑、申诉吗？30年前，曾经有一所名校的校长用尖锐的言辞强烈要求办学自主权，要求不参加统考，自主招生，但没有等教育部表态，冷静想想，一所大学面向全国自己独立招生是办不起的，这件公案也就不了了之。

关于“取消文理分科”。最近北京传来，教育部有人设想要取消高中文理分科，随之而来高考文理分科也得取消。设想传出之后议论纷纷，据说中学老师和考生反对取消为多，大学当局则赞成取消占上风。文理分科在中国已实行了几十年，现在要取消原因何在？有利学生素质教育？减轻学生负担？培养学生全面发展？大学要搞通识教育，学生不要过早选定专业？而怎样取消文理分科，可以设想，不外以下几种办法：一种可能是取消分科后，高中按现在的文科课程组织教学，另一种可能是按理科课程组织教学，这二种可能前者削弱高中理科教学内容，后者削弱文科教学内容，看来均不可行。第三种可能按现在文科课程加理科课程做到“文理不分”，结果增加学生负担，肯定也行不通。剩下的可能是既降低文科一点，也降低理科一点，做到“文理不分”。这样的“文理不分”，可能不增加学生负担，但高中文、理教学整体水平不是降低了吗？“因材施教”是经典教育思想；“尊重个人选择”是现代教育思想。学生到了高中阶段，有的爱好文科，有的爱好理科，现在要拉齐，与经典的、现代的二条教育思想是不太协调的。至于说到“学生全面发展”，实际上完成初中基础教学后，中国三分之一以上初中毕业生将进入中专、中职、中技，能说这些学生不全面发展？全面发展指“德、智、体全面发展”，不宜在“智育”上扩大到“全面”。但是，有一些学生既喜欢文，又喜欢理，而且学有潜力。对这样的学生中学也好，大学也好，要创造机会发展他们潜力，千万不能压制。高中选文科的学生，毕业时想改为理科应考，应该允许，反之也是。不用耽心，这样的学生他们能够补上缺少的文或理的课程内容。事实上，现在的文理分科教学并没有压制住这类学生的发展。看看当今中国政府的许多高中级官员出于理工而不是文史政法，很难说他们高中选理科，大学上理工类专业，“文”少了，就“素质”不高了。他们中的绝大多数不是称职的吗。

高中文理分科并不是中国独有，日本和法国也是文理分科（美国不分），因此也不存在“与国际接轨”这种理由。近来有些大学在大力提倡“通识教育”，有些平面传媒整版展开讨论，但给人的感觉，讨论似乎停留在抽象理论上，没有看到提倡的大学拿出一个“通识教育”的具体课程方案，并且与现在的“非通识教育”作具体比较使人一目了然。区别在那里？优化在那里？大学要搞通识教育，中学就要文理不分的道理又是什么？有人说高中文理不分就能提高素质教育，更是让人摸不着头脑，把什么问题都可以向素质教育上套。

中学教学和大学招生都要改革，但改革不是折腾。检验一项措施是改革还是折腾的标准仍然是实践。劳民伤财，华丽包装，翻来覆去，没有实效的事要少做，不做。现在用于“自主招生”的费用和精力，用来多支持一些贫困学生上大学，是值得研究的。

人物春秋篇

辛亥革命白毓崐烈士与李叔同的故事*

一、"国宝"碑石故事的由来

上海交大有一块"国家级文物",乃一百年前李叔同为辛亥革命起义烈士白毓崐书写的石碑。专家称:这是"集文物价值、历史价值、艺术价值于一身的碑之国宝"(王维军评语)。白毓崐、李叔同均为一百多年前南洋公学学生。白毓崐为辛亥革命时发动滦州起义的烈士;李叔同即出家后的弘一法师,是近代中国集文学、美术、音乐、戏剧、书法、儒学、佛学于一身的才子。这块没有落款的石碑,原为校园内"白毓崐纪念碑"主体,地点在现史穆烈士墓西南侧。抗日战争时期,上海沦陷,日军占领交通大学,白毓崐纪念碑被毁。石碑因体量大,分量重,没有运出校外,流落在校园内,后作为"校园残石"与"南洋公学界碑"放置在徐汇校区正门内侧露天"残石区"陈列,也没有作为"国宝"引起注意。

---

* 本文写作于 2014 年 5 月 20 日。

2012年9月13日，我收到平湖李叔同纪念馆王维军研究员写的《李叔同为白毓崐烈士所书铭文之发现与考证》(刊于李馆出版的《莲馆弘谭》2012年第八期)。寄给我是因为我曾写了一篇《李叔同(弘一法师)与交通大学》刊于《莲馆弘谭》。2012年6月，我校出版的《思源》也刊登了《李叔同与交通大学》。王维军为研究辛亥革命与李叔同，于2011年辛亥革命百年纪念时多次来沪，并访问李叔同的母校交通大学。王维军在校大门内"残石区"发现纪念辛亥烈士白毓崐的碑石，碑石铭文没有落款，王从碑石上文风、字体认为很可能出自李叔同。王维军经过认真研究对比，在交大档案馆工作人员的支持下，找到确实的证据，得出此"残石"铭文为李叔同文与书，并认为实为"碑之国宝"。

我收到王文后，认真拜读，并多次去露天存石处查看石碑，也翻阅了一些史料，我认为王维军的考证有根有据，客观权威。乃于2012年9月18日向校党委马德秀书记和张杰校长写了一封信，为保护"国宝"安全，建议"立即将这块碑石收在学校档案馆内，待新的校博物馆建成后，在室内展出。"我认为白石碑放在露天任凭风吹雨打，慢慢风化不妥。校领导同意这个建议，校档案馆八位工作人员肩扛手抬，将碑石移至安全处保存。参加移放的同志多次对我说："碑石实在重，八人扛吃力得很。"

二、辛亥革命烈士白毓崐

白毓崐字雅雨，江苏南通人，生于1868年。1899年4月，考入南洋公学师范院(第二期)，同学中有以后国民党元老吴稚晖，民国政府内政部长纽永建，教育总长范源濂等。白毓崐同时兼任外院史地课教师。1900年7月白离开南洋公学。1905年白加入孙中山领导的同盟会，参加反清活动。1908年应天津北洋女子师范学堂及北洋政法学堂的聘请，北上天津任教。1909年白与张相文、张伯苓、吴鼎昌等发起成立"中国地学会"，国学家章太炎，地质学家章鸿钊，历史学家陈垣，教育学家蔡元培等参与其中。1910年2月，白毓崐出版中国第一份学术月刊《地学杂志》，同时积极宣传革命思想。中国共产党创始人之一李大钊当年正在北洋政法学堂求学，是白毓崐的学生。《李大钊传》称："大钊同志对这位为革命牺牲的老师非常尊敬，多年后仍一再在文章中悼念不已。"

1911 年 10 月 10 日爆发武昌起义，史称"辛亥革命"。消息传到天津，白毓崐即在天津创办中国红十字会天津分会，作为革命外围组织，准备为革命军进攻天津时提供战地服务。接着又成立同盟会的外围组织"共和会"，白任会长，谋划起义。当时中国情况，南方已"共和"，北方仍在清政府的统治控制之下，白认为"京津清室根本地，京津不动摇，则南军恐难持久。"白毓崐于 1911 年 12 月 31 日赴河北滦州，说服清新军中几位"管带"(军官)发动起义。1912 年 1 月 3 日滦州宣布独立，成立北方革命军政府。这时离开辛亥革命不到三个月。王金铭为大都督，施从云为总司令，白毓崐为参谋长。王、施为原清军军官。起义军誓师后，发布《讨清檄文》，通电全国，通告各国驻华公使，宣布向京津进军。但由于起义军副都督张建功叛变，起义军在滦州城 30 公里铁路线上遭清军伏击，起义失败。白毓崐在回天津路上被俘，1 月 7 日就义于通州古冶。刑前刽子手命其跪下，白毓崐怒斥道："此身可裂，此膝不可屈"，白被砍断一条腿，倒于血泊，又被"斩首示众，倒悬于树，其状惨烈"。一代英烈，舍生取义，时年 44 岁。天津政法学堂和女子师范学堂师生在收尸时从烈士衣袋中发现白毓崐写下的就义诗："慷慨赴死易，从容就义难。革命当流血，成功总在天。身同草木朽，魂随日月旋。耿耿此心志，仰望白云间。悠悠我心忧，苍天不具怜。希望后启者，同志气相连。此身虽死了，主义永相传。"

滦州起义在清朝心脏点燃了革命烈火，在白毓崐就义后 36 天，1912 年 2 月 12 日清帝颁布了"退位诏书"。大清帝国宣告终结。2 月 17 日，民国南京政府以"临时大总统令"追授白毓崐为大将军。1912 年 9 月，白灵柩从滦州移葬于南通风光胜地狼山，举行隆重葬礼。1914 年 11 月又在狼山顶大观台东建墓纪念。碑文由南通名人张謇所书，墓志铭为南京高师校长江谦所撰。碑前白石上刻着白毓崐的"绝命诗"，这首浩然正气，催人泪下的诗，从此流传世间。

1936年4月2日，南京国民政府追授白毓崐为陆军上将(此时民国政府最高军衔为上将)，并颁布《国民政府令：抚恤滦州殉难诸烈士明令》，称："辛亥光复，发轫于武昌，而滦州一役，实促其成。"同年，冯玉祥将军等发起并赞助，在北京西山温泉村的显龙山上修筑白毓崐等14位烈士的衣冠冢和纪念塔，碑上刻着烈士的姓名和追授的职衔，冯玉祥手书"精神不死"，"浩气长存"。2006年中华人民共和国将此碑、塔列为全国文物保存。

三、李叔同与辛亥革命

李叔同祖籍浙江平湖，1880年生于天津，1899年随母移居上海。李到上海后即参加文化、艺术活动，组织"海上书画社"，极为活跃，很快成为上海文化名人。与李叔同交往密切。"城南草堂"主人许幻国的夫人宋贞，也是文化人，曾作诗一首咏李叔同："李也文名大似斗，等身著作脍人口。酒酣诗思涌如泉，直把杜陵呼小友。"1901年2月，李叔同考入在上海的南洋公学"特班"。特班目标是学习政治、法律、经济、外交，培养未来政府的高官大吏，致远人才。特班主任蔡元培。在特班时，李叔同边读日文边翻译了《法学门经书》和《国际私法》，1903年开明书店出版发行。为什么要译这二本书？耐轩在序中写道："李君广平(即李叔同)，之译此书也，盖慨乎吾国上下之无国际思想，致外人之跋扈飞扬而无以为救也。……苟国人之读此书而恍然于国际之原则，得回挽补救于万一，以后改正条约之预备。"李叔同在蔡元培出的题为《论强国对弱国不守公法之关系》的论文中写道："断无弱小之国可以赖公法以图存者。……唯有强有力者得享其权利。"1902年11月，南洋公学发生学潮，波及特班，蔡元培辞职，特班停办，李叔同也离开了南洋公学，同时也告别了他的政治、法律、外交的探索。对祖国更增添了茫然的李叔同写下了"冰蚕丝尽心生死，故国天寒梦不春。眼界大千皆泪海，为谁惆怅为谁颦"。1905年秋，李叔同剪去长辫，换上西装，东渡赴日，学习西洋绘画，回到他少年时的原点：文化与才艺。李叔同的简要传记以及他在南洋公学时的情况，见《李叔同（弘一法师）与交通大学》。

1911 年 3 月，李叔同在东京美术学校毕业，后和他的日籍夫人一起回到中国。在上海稍作停留，安排好日籍夫人后，只身赴天津，受聘直隶高等工业专门学校，任图画教员。正值反清革命风暴来临前夕。李叔同家原为天津百万富商，此时遇上一片混乱金融市场，李“百万家资，涤忽间荡然无存”，几近破产。过惯了富家公子生活的李叔同，从天上掉到地下，他不得不为未来生活作安排。辛亥革命前后，从现在史料中没有发现李叔同和天津革命党人的来往和接触。但是轰轰烈烈的武昌起义，滦州起义，白毓崐就义……一幕幕震惊中国，震惊天津的革命，李叔同是看在眼里，也深深影响他的人生。1912 年 1 月底，即白毓崐起义不到一个月，他从天津回到上海，和日籍夫人过春节。

1912 年元旦，中华民国成立，李叔同填词《满江红》，《民国肇造志感》，表达他对辛亥革命，对义士英烈的敬仰。词：“皎皎昆仑，山顶月，有人长啸。看囊底，宝刀如雪，恩仇多少。双手裂开鼷鼠胆，寸金铸出民权脑。算此生，不负是男儿，头颅好。荆轲墓，咸阳道。聂政死，尸骸暴。尽大江东去，余情还绕。魂魄化成精卫鸟，血花溅作红心草。看从今，一担好河山，英雄造。”这首词从时间上推算应在 1912 年元旦中华民国宣布成立，李叔同于 1 月底前回到上海后所作。词中似乎可感受到白毓崐烈士就义情景。回到上海后，李叔同应《民声日报》副刊编辑柳亚子请创作漫画三张，于 2 月 23 日、28 日，3 月 5 日以《无题》、《休战》、《落日》刊于《民声日报》。这是针对辛亥革命后时局有感而发。《无题》由几笔随风飘摇的柳树组成，下题：“都北京欤？都南京欤？毁袁氏欤？誉袁氏欤？公等碌（碌），畏首畏尾。吾无以状，状以风柳。”此时，正值孙中山刚宣布辞去临时大总统，让给袁世凯，袁地盘在北京，仍要定“都”北京，国人对袁走向吃不准，而革命阵容中有些人则随风倒。李叔同以漫画讽刺。

李叔同拥护辛亥革命和共和新政，但当 1912 年 4 月袁世凯接任中华民国临时大总统后，所作所为，李叔同失望了。他在《天铎报》上以“成蹊”笔名于 5 月 22 日发表《诛卖国贼——不杀熊希龄，不能救吾国》，揭露袁世凯的财政总长熊希龄主张向外国大借款，“昏聩糊涂之政府无望矣，……全无心肝之熊希龄，吾民不诛之，何待！”6 月 17 日又发表《闻济南兵变慨言》，呼吁“兵界诸公”，“勿再纵兵以殃吾民也！”6 月 20 日接着发表《赵尔巽如何》，告戒东三省总督赵尔巽“宁可去一官，当据条约以死争，毋以‘力阻无效’四字为卸责地步”。

李叔同一生留下的文字无数，但拥护辛亥革命，反对窃取革命果实，如袁世凯之流，以鲜明的观点，强烈的用词，就这几篇。

四、白毓崐烈士纪念碑的百年风雨

辛亥革命武昌起义传到上海，当时交通大学名为“邮传部上海高等实业学堂”，对这一校名，校方一直认为不符合本校从南洋公学起即为“大学堂”，因此当革命消息传来，唐文治校长即宣布本校改名为“南洋大学堂”。

1912 年 10 月 10 日，南洋大学堂举行白毓崐烈士追悼会。南洋公学同学会发起在校内为白毓崐烈士建造纪念碑。建议当即获得各地校友和在校师生相应，纷纷捐款。

在唐文治校长和校友会决定在校园内建造白毓崐烈士纪念碑后，谁来起草和书写碑上铭文？此时李叔同已从天津回到上海，李叔同与白毓崐同为南洋公学校友，白遇难时，李又正在天津，此情此景李叔同了解的。李叔同的文才与书法更是已“名满天下”，因此，写碑文非李莫属。

李叔同乃写了烈士的传和赞，镌刻在纪念碑的二面。碑文：

白毓崐传

白烈士毓崐，字雅雨，江苏南通县人，前南洋公学师范生，历任母校及澄衷学校，北洋女子师范，法政诸校教师，天津地学会编辑部长。烈士于新旧学皆通牖，地学则好之尤笃，著有书行世。辛亥八月，革命军起于武汉，江南各省云合景从，北方则寂无以应，烈士忧之，誓首先发难。牵制清庭，杀其倾兵南下之势。往说滦州军，从者殆半，举烈士为参谋长，连电清廷迫之退位。清庭大震，某日率兵扑敌，转战殊剧，卒以众寡势殊致败，途出古冶，被执死甚惨。时民国纪元一月七日，享年四十有四。

白毓崐颂

岁丁塞厄，搀枪惊流。干戈沸腾，天地为愁。

铮铮烈士，志扶亚洲。共和政体，誓死长流。

常山喷血，殉难滦州。断脰不屈，浩气充周。

遗骸零皆，收自朋俦。镌兹贞石，以永千秋。

上感苍天，下感九幽。

（注：“传”与“颂”标题皆为本文作者所加，碑文无标题）

由于纪念碑是学校和校友建的，凝聚了众多师生校友的心情，李叔同非常认真，但不宜个人落款。因此今天留在世间这件“国宝”上没有李叔同落款是顺理成章的。

1913年夏，白毓崐纪念碑建成。

白毓崐烈士

1937年抗日战争爆发，上海沦陷，1937年12月30日，日本侵略军侵占交大校园，白毓崐纪念碑及盛宣怀铜像等均被毁。由于李叔同书写的石碑体量大，不易搬动和击碎，碑上也没有李叔同的落款，乃得作为“残石”残留校园内，实为大幸。

李叔同写铭文的石碑

李叔同书写白毓崐烈士纪念碑之所以成为“国之瑰宝”，在我看来主要是：

第一，写的是辛亥革命的著名烈士，孙中山大元帅追授的“大将军”。1936 年国民政府又追授为“陆军上将”。中华人民共和国于 2006 年将在北京西山白毓崐等 14 位烈士纪念塔列为全国重点文物保护。

第二，碑的文与书出于李叔同之手笔。据王维军研究员考证，李叔同留下的石碑除白毓崐烈士碑外，只有一块李为一位同事的母亲姜太夫人写的“墓志铭”。也属稀见。但从“文物”价值角度看二块碑相差极远。

第三，白毓崐烈士碑的文与书以及刻工、材质均属“一流”，精美。石碑材质据当年校友会称是从意大利进口的白石。石碑高 67 厘米，长和阔同为 48 厘米，不同于一般的片状石碑，实为一块直放的大石块。材质密实，经受住了日军的折腾破坏。据王维军的考证：石碑“刻字工艺别具匠意，既非阴刻虚字，也非阳刻实字，……先施刀以阴刻凹字，继而在字之每一笔画凹槽线内钻镌数点，然后在白字内填入水泥砂浆以粘结，使之凸出碑面，再修刻之，终成阳之状，极富质感和韵律，新意十足”。王维军称他“咨询了诸多刻字名家，皆言此等刻字工艺国内甚少有见，亦乏听闻，非传统镌刻之手段。……此等阴刻阳填之尝试，今几无存世可见。”白毓崐纪念碑的书风，王维军认为属于魏碑体，“与李叔同所书之魏碑体甚是相仿，几乎不二。”

白毓崐烈士纪念碑，从 1912 年南洋公学决定立碑，李叔同书写铭文已经 102 年了，石碑经历了百年风雨，顶住了日军的破坏，见证了中国革命的胜利，中华民族的独立自主，还有白毓崐母校的一个世纪来培养出众多革命、建设人才，文化名人以及“领袖级”人物，交通大学正在走向世界一流大学。

李叔同(弘一法师)与交通大学*

李叔同,1902 年南洋公学(当时交大校名)特班学生,教育家蔡元培的弟子。后在浙江一师任教,1918 年在杭州虎跑定慧寺出家,法名弘一法师。1942 年在福建故世。

李叔同,清末民初已是名满中华,多才多艺的文化名人。出家后云游各地,讲学和创作。他的著作、诗歌、书画,以及别人写他的各种版本传记、评述,现在各地书店均能购到。

一、李叔同从天津到上海

李叔同,1880 年生于天津,父清朝进士,经营盐业,家境富裕。李叔同 4 岁时丧父,5 岁从母诵名诗、格言;7 岁由兄每日授《百孝图》、《文选》;9 岁读《孝经》、《毛诗》、《唐诗》;11 岁习“四书”并临帖;15 岁已能写出“人生犹似西山日,富贵终如草上霜”这样诗句。少年李叔同的中国文

---

* 本文写作于 2010 年 11 月 2 日,曾刊于 2012 年 6 月上海交大《思源》杂志。平湖李叔同纪念馆《莲馆弘谭》杂志。

化基础厚实。他的西方文化又如何？17岁时李叔同在一封信中说："杨兄教弟念算术，学洋文"。李叔同以后学会英、日、意三国外文。留学日本6年，学的是西洋画。李叔同在天津时经历了甲午海战和康梁变法，李叔同说："老大中华，非变法无以自存"。为此他刻了一方印章："康南海君是吾师"，以明志。

李叔同1900年在上海(21岁)

1899年，青年李叔同随母移居上海。一到上海，李叔同即加入"城南文社"，这是一个艺文团体，每月相聚一次，活动地点在大南门的"城南草堂”。草堂主人许幻园是上海新学界的知名人物，许敬慕李叔同才华，请李一家搬到“城南草堂”来住。同年李入住“草堂”。李叔同在“城南草堂”的一段情况如何？许幻园的夫人宋贞曾作诗一首涌李叔同：“李也文名大似斗，等身著作脍人口。酒酣诗思咏如泉，直把杜陵呼小友”。而李叔同也有一诗写城南草堂主人夫妇：“门外风花各自春，空中楼阁画中身。而今得结烟霞侣，休管人生幻与真。”

1900 年 3 月，李叔同和友人一起在福州路组织“海上书画会”，每周出书画报一张，随上海中外日报发行。还出版了《李庐诗钟》《李庐印谱》。20 岁的李叔同这些动作，正如以后他在词中所谓：“二十文章惊海内”。

二、李叔同在南洋公学

1901 年，盛宣怀办的南洋公学在上海招收特班生。“特班”是什么？用现在的语言，就是高级研究班。盛宣怀的希望是办成为国家培养有新知识的未来的高官大吏，“致远”人才。为此当蔡元培从杭州来上海，住在虹口友人家里，盛宣怀放下架子，亲自登门邀请蔡元培担任特班主任。5 月，特班公开考试招生，有救国抱负想学新学的李叔同被录取了。李叔同在南洋公学的情况如何？1957 年 3 月新中国初期曾任国务院副总理的黄炎培在“文汇报”上撰文回忆五十多年前的老同学李叔同，“刚二十二岁。书、画、篆刻、诗歌、音乐都有过人的天资和素养。南洋公学特班宿舍有一人一室、有二人一室的。他独居一室，四壁都是书画，同学们很乐意和他亲近。特班同学很多不能说普通话，大家喜爱叔同，因他生于北方，成立小组请他教普通话，我是其中的一人。他的风度一贯地很温和，很静穆”。蔡元培在 1936 年写的一篇回忆南洋公学特班文章中，用一二行文字一一写出他的学生姓名和以后经历，在写到李叔同时他写了三行，“李广平、字叔同，浙江平湖籍，生长天津，曾留学日本，初为美术家，书画篆刻无不精工，并参加春柳社，后皈依佛教，改名弘一”。蔡元培说特班“课程重在西学，……本意在以英文教授政治理财等等，养成新式从政人才”。“均在中院上课”。蔡元培说的“中院”建筑已经跨越三个世纪，现在还完好矗立在上海交通大学徐汇校园，蔡元培在特班任教时就住在中院三楼。特班的教学方法，蔡元培说："学生每人写札记由教员阅批，月终由教员命题考试。……其时学生中能读英文者甚少，群思读日文书，我乃以不习日语而强读日文书之不彻底法授之。不数日，人人能读日文，且有译书者。"蔡元培指的"能有译书者"，其中之一即李叔同。李叔同在南洋公学时从日文翻译了《法学门径书》、《国际私法》，1903 年由开明书店出版发行。为什么翻译出版这两本书？耐轩在《国际私法·序》中写道："李君广平，之译此书也，盖慨乎吾国上下之无国际思想，致外人之跋扈飞扬而无以为救也。……苟国人之读此书而恍然于国际之原则，得回挽补救于万一，以为改正条约之预备，……"。李叔同在南洋公学写过一篇蔡元培出的题为《论强国对弱国不守公法之关系》的论文，李叔同写道："世界有公法，所以励人自强。断无弱小之国可以赖公法以图存者。即有之，虽图存于一时，而终不能自力。……唯有强有力者得享其权利。"

多才多艺的李叔同几乎在考入南洋公学同时，开始了他的早期戏剧活动。他在天津时已结识京剧名角杨小楼、刘永奎等，到上海后更是发展到粉墨登场。1914 年出版的《新剧史·春秋》记载"当时上海的圣约翰书院、南洋公学等校都是学生演剧活动较为活跃的地方。南洋公学早在 1900 年就曾以六君子、义和团等题材编成新剧在校园内演出过"。2011 年版《上海交通大学纪事》记载："1901 年，公学学生上演戏剧《黄天霸》，李叔同在剧中任主角"。

李叔同一个世纪前在南洋公学情况，所存史料有限，但就是这些历史记载，可以看到李叔同受到南洋公学创始人盛宣怀、校长张元济、导师蔡元培的熏陶，他在学习政治、法律，他思索中国之"弱"，他参加戏剧演出，演的是侠义之士，霸气十足的黄天霸。他在南洋公学宿舍里墙上挂的，台上摊的是书画诗词。他在探索自己的人生道路。1902 年 11 月，南洋公学发生学潮即"墨水瓶事件"波及特班，蔡元培辞职，特班停办，李叔同也离开了南洋公学。李叔同同时也结束了政治、法律、外交(特班培

李叔同在上海演黄天霸

养目标)、军事(黄天霸式英武)的求索,回到他少年时的原点:文化和才艺。

离开南洋公学后,对祖国更增添了茫然的李叔同,满腔忧愤,同情弱者,他寄托声色。李接触过很多风尘女子,他写给谢秋云的一首诗中透露了他的忧国心情"冰蚕丝尽心生死,故国天寒梦不春。眼界大千皆泪海,为谁惆怅为谁颦"。

三、披发佯狂走,东渡求学

1905 年 3 月,李叔同母亲在城南草堂病逝。李叔同觉得已无长者需他奉持，他回天津，安葬好母亲，安顿好妻儿，决心东渡求学。出国前夕，他写了《金缕曲·别友好东渡》："披发佯狂走。莽中原，暮鸦啼彻，几枝衰柳。破碎河山谁收拾，零落西风依旧，便惹得离人消瘦。……二十文章惊海内，毕竟空谈何有？听画底苍龙狂吼。长夜凄风眠不得，度众生那惜心肝剖？是祖国，忍孤负！"

1905年秋，李叔同到了日本，他剪去长辫，换上西装，他想入东京美术学校学西洋绘画，但报考时间已过，要等上几近一年。精力充沛的青年李叔同在东京立即开始结识日本诗人、中国友人；写诗作词、办杂志、办剧社。1905年10月，这个"索居寡侣"的李叔同居然一个人编辑了中国第一份音乐刊物《音乐小杂志》，日本印刷，运回中国发行，虽只有26页，但栏目众多，有歌、有诗、有画、有史。杂志刊载的著述、歌曲大多是李叔同一人所作。李叔同计划每年春秋各出一期，实际只出了一期，后人评说这是中国历史上第一份音乐杂志，带有开创性的意义。1906年秋，李叔同考入东京美术学校，受业于黑田清辉，学西洋画。同年又与中国留学生一起创办戏剧团体"春柳社"，1907年2月为中国淮河水灾筹款，"春柳社"在东京上演了《茶花女》，李叔同扮演了茶花女玛格丽特，为此他剃去了胡须，饿上几顿瘦身束腰。日本戏剧权威松居松翁在杂志上发表评论："尤其是李君的优美婉丽，决非日本的俳优所能比拟。我十分兴奋，竟跑到后台和李君握手为礼了"。后来成为中国戏剧表演大师的欧阳予倩说看了这次演出"我所受刺激最深，……我就入了春柳社"。1907年7月，春柳社又在东京正式公演《黑奴呼天录》，李叔同扮演爱米柳夫人和男角跛醉客。

四、在杭州出家，取名弘一

1911年3月，李叔同在东京美校学术毕业，随即回国。回国后先在天津任教，1912年春回上海，在城东女校任教文学、音乐。李加入柳亚子的"南社"，主笔《太平洋报》，后又主编《文美杂志》。

1913年，33岁的李叔同赴杭州省立第一师范学校任教。加入西冷印社和吴昌硕时有往来。1915 年应南京高等师范之聘兼任图画音乐教员。

1918 年，38 岁的李叔同在虎跑定慧寺，正式出家，取名弘一。9 月在灵隐寺受戒。

文化名人李叔同为什么要出家？成为当时社会上热门话题。众说纷纭。李叔同自己从未直接谈论出家的主观原因，他写的《我在西湖出家之经过》也只谈客观经过。后人对于这个为什么？可以推论、可以想象、可以分析，……但终究你不是李叔同本人，也只能说是一种“看法”。

李叔同出家当和尚在李任教的浙江省立第一师范学校反响非常之大。校长经亨颐是李的好友，对李的出家在学生中引起的浮动，他不能不出面告诫学生。经校长召集全体学生训话：“李先生事诚可敬，行不可法”。农历 7 月 10 日经亨颐的日记写道：“漫倡佛说，流毒亦非无因。故特于训辞表出李叔同入山之事，可敬而不可学”。

李叔同 1914 年用美国人奥德维作的曲，写过一首歌词《送别》，雅淡清新，脍炙人口：“长亭外，古道边，芳草碧连天。晚风拂柳笛声残，夕阳山外山。天之涯，地之角，知交半零落；一瓢浊酒尽余欢，今宵别梦寒”。告别世俗，成为弘一法师的李叔同，“天之涯，地之角”，云游四海，足迹遍及杭州虎跑定慧寺、灵隐寺、本来寺、玉泉清涟寺、嘉兴精严寺、衢州莲花寺、温州庆福寺、宁波七塔寺、法界寺、江西庐山、厦门南普陀寺、妙释寺、南安小雪峰寺、灵应寺、泉州承天寺、百元寺、开元寺、青岛湛山寺、晋江福临寺……。

出家后的弘一大师认真研读佛学，着重书法，同时与世俗来往不断。美学家朱光潜说弘一“以出世的精神做入世的事业”，过着清苦的生活。他的老友夏丏尊这样描写：只见弘一亲自把铺盖打开，又把衣服卷了几件变作枕头，最后取出一块又黑又破的毛巾从容地走到湖边去洗脸。夏说，这毛巾太破了，替你换一条好吗？弘一说，那里，还好用的。还珍重张开给夏看。弘一吃饭时，夏陪着。弘一把饭划入口里，当他用筷子郑重夹起一块萝卜时那种神情，夏丏尊说他几乎要流下泪来。

声望极高的弘一大师每到一地，当地名流达官，不免邀约结识。弘一去青岛时提出约法三章：一不为人师，二不开欢迎会，三不登报吹名。后来又提出三约：一不迎，二不送，三不请斋。

晚年的弘一法师

弘一大师的为人、文才受到中国社会极大尊敬。鲁迅与弘一没有直接交往，但在鲁迅 1931 年 3 月 1 日日记中写道：“午后往内山书店，从内山君乞得弘一上人书一纸”。鲁迅用“乞”字，用“上人”称谓，可见对弘一的尊敬。鲁迅“乞”得的弘一书法是“戒定慧”三字。1942 年郭沫若在重庆，写信给弘一请求书法，弘一书赠：“沫若居士澄览，我心似明月，碧潭澄皎洁。无物堪比伦，教我如何说。”画家刘海粟 1981 年谈到弘一法师时说：“我们是很好的朋友。他出家苦修律宗，一次到上海来，许多当上高官的旧相识热情招待他住豪华的房子，他都拒绝了。情愿住在一间小小的关帝庙。我去看他；赤着脚穿双草鞋，房中只有一张板床。我心里难过得哭了；他却双目低垂，脸容肃穆。我求他一张字，他只写了“南无阿弥陀佛”。近代人中，我只拜服李叔同一个人。李叔同画画、书法、音乐、诗词样样高明，——我却比他少了一样——演戏！”

1942年,李叔同—弘一大师在泉州温陵养老院晚晴室病逝,终年62岁。

五、大学文化的“特性”

中国知名大学除了自身的文化传统和办学特色外,都有一个共同特点:开放性、包容性、开创性,以及主导性和民族性。闭门自守、文化专制、止于前人的学校是“名”不起来的。100多年前,蔡元培在交大主持特班,作为李叔同的老师,当时蔡还没有提出以后当北大校长时“兼容并包”的教育思想,但实际操作时他既坚持儒学文化又大量引进西方文化。他要学生看日文书,还带领学生清晨步行到徐家汇天主堂向虔诚的信仰天主教的马相伯学习拉丁文。特班课程内容是政治、经济、外交、法律等强国之道。蔡元培自称特班的教学法为“不彻底法”,其实连同课程内容,都是开创性的。在课外生活上,他不干涉学生宿舍里挂满书画的文化布置,也不反对李叔同粉墨登场扮演黄天霸。100多年前,交大创办时的文化开放性、包容性、开创性结出的果实是从校园走出了许多以后成为不同领域的名人;辛亥革命后民国政府内政部长钮永建,国民党的党国元老吴稚晖、邵力子,北方革命军参谋长、1912年民国政府追认为陆军上将白毓昆,爱国将领蔡锷,故宫博物院首任院长马衡,北大校长蒋梦麟,中国第一个获得德国物理学博士的李福基,教育家、政治家黄炎培……,还有弘一大师李叔同等等。

1905年以后,由于交大主管部门体制的调正,按照上级部门需要,办学重点转向理、工、管。新中国建立后,又一度将交大定性为“多科性工科大学”。但是尽管如此变化,交大文化的开放性、包容性、开创性,学校管理层和教授们一直没有放弃,一有机会就会显露。20世纪50年代末,作为“工科大学”的交大的学生艺术团继承李叔同的演剧传统,在上海最好的兰心剧场,演出多幕自编自导自演话剧《大学的早晨》,同时学生铜管乐队亦在上海公演。“文革”动乱一结束,学校就恢复文艺系,成立美术研究室和音乐教研室。随后又成立文学院。上海画院的朱纪蟾

（亦是交大老学长），程十发、上海交响乐团的曹鹏等等都是交大的兼职教授。

研究大学文化的开放性、包容性、开创性要和研究大学文化的主导性和民族性相结合。不同国家的大学文化是不一样的，区别就在于主导性文化和民族性文化。交大文化的民族性是儒学，是孔孟之道，是盛宣怀创办南洋公学时说的“中学为体”，是唐文治主持校务以来讲国学的传统。一百多年来交大不论如何变化和曲折发展作为他的文化支撑——“中学为体”一直很清晰。“文革”期间，“四人帮”张春桥咬牙切齿下令要把“老交大传统兜底翻”，但就是“翻不动”。这就是文化的力量。

新中国成立后，来自西方的马克思主义作为国家的指导思想，为学校教师和学生接受，这是中国要站起来，要富强的唯一指导思想。但在实践过程中，马克思主义也起了变化，就是中国化了，现在称之为邓小平理论。邓小平理论的哲学基础是“实事求是”。作为中国主导性文化的中国化了的马克思主义，现在仍在不断与中国社会的历史与现实相结合而与时俱进，最新的中国文化表述之一是和谐中国和和谐世界。与时俱进的核心是勇于创新，墨守陈规的文化是没有生命力的。

李叔同出家后在厦门讲学说：“余于讲说之前，有须预陈者，即是以下所引诸书，虽多出于儒书，而实合于佛法，……但儒书所说，尤为明白详尽适于初学”。这就是李叔同出家之后始终没有背离民族，没有放弃传统，因而受到中国文化界尊敬的原因之一。

寻访一首“校歌”*

2001 年 12 月 12 日，时任总书记的江泽民第三次走进钱学森的北京寓所，看望钱老。两人谈笑风生，纵论共感兴趣的话题，江泽民说：科学技术是先进生产力的集中表现和主要标志；钱学森说：人活到老，要学到老，前进到老……那天江泽民兴致很高，即兴唱了一首当年“校歌”。江泽民唱的这首歌，词也好，曲也好。钱学森夫人蒋英是中央音乐学院教授，声学教育家，这天她的一位学生也在钱家。江泽民告别时，蒋英说我的学生开音乐会时可否请总书记出席音乐会，江泽民欣然允诺。蒋英设想她的学生开音乐会，也唱这首歌，请总书记听。但蒋英当时没有问江泽民这首歌的歌名和词曲作者。于是就让也在场的儿子钱永刚去找乐谱。钱永刚在已出版的校园革命歌曲的书籍中找来找去没有找到，也请交大档案馆帮助查，查来查去也没有查到。一次永刚在上海和我们几位谈起此事，我们也都答不上

---

* 本文作于 2005 年，曾刊载《上海交大报》、平湖李叔同纪念馆《莲馆弘谭》杂志。

来，但放在心上。

2005 年 4 月，我和杨世琦夫妇及龚诞申在“烟花三月”时分重访扬州。杨世琦与江泽民从小学、中学一直到大学都是同学。当我们踏进当年江泽民、杨世琦就读的扬州“东关小学”校门，校园内左边墙上，江泽民在钱学森家唱那首“校歌”，连谱带词赫然用大字完整书写在墙上。龚诞申马上用数码相机摄下（见照片）。原来这是名人李叔同（即以后的弘一法师）写的一首儿歌。歌名《夕歌》，歌词全文：“光阴似流水，不一会儿课毕放学归，我们仔细想一回，今天功课明白末？老师的话可曾有违背？父母望儿归，我们一路莫徘徊。将来治国平天下，全靠吾辈。大家努力吧！同学们明天再会！同学们明天再会！”

扬州东关小学进校门校园左边墙上的“夕歌”（2005 年 4 月摄）

李叔同1901年考入上海南洋公学（交通大学创办时校名），就读特班，师从蔡元培（蔡任特班主任）。当年同班的黄炎培回忆李叔同："同学时，他刚22岁，书、画、篆刻、诗歌、音乐都有过人的天资和素养"。1905年已离开南洋公学的李叔同创作了《祖国歌》，发表在"沪学会"的刊物上，全国各地许多学校采作教材。画家丰子恺回忆说："我的故乡石门湾，是一个很偏僻的小镇，……我们一大群小学生排队在街上游行，举着龙旗，吹喇叭，敲铜鼓，大家挺起喉咙唱《祖国歌》和劝用国货歌曲。我那时还不认识李先生，也不知道这歌是谁作的。"李叔同是中国近代著名的多才多艺的学者、爱国者。或许正是因为他多才多艺的"多"，反而在已经出版的诸多李叔同著作和研究文集中把这首充满师生情感、父母思念、爱国之心的"儿歌"疏漏了。李叔同的这首《夕歌》适合小学生唱，既是"校歌"又是"儿歌"。扬州东关小学说："历经数十春秋，仍然富有时代气息，催人奋进，一直被我校师生传唱。"李叔同、钱学森、江泽民同出交通大学，论辈份，李叔同先生则是他们二位的前辈和学长。20世纪初的一首校歌把他们三位就校园文化的传承发扬连接在一起。

重访东关小学，杨世琦说："70多年前，江泽民和他们一群小学生，从东关小学放学后，就是这样背上书包，一路踏着小巷的石板路，唱着这首歌回家！"兴奋的杨世琦，已经80岁的杨世琦，谈起这段往事，他好像又回到了童年。

我们回到了上海后，就把寻访中的"发现"告诉了北京的钱永刚。

蒋介石与交通大学*

近代大国的最高掌权者都很关切自己国家的几所著名大学，这些大学产出管理这个国家的高端精英；现实社会的政治稳定也都和名校的动向有关。一百多年来的中国近代史就有大量如此记载。本篇主要写的是蒋介石与交通大学的往来、较量和情结。

交通大学是清末光绪皇帝亲自批准建立的近代大学，当时称“南洋公学”。创办者盛宣怀原想办成“民办公助”、“中学为体，西学为用”的最高学府。他上的奏折说办学经费由他“筹集”，但光绪“御批”却说：不必，还是由户部（财政部）“给付”。就这样，一开始就被定位在“国家办”，属最高掌权者关注点之一。南洋公学办出一点名声，专权的慈禧把盛宣怀叫到宫里问：“何谓公学”？辛亥革命胜利，孙中山就任临时大总统，他亲临交大对师生大讲中国进入“建设”了，要大造“铁

* 本文写作于 2003 年 3 月，曾刊分上、下二部分刊于 2005 年 3 月 31 日及 4 月 14 日《上海交大报》。

路”和“港口”。1922 年他又为交大题辞“强国强种”。孙中山是非常看重交大的。北洋政府时代的大总统也时不时来个电报祝贺校庆或捐一点钱给交大建校舍。

1927 年 3 月，蒋介石统领军队进入上海，开始了蒋介石作为最高掌权者的民国年代。4 月 12 日，蒋拿起屠刀，发动“清党”，杀了一大批共产党员和工人纠察队，史称“四一二政变”。其实 4 月 11 日蒋介石就在南京秘密杀害了曾是南洋公学学生，时任中共江苏省委，同时也是国民党江苏省党部负责人侯绍裘。侯绍裘是社会知名政治家，3 月 27 日他还在上海主持上海各界数万人参加的“欢迎北伐军，打倒帝国主义”为主题的“纪念孙中山逝世二周年”大会。现在南京雨花台革命烈士纪念馆展示的烈士事迹，第一位就是侯绍裘。蒋介石是从捕杀一位交大知名校友开始了与交通大学的交往。5 月 14 日，蒋介石的镇压之手，直接伸进交大。他的“东路军前敌总指挥政治部主任陈群”(此人后为汪伪大汉奸)通令交大“厉行清党运动”，陈群向学校开出交大学生中“18 名 CY(共青团)重要分子和 8 名次要分子”的黑名单，并称之谓“反动分子”，要学校“逐一审查，驱逐出校”。虽然黑名单上的学生“四一二”后已经转移，历史记载也没有学生被捕，但中共交大党组织已无法活动，实际上退出了学校。

蒋介石是办黄浦军校，当校长起家，他懂得除了自己掌握军校继续当校长外，几所有影响的名牌大学也得控制住。眼皮底下，社会影响深广的交通大学当然是他的“标的”。1928 年 1 月 31 日，蒋介石出席国民政府委员会第 36 次会议，交通部王伯群部长在会上提出：“交通大学是工业界重要大学，关系国家前途者甚巨，主持者非耆德硕学之士，必不足以孚众望”。王提议任命蔡元培为校长，蒋同意，乃通过。蔡元培 25 年前曾在交大担任过特班主任，后又当过北京大学校长，是著名学者、教育家；国民党南京政府初期还多次主持国民党监察委员会会议，也是南京政府大学院院长(相当教育部长)和中央研究院院长。1927 年 12 月，蒋与宋美龄结婚，蒋请了 6 位证婚人，首席证婚人就是蔡元培。蒋同意蔡这样重量级学者，党国要人兼任交大校长，可以想像蒋介石对交大是如何重视。

蔡元培担任交大校长将近5个月，他虽多次从南京来上海，到学校主持校务，开教授会，也批示学校送去的报告，他还请程孝刚教授担任学校秘书长，主持日常校务，但终究主要工作在南京，也实在太忙。几个月下来，他看到学校也已稳定，而且此时交大不直属教育部，仍由交通部主管。如果说，5个月前交通部长王伯群在国府会议上提出请蔡兼任校长，在6月14日召开的72次国民政府委员会会议上，换了个方向，蔡自己辞职，并提议由交通部长王伯群部长兼任交大校长。蒋介石也同意了。王伯群当交大校长同样不到5个月，这是因为南京政府将交通部分为交通、铁道二部，交大归铁道部主管。铁道部部长为孙中山儿子孙科。孙科就兼任交大校长。孙科对他父亲要大造铁路宏愿是一清二楚，对出任交大校长很是认真的。1928年11月26日，在蔡元培、王伯群二位部长陪同下专程从南京来上海，在就职典礼上孙科给交大的定位是："交通大学为全国最高工程技术研究机关"。治校一年半后，他又在交大刊物《南洋》上发表文章提出希望交大"假以数年，将来或能与国外大学并驾齐驱"。这也是唐文治校长办学思想的继承。南京政府初期，连续派三位中央部长兼任交大校长，表达了蒋介石政府对交大的定位和期望。

孙科当了2年交大校长，南京政府出台一个规定："大学不设副校长"。此时交大实际主持工作的是副校长黎照寰。孙科于是提出辞去校长，请黎担任校长。黎在担任校长后不久，学校接到铁道部12月10日训令，转达"行政院兼任院长蒋介石命令：全国学风，如仍前嚣张恣行越轨者，决执法严绳，以反动派治之。倘有一二学风最坏，无法整顿之校，即不得意全校解散亦弗惜"。铁道部这个训令中还点了交大土木系学生"侮辱师长"，要学校"查明整饬"。

1931年9月18日，日本军国主义发动了"九·一八"事变，侵占了我国东北三省。蒋介石实行"不抵抗主义"，对内继续搞"镇压""围剿"，于是全国人民爆发了持续不断的抗议，要求南京政府抗日。上海学生从

1931年9月28日起，3个月内组织了三次，每次数百人代表到南京请愿，这支队伍中大约四分之一左右是交大学生。请愿虽然没有结果，但唤起了民众，抗日洪流终究是不可阻挡的。

从1927年蔡元培任交大校长到1937年抗战开始，交大的办学和校舍建设都有相当发展。

1945年抗日战争胜利了，中国土地上这时有二所交通大学：重庆交大和上海交大。这是怎么回事？

1937年抗战爆发前后，交大黎校长和教授们再三要求学校内迁，教育部却硬要交大在上海"坚持"下去。当战火即将烧到徐汇校园，校长和教授们只好在法租界借一些房屋，转移一部分教学设备，在极其困难情况下"坚持"上课。不久日军占领了校园，切断了内迁可能，留在上海的交大师生仍奉命"坚持"敌后教学，照常招生。太平洋战争爆发，日军进入租界，失去了与在重庆的中央教育部联系和经费来源。交大教师顶住日伪压力，克服种种困难，保持了传统，保护了学生，保住了学校。抗战胜利时，上海交大在校学生有800多人，学生中中共地下党员就有20多人。

在日军进攻下，蒋介石的中央政府迁到了重庆，蒋的亲信陈立夫当了教育部长。准备长期抗战的大后方很需要一所以理、工、管为主的名大学，于是，就在重庆小龙坎，蒋介石的眼皮底下办了交大重庆分校。当确定上海总校已无法内迁时，重庆分校也已迁至重庆九龙坡新校舍。1942年8月8日教育部下令，重庆分校"改为交通大学本部"。重庆交大在极其困难条件下办学。到抗战胜利时在校学生已发展到1 700多人，设9个系3个专修科和1个研究所。

抗战胜利了，当年曾硬要交大在敌后上海办下去的国民党政府，却来一个翻脸不认帐。1945年9月26日，教育部发布了一个所谓"收复区中等以上学校甄审办法"。按照这个"办法"，在上海把交大等六所国立或公立大学宣布为"伪学校"，学生成了"伪学生"，并被编入"没有教师，没有校园，没有设备"的三无"临时大学"，边读蒋介石的《中国之命

抗日战争时期办在重庆的“交通大学”校宿

运》，边接受“甄别审查”。蒋介石政府这种毫无道理，没有人性的决策，当即引发了全国性的群众抗议。在上海，以交大学生为核心团结其他学校“伪学生”，高举“人民无伪”、“学生无伪”的旗帜，一次又一次走向街头，召开记者招待会向社会诉说。1946 年 2 月，春风得意的蒋介石到了上海，住在离交大不远的东平路。14 日晚，交大学生联合兄弟学校学生集体到东平路蒋住所请愿，要求面见蒋介石。国民党出动警察、宪兵、特务包围学生，蒋介石自己不出面，让国民党中宣部长张道藩出来应付。学生们在寒风中坚持了一夜，拂晓时，发现蒋介石不知何时已从后门走了。在学生们的不断抗议请愿和各界人民支持同情下，所谓对“伪学生”的甄审也就不了了之。这场斗争也是抗战胜利后中国学生在中国共产党领导下与国民党政府较量的第一个回合，蒋介石政府以失民心告终。虽然蒋本人没有与交大学生面对面，相信张道藩和国民党特务也一定会向他详细报告，蒋介石也一定会留下深刻印象。

蒋介石的统治理念是依靠武力，迷信武力。日军侵华中断了他武力消灭共产党的迷梦。现在抗战已胜利，军队有了美式装备，加上美国暗中支持，蒋介石于是又一次发动内战，进攻解放区。不得人心的内战，迫使国民党统治区的学生掀起大规模“反内战，反迫害，反饥饿”群众斗争。

对此，毛泽东称之为“第二条战线”。打内战是要成本的，并且是“高消费”，苦难的中国人民气还没有喘过来，没有钱可供蒋介石打内战。蒋介石政府把脑筋动到压缩教育经费上。教育部下令：交大停办二个系。对此，交大上上下下，从校长吴保丰到学生、工友全都反对。校长和师生代表多次到南京要求不要停办，但无结果。交大终于爆发了震动全国，也惊动了蒋介石的“护校运动”。1947 年 5 月 13 日，2 800 名交大学生分乘 65 辆大卡车，到达北火车站，学生自己驾驶火车“晋京请愿”。这个动作立即引起国民党政府的惊恐，上海市长吴国桢，国民党市党部头子潘公展，教育部长朱家骅等要员纷纷赶到学生火车已开到的真如站把火车拦下来，与学生代表就地“现场谈判”。蒋介石的儿子蒋经国也跑到交大校园察看态势，国民党军队已奉命布置在真如站前方，准备武力镇压。这场斗争在中共地下党上海局书记刘晓的直接领导下，当朱家骅作了让步，承诺不停办二个系的情况下，护校斗争已取得胜利，交大学生及时决定停止向南京进发，收兵回校。

学生自己开火车晋京请愿，蒋介石极其恼火，他把国民党中央执行委员、交通大学校长吴保丰召到南京，当面责骂，声言要开除他出国民党。蒋介石说：“你不要回交大了”，吴校长就这样被蒋介石炒了“鱿鱼”。吴保丰回校后当即宣布“辞职”。但是吴国桢、潘公展还是不依不饶，在上海召开的大学校长会上吴国桢指着吴保丰责问：“为什么交大学潮接连不断”？吴称“已呈请辞职”。拖到 7 月 26 日，吴保丰只好亮出蒋介石炒他“鱿鱼”的底牌，电告老上级陈立夫和教育部朱家骅：“已奉总裁面谕，即日离校离沪，返乡休养”。二天后，朱家骅的教育部才电告交大：“准吴保丰辞去校长”。吴保丰得以解脱，远走河北开栾，直到解放后才回沪。当时上海《申报》、《新闻报》评论吴保丰当交大校长六年：“惨淡经营，煞费苦心，奔走复员，尤为辛苦”。吴是一位具有民主思想，认真办学，尊重教师，爱护学生的校长。学生形容他“肚像如来，心似观音”。1946 年国民党军警包围校园，搜捕学生时，吴用他的校长乘的小汽车分二次把周寿昌等几位上了黑名单的学生带出被围困的校园，安全转移。

此事要是当时被蒋介石知悉，按蒋杀人不眨眼的本性，吴保丰就不是被炒“鱿鱼”能了结的。

在吴离校二个月后，9 月 27 日教育部任命铁路界权威之一程孝刚为交大校长。很重视交大的蒋介石，在程来交大任职前亲自召见谈话，问程“治校之策”。程答：“道之以政，齐之以刑，民免而无耻；道之以德，齐之以礼，有耻且格”。蒋听后连声说“很好、很好”。程孝刚是一位在铁路界很有威望，为人正直，爱护学生的学者，他曾经当过多年实际主持交大校务的秘书长，他不会照蒋的意图对学生“齐之以刑”。程说的这些孔孟之道，按现在说法是在和蒋介石“捣浆糊”。几个月后，1948 年 5 月 4 日，上海 150 所大中学校 2 万多学生在交大大操场举行反美扶日营火晚会，5 月 22 日，又在交大举行全上海 15 000 名大中学生参加的“庆祝上海学联成立一周年和纪念‘五·二〇’惨案一周年大会”。这两次大会上，上海学生称交大为“民主堡垒”。这就是解放战争时期，交大成为国民党统治区内“民主堡垒”的由来。1960 年，吴国桢在纽约出版的“口述回忆”中讲到这段历史时说：“他们(指共产党)的主要煽动者集中在交通大学”。吴虽然看准了，却无可奈何。连续的大规模学生活动引起吴国桢等国民党政府当权派对程极大不满，迫程“追查”。程答称：这是外校借交大开会，谁主持“不知道”，并以自己“无能”为理由宣布辞职。

程孝刚校长辞职后，中国形势急转直下，国民党兵败如山倒。转眼到了 1949 年 5 月，正是“黎明前更黑暗”。蒋介石的小爪牙，混在交大学生中的军统特务龚瑞，在交大附近先后碰到穆汉祥(交大学生地下党总支委员)和史霄雯(交大学生、新青联成员)两位被捕了。穆与史 1949 年 5 月 21 日同时被国民党枪杀在闸北宋公园。如果说，32 年前蒋介石登台时捕杀了一位交大知名校友开始与交大交往；在他败退台湾前，又通过他的小特务杀害了两位交大学生而告别上海，但他失去了交大，失去了大陆。

蒋介石逃到了台湾，在上海的交通大学获得了新的发展，欣欣向荣。20 世纪的 50 年代，根据国家需要和中西部的建设，上海徐家汇的交通

大学分为二所交通大学，即现在的上海交通大学和西安交通大学。但是蒋介石与交通大学的故事和情结还没有结束。

上世纪六十年代办在台湾新竹的交通大学

1958年，交大留在台湾以及旅居美国的一些知名校友、教授如凌鸿勋、赵曾珏等分析了台湾经济发展趋势，认为需要一所像交通大学那样的大学，他们正式发起在台湾创办一所交通大学。此事又在蒋介石的眼皮下，那时的台湾还是蒋介石说了算，蒋天天高唱“反攻复国”。发起人投蒋之所好，学校才能办起来。于是打出的旗号是：“大陆沦陷，法统中断”，上海的交通大学已“不存在”，交通大学要在台湾“复校”。蒋介石同意了。校名则冠以“国立交通大学”，这样的校名或许也是为了照顾蒋介石对大陆、对交通大学的情结和念念不忘的“法统”。这就是今日新竹交通大学的由来。台湾与大陆同属一个中国，现在大陆的四所交大（上海交大、西安交大、北京交大、西南交大）和台湾的一所交大（新竹交大）本是同根生，来往密切，交流切磋，视同一家，五所交大一致认同：凡是在这五所交大读过书或工作过的都是交通大学校友。或许这是蒋介石没有想到的，或许正是蒋介石所希望的。但不论如何，交通大学的演变和发展见证了海峡两岸割不断也拆不散的中国文化教育传统和一个中国情结。

浓彩重墨的曲折人生*

——交大最早的共产党员张永和

一

张永和又名张致中，1923年至1926年南洋大学(交通大学)电机科学生。他在交大时加入中国共产党，是交大最早的中共党员，最早的中共交大支部书记。

1985年4月5日，中共中央组织部就张永和党籍问题批复云南省委组织部，文如下："1985年3月6日报来《关于恢复张致中同志1925年党籍的报告》收悉。经研究，同意你们意见，恢复张致中同志1925年4月至1948年11月的党籍，党龄连续计算，参加革命工作时间从1924年12月加入共青团算起"。

张永和的党籍问题为什么要由中央组织部来作结论？让我们走进这位老学长、老校友、老革命的曲折、丰富、苦难、战斗的前半生，寻找

* 本文写作于2007年5月28日，曾刊于《上海交大报》。

答案。

张永和，1919年，亲历“五四运动”；1925年，参与“五卅运动”；1927年，投身“上海工人三次武装起义”。1927年，在上海租界被工贼绑架，有惊无险；1930年，在云南昆明被国民党政府逮捕，判刑三年。1937年，经党组织同意到滇军184师任政治部主任开赴山东、湖北抗日前线。1943年，任云南泸西师范学校校长，受到省教育厅、省警务处、省国民党党部的“密令监视”和“通缉”。1948年，参加中共领导的云南游击队，担任泸西临时人民政府县长和地区专员公署副专员。

1924年，国共第一次合作，张永和响应共产党的号召参加国民党，任交大国民党区分部常务委员；1925年、1948年，张永和先后两次加入中国共产党，又两次与党组织失去联系。1925年，任交大学生会执委会主任，“五卅运动”时被选为上海学生联合会执委会主任。1926年，张永和交大毕业后，专职从事革命工作，先后担任中共上海法南区、沪中区、沪东区、沪西区部委书记。1927年，蒋介石发动“四·一二”政变，9月王若飞调张永和任江苏省委宣传部秘书。1928年初，被周恩来派往湖北，任中共湖北省委常委、秘书长，年底回沪向中央汇报工作。1929年初，中央派张永和回故乡云南任中共临时省工委常委。

新中国建立后。1951年，张永和参加云南省委党校整党学习，因1930年被捕问题被错误处理开除党籍。1966年，“文革”期间又遭康生点名为“1927年‘四·一二’政变后的叛徒”。

十一届三中全会后，1982年8月，省委组织部同意省党校复查报告“撤消1952年开除党籍的决定”，“先恢复1948年的党籍，再进一步研究处理”。这就引来本文一开始引述的两年后，即1985年4月中组部对张永和党籍问题的审查批复。

张永和的前半生，经历曲折复杂，在严酷的革命与战争环境下，历尽苦难磨炼，1925年4月他入党时，中国共产党只有1 000多党员，他属于中共早期党员，是一个浓彩重墨的传奇人物，了解和研究交通大学校史和中共交大史，张永和是一位不能遗忘的前辈。本文写的是张永和前半生的若干人生片断。

二

1902年张永和生于云南省泸西县。1915年,少年张永和在辛亥革命的激励下,离开县城考入云南省"最高学府"——省立第一中学读书。同年,被袁世凯软禁在北京的云南都督蔡锷潜回昆明,于12月组成"护国军"发动讨袁战争。蔡锷的起义震惊全国,也让张永和开了眼界,看到中国之大,看到进步力量与反动势力的搏斗局面。1917年,不安份的张永和在一中老师的鼓励下跑到北京考入"国立北京高等师范学校附属中学"。1919年,17岁的北师大附中学生张永和亲历了"五四运动",受到"民主与科学的洗礼"。当时张永和特别崇敬孙中山,为孙先生"建国方略"中提出的中国要大修铁路、大造海港、发展工业宏图吸引,他的理念是"科学救国"。1921年,张永和考入天津北洋大学土木系,但与他的理想不太吻合;1922年,又考入到唐山交通大学攻读铁路建筑,一年下来和他的志趣还是有出入;1923年,转而考入上海南洋大学电机科。不少同学认为他想考进什么大学就能进什么大学,"背后定有靠山",张说:我是苦学生,没有靠山,靠的是自己努力。

1923年的中国军阀割据。领导辛亥革命的国民党和孙中山的力量在南方。两年前成立的中国共产党召开中共三大,决定与孙中山的国民党建立统一战线,共产党员以个人身份加入国民党,帮助组织涣散、战斗力不强的国民党发展组织,扩大队伍。对此孙中山赞成,但国民党内也有不少人反对。中共青年工作的负责人恽代英来到徐家汇南洋大学。恽代英的演讲和中共办的《中国青年》、《响导》等刊物,对张永和的思想起了决定性的转变:"不能单靠技术科学救国,要投身到群众运动中去"。恽代英在南洋大学号召"有志青年加入国民党"。南洋大学国民党员发展到100多人,成立了国民党区分部,张永和响应共产党号召也加入国民党,并担任常务委员。1924年5月中共决定在徐家汇建立共产主义青年团支部,下半年共青团负责人贺昌来沪,亲自指导徐家汇和南洋大学共青团工作。贺经常和张永和谈话，开出书目，介绍张阅读马克思主义著作。那时中文版马克思主义著作很少，张永和凭借自己的外文功底读了一些外文版马克思主义书籍，如普列汉诺夫著作。1924 年 12 月，张永和经贺昌、梅电龙（与交大相邻的同文书院学生、共青团徐家汇支部书记）介绍参加了共青团。1925 年 4 月又经贺昌、梅电龙介绍转为中国共产党党员，张永和是南洋大学最早的共产党员。但南洋大学只有他一个共产党员，还不能成立独立支部，仍和同文书院的中共党员合在一个支部。南洋大学的国民党区分部则由常务委员张永和负责，虽然校内国民党中有一些右派，但实际上领导权在张永和手里。

1924 年 11 月，孙中山北上经过上海，张永和从学校布告板上看到，孙先生将于 17 日在上海十六铺码头上岸。一直崇敬孙先生的张永和，而且又是交大国民党区分部常委，他一定要去码头欢迎。60 年后张永和回忆："我赶到十六铺去迎接，扑了一个空，孙先生已直接到了香山路寓所，我于是从十六铺又赶到香山路，终于见到了孙先生在寓所门口向欢迎群众频频挥手，打招呼"。

1925 年 3 月 12 日，孙中山在北京逝世。孙中山曾来交大演讲，还为交大题词"强国强种"，交大人对他有感情。3 月 23 日，南洋大学全校师生 900 多人举行追悼大会，共产党的恽代英、国民党的叶楚伧，学者章太炎等相继演说。恽代英的演说最后说："我要劝你们加入国民党，不是为别的，为我们四万万被压迫的民众！我们不是来想升官发财！不是来捧孙先生做大总统，孙先生已死了！不要疑惑的加入国民党！现在我们只有一条路——革命，可以救我们自己啊"！张永和也在孙中山题写刊名的《南洋周刊》上发表"悼开国元勋孙中山先生"，文中说："先生逝矣！无家财，所遗者仅超绝之人格，庞博精深之思想，及辉煌之功业耳！当代权贵，若挟妓，若赌博，即上焉者亦年演寿戏；逐鹿权位，偶遭失意，则通电国中，饰言劳瘁，不去息影田园，即日念佛养亲，……。先生以好学之身，思想为我中华民众之先导。《建国方略》一书，释'知难行易'之真谛，倡筑二十万英里之铁道，以树物质建设之基；……虽弥留之际，犹复惓念此数事也。先生勉国民党人云：‘革命尚未成功，同志还须努力’。他循环诵之而心愈伤感焉。先生逝矣！后死者其猛醒”。此时的张永和已是共青团员、国民党交大区分部常委，即将转为共产党员，迎接张永和的将是中国第一次以产业工人为主力的反帝大风暴，中国的学生则是工人的有力支持者。张永和将经受这场斗争的考验。

1925年5月14日，上海“日内外棉七厂”工人、共产党员顾正红遭日本资本家枪杀，惨案发生后上海工人、市民、学生群情激愤。5月28日，中共中央决定在上海租界举行反帝大示威。张永和根据上级指示，29日请来上海总工会副主席刘华到校向学生报告惨案经过，以发动学生参加大示威。50年后张永和回忆说：“当时我有些担心，交大学生眼界很高，来做报告的都是头面人物，如胡适、叶楚伧、吴稚晖、郭沫若等。刘华是商务印书馆的印刷工人，可出乎意料，刘华的报告很实际，很生动，感动了学生，会上通过，5月30日全校罢课，参加游行”。30日清晨，张永和和400多学生齐集操场后向指定地点进发。下午，游行示威队伍在南京路上最繁华的地段发生了震惊中外的“五卅惨案”，包括交大附中学生陈虞钦在内13人被英国巡捕枪杀。惨案发生后，全市罢工、罢市、罢课，反帝浪潮席卷中国大地。顾正红被害后，中共决定由恽代英领导全市学生斗争，恽决定召开上海学生联合会紧急会议，18所大学代表和一些中学代表出席参加。张永和作为南洋大学学生会负责人主持这次代表会，代表们一致选举他担任上海市学生联合会执行委员会主任，出面组织上海学生运动。上海反对帝国主义的“五卅运动”形成的罢工、罢市、罢课一直延续到8月、9月才结束。在“五卅运动”的日日夜夜，张除了参加领导交大的斗争外，重点放在市学联，此时参加学联的上海大、中学校已达80多所，他天天要召开各校代表会；晚上他要参加恽代英主持的党团员活动分子会；有时还要参加市工、商、学联席会。

对市学联的工作，共产党的领导人李立三、贺昌很关心，亲自来指导工作。李立三发现学联内部比较乱，提醒张永和要充实内部组织，克服被动状态。李立三边谈边拟出一个办事分工的组织表给张永和参考，50

多年后张永和说:“我很缺少工作经验,受到一次难忘的帮助”。“五卅运动”期间,恽代英还要张永和回故乡云南,介绍“五卅运动”,张在云南发展了李国柱、陈祖武等加入共青团,中共十一届三中全会后,云南省委对此事评价是:“为以后中共在云南建党作了准备”。

“五卅运动”期间,徐家汇地区发展了一批共产党员和共青团员,成立中共徐家汇独立支部和共青团徐家汇部委(即区委),张永和任共青团徐家汇部委书记。张永和介绍南洋同班同学陆定一等先入共青团,后又转为共产党员。由于党员增加了,1925 年底,南洋大学成立了中国共产党支部,第一任支部书记由张永和担任。到 1926 年 2 月交大已有中共党员 10 人。

革命形势发展很快,反动逆流也在迅速滋长。国民党内存在代表不同利益的左、中、右派,环绕坚持还是反对孙中山的联俄、联共、扶助工农三大政策,展开了日益激烈的斗争。孙中山故世不久,1925 年 6、7 月间,国民党新右派戴季陶以理论家姿态出版《马克思主义之哲学的基础》等小册子,反对马克思主义,要求已加入国民党的共产党员“脱离一切党派,作单纯的国民党员”。11 月,国民党老右派邹鲁、谢持等在北京西山召开所谓“国民党一届四中全会”,非法宣布取消共产党的国民党党籍……。南洋大学内的右派和国家主义派乘机发动反对共产党,攻击张永和“把持南洋学生会及上海学联”,叫嚷要“改组上海学联”。这场斗争被社会称为“南洋大学风潮”,斗争结果,南洋大学学生会和国民党区分部仍掌握在共产党和国民党左派手里。

1926 年 7 月 3 日,南洋大学校长凌鸿勋在北洋政府压力下,召开审查学生品行会议,宣布 52 名学生“除名”。并向学生家长发出公函:“令该生自觅学校转学,下学期毋庸来校”。其中中共党员有 7 人。“除名”发生在暑假开始后,学生已分散时的突然袭击。中共法租界部委指派张永和、陆定一、肖之谦组织干部会,组成“被迫离校学生团”,提出“回到南洋去”,并在沪上报纸刊登启事,还召开新闻记者会,揭露校方以“莫须有罪名”对付学生,但终因学生们已离校分散,形成不了群众力量。受此打击，再加上因毕业而离校，暑假后交大中共党员只剩3人。1927年2、3月间，北伐军向上海进逼，南洋大学学生发动“驱逐”凌鸿勋校长，指责凌“六大罪状”，其中之一为“献媚军阀，无理开除同学”。凌鸿勋离职，国民政府派吴稚晖来接收南洋大学。

1926年2月，原徐家汇独立支部书记梅电龙调往上级机关工作，由当时还是南洋大学学生的张永和接任支书工作，“独支”下辖6个党支部（4个学生支部，1个工人支部，1个农工支部），共34名党员，张永和开始投入工农运动。张永和在徐家汇（现肇家浜路，天钥桥路口）开办工人补习班，由学生党员去当教师，在工人中发展党员，不到半年，百代唱片厂、五州肥皂厂的党和工会组织都有了很大发展，农民支部活动也从蒲汇塘扩大到周家桥、华漕一带。

三

1926年6月，张永和从南洋大学毕业，他实际上已经选择了“职业革命家”的道路。此时“徐家汇独立支部”已发展为“中共上海市法租界部委”，中共上海区委决定张永和担任中共上海市法租界部委书记。工作范围为整个法租界地区，龙华、漕河泾、法华乡以西农村地区。当了“职业革命家”的张永和，60年后他说：“当时我们所希望的是国家要独立，民族要解放，人民生活要改善，没有考虑个人怎样。每月只有5元～10元生活费，过的是供给制生活。根本不考虑什么级别待遇。领导来作报告也是不迎不送。”

张永和领导的中共法租界部委经过几个月的艰苦工作，上海法租界及相连的一部分华界到1926年底，共产党员总数已从9月份的50名发展到125名，分属16个支部，其中工人党员支部已有8个。工会会员扩大到2 000多人，还有其他群众团体，并联系二个国民党区分部。1926年10月下旬，上海工人举行第一次武装起义，法界部委没有接到军事行动任务，但要组织市民大会支持。这次武装起义以及第二次武装起义由于准备不足失败了。11月下旬，法界部委领导了抗议法商电车公司开除工人的罢工斗争，取得了胜利，成立了法商电气、电车、自来水工会，会员发展至900余人。1926年下半年，有一段时间张永和还受中共上海区委书记罗亦农的指派担任中共沪中部委书记，去公共租界整理基层党组织，但时间不长。

1927年2月，中共江浙区第一次党代会在上海召开，张永和当选为中共江浙区(即上海区委)执行委员。3月，中共上海区委负责人罗亦农决定调张永和任中共沪东部委书记。

上海，那个年代是中国产业工人最集中地区，沪东区又是上海产业工人最集中的地区之一。党把张永和从法南调往沪东任部委书记，这是对张的器重和信任。此时的上海由北洋军阀毕庶澄驻守控制，北伐军已逼近上海。3月21日，上海工人在陈独秀、罗亦农、周恩来、赵世炎等组成的特别委员会领导下，发动总罢工随即发起武装起义。史称:“上海工人第三次武装起义”。这天，中共沪东部委书记张永和按照上级指示组织沪东地区10万工人罢工，并以武装的工人纠察队为先导向闸北进发，一路上打垮警察所、署，缴了他们的枪，在天通庵火车站袭击了从吴淞开往北站的鲁军兵车，通宵激战，至天明在周恩来、赵世炎的直接指挥下，同兄弟武装队伍一起，攻下北火车站这个敌人最后据点。上海工人第三次武装起义经过30多小时的战斗，击溃了北洋军阀在上海驻军，占领了上海除租界外的地区，这是大革命时期中国工人阶级的一次壮举。张永和领导的沪东部委这时中共党员已达1 500余名，分属37个支部，有组织的工人群众10万人。

但是形势也在瞬息万变。上海工人起义胜利后，屯兵在上海南郊的北伐军白崇禧率部开进上海。两天后也就是3月24日，国民革命军第六军、第二军占领南京，游弋在长江江面的英美军舰借口“保护侨民”，突然猛烈炮轰南京，南京事件加速了蒋介石与帝国主义势力勾结的步伐。3月26日，蒋介石赶到上海，随即同帝国主义列强、江浙财阀、流氓头子进行秘密会谈。蒋派人向列强领馆“道歉”，声明将“火速解决南京事件”，“解除上海工人武装”。经过一系列的调动策划，4月初，蒋介石在上海召开秘密会议，决定用暴力手段“清党”，对中国共产党实行突然袭击。尽管蒋介石的反动面目已有暴露，但由于共产国际不赞成同蒋破裂，陈独秀致信中共上海区委提出“要缓和反蒋”。4 月 5 日，陈独秀又和汪精卫发表联合宣言，把“国民党领袖将驱逐共产党，将压迫工会与工人纠察队”说成是“谣言”。这个宣言的发表使一部分党员失去警惕。几天后，蒋介石突然动手，4 月 12 日凌晨，大批青洪帮流氓突然从租界冲出，袭击上海总工会等处工人纠察队。蒋介石收编的军阀孙传芳 112 部打着“国民革命军 26 军”旗号开来，声称“进行调解”，用先行收缴武装流氓枪械手法，使工人纠察队轻信受骗，打开大门，被强迫邀械，一部分进行抵抗，遭到镇压。上海总工会委员长、共产党员汪寿华早一天被杜月笙骗去，秘密杀害。13 日上午，上海 10 万工人、市民集会游行，要求释放被捕工人，交还纠察队枪械。行进到宝山路时，第 26 军突然从埋伏处冲出，向人群密集射击，当场打死 100 多人。蒋介石随之在各地“清党”，捕杀大批共产党员和革命群众。4 月 18 日李大钊在北京就义，侯绍裘（交大校友，中共江苏省负责人）4 月 11 日在南京殉难……。沪东地区许多党组织遭到破坏，党员被捕被杀，张永和按上级指示仍坚持在沪东地区战斗，组成“打狗队”惩罚凶恶的工贼、流氓、特务。7 月 19 日，张永和亲自组织指挥将捕房包探，也是国民党特务程海标击毙。翌日，上海报纸报导“华探程海标昨被仇杀”。但在行动时一名执行任务队员不慎被捕，张永和已不适合在沪东地区工作，王若飞通知张永和调离沪东地区去沪西任中共部委书记。

“4.12”政变，沪西区中共组织也遭到严重破坏，工作困难很大。张永和在静安寺附近租了一间房，方便工作，但工作不到 10 天，即被国民党“工统会”特务组织发现。一天张从住所骑自行车外出在小沙渡路上被一辆“工统会”成员小轿车拦下，欲将张绑架上轿车捕走。张永和在交大时曾受过军训，奋力反抗，引来了英捕房巡捕干预，张对巡捕说被这四人绑架并抢走几十元钱；“工统会”分子说：此人是赤色分子“共产党徒”。张机智地用英语与外籍巡捕对话咬定四人是绑匪，抢了他的钞票。巡捕决定将张及“工统会”分子带回戈登路捕房。在捕房，张称，是学生，不懂政治，被害者，被抢了几十元现钞。华籍巡捕向张“豁领子”，只说票面是中国银行的。“工统会”分子称张在“散发传单”。捕房又去现场调查，店铺里的人说“没有看到发传单”。于是捕房认定这是“绑票案”，移送会审公堂。会审公堂说可以请律师，上级领导王若飞知道了，决定请上海最好的大律师王一平出庭，但要200大洋，王若飞设法解决。星期一上午，几个“工统会”分子的作为“绑匪”嫌犯押上囚车，张作为受害人则与包打听一起坐公车到堂，张妻子端木丽和大律师江一平也均到场。提审结果，认定为“绑架案”，几个“工统会”分子收押，张永和作为原告开释。

1927年8月21日，上海《申报》以“租界内不能随便拘人”为题作了新闻报导:“前日某大学生万正春骑脚踏车，经过小沙渡路，被柏鉴臣等挡住，……柏自称‘工统会’密探，指万为共产党徒。欲曳万登停于路旁之轿车，驶往他处，经1135号华探查见，以租界内不能随便拘人，将柏等带入戈登路捕房。……移解临时法院，据中西探员到庭禀称:被告等是否工统会密探，无从知悉。周推事向柏质讯一过，谕令收押。”几天后“工统会”在《新闻报》上登启事说那个姓万的就是共产党张永和。1990年11月，张永和在回忆此事说:“如果被抓走，恐怕难以生还”。

“绑架”事件后，张永和已不能在沪西地区工作，组织上决定调张去省委机关工作，任宣传部秘书，宣传部领导先后有王若飞、李富春、刘伯坚。机关地点在辣斐德路(现复兴中路)。1928年初，中央决定调张永和去汉口参加恢复中共湖北省临时工委工作，同去刘绍猷、余泽鸿。行前周恩来找三人谈话，宣布刘任书记，张、余为常委。年底张永和回上海向中央汇报工作，周恩来又找他谈话，调他去云南担任中共云南省临时工委委员。

四

1929年初，张永和从上海回到故乡云南，为恢复云南被破坏的党组织而努力。1930年4月，云南地下党出了叛徒，供出省委负责同志和机关住址，敌特随即抓捕地下党员。5月初，张永和从上海回昆明(去上海为营救其弟)，住在昆明钱局街党的工作据点，张不知道省工委机关已遭破坏。4日，敌特到该据点抓省工委另一成员未获，临走时适遇张从厕所中走出将其逮捕，敌人审讯中张永和承认自己是共产党员。云南省委组织部经过多年认真审查结论是："未供出上海、云南地下党的其他同志和机密。1932年初经张冲同志冒认为兄弟，假释出狱，出狱时他按敌人规定，写了"悔过书"。据本人交代和报刊印证，内容大意是："自幼读书，年长到省外游学，学习工程等，听信马列主义，阶级斗争学说。钻牛角尖，这是错误的。"张冲保释前，张永和被判了3年徒刑，已坐了2年牢。由于云南省地下党组织遭到严重破坏，张出狱后与党组织失去联系，张回到泸西县搞水利，亦曾和别的失去联系的同志商量派人去上海找党组织，但没有联系上。1935年9月，云南地下党恢复重建，省工委又与他取得联系，但党籍问题没有解决。

1937年抗日战争爆发，张永和经组织同意到张冲任师长的滇军184师任政治部主任。这个师随即开赴山东、湖北抗日前线。1938年，张永和按张冲要求去武汉八路军办事处找到罗炳辉，要求派进步青年到184师工作，经周恩来、董必武同意先后派了一些党员到184师工作，建立了地下党支部。支部组织军官阅读进步书刊，办了《抗日军人》小报，灌输革命思想，发展进步力量，为184军于1946年在东北海城起义打下思想和政治基础。1939年6月，184师内中共地下党支部活动被敌特查觉，受到监视，中共地下党员先后撤离，师长张冲被撤职，张永和也不能立足乃回到云南，与党组织又失去了联系。

1940年，张永和在泸西任县教育科长、师范学校校长，他聘请一批中共地下党员和进步人士任教，校中订阅《新华日报》、《群众》等进步刊物，对学生影响很大。后来许多学生参加游击战争。在全校大会上，张永和公开评击国民党的黑暗反动。1940年12月，有人向教育厅举报张永和"心性赤化，曾被捕下狱，不知自侮，仍欲施行赤化教育，反对政府"。1946年10月，云南省警务处密令："据报泸西县云兴乡张永和……继续活动，企图不轨，希即密查具报”。1947年，国民党云南省党部向昆明市警察局密令：“张致中……从事异党活动。肆意攻击党国，煽动民众，反对政府”。1947年5月，云南省政府又发快邮代电指张永和“34年12月1日(即12.1学生运动)，不但不予禁止，反在幕后主使罢课”。对张永和的这一段历史，云南省委组织部1985年的审查意见为：“在敌人不断监视、通缉下，仍无所畏惧，积极进行革命活动，这是难能可贵的”。1948年，云南地下党发动游击战争，张永和毅然投身武装斗争，并于同年11月底重新加入中国共产党。在云南省解放前，张永和担任泸西东山区工委委员，泸西县临时人民政府县长，弥泸地区专员公署副专员。云南解放后任曲靖专署秘书室主任。1951年至1953年任专署文教科长。1953年至1977年在云南第一工业学校，云南工学院任教。1977年退休，后改为离休。

五

1951年张永和参加云南省委党校整党学习，因1930年在昆明被捕，出狱时写过悔过书，定为“叛徒行为”，受到开除出党处分。

1966年“文革”期间，康生又点名张永和为“1927年‘4.12政变’后叛徒”。这就是说从1951年起直到1982年云南省委党校撤消对张永和“开除党籍”处分，30年间张永和一直戴着“叛徒行为”和“叛徒”帽子过日子。

叛徒问题，中国共产党从建党时起，一直是一个客观存在的严重问题。在阶级斗争极其激烈残酷，你死我活的革命时期，共产党内部出了叛徒，对党造成的破坏和危害是极其严重的，一个基层，一个地区，甚至一个省市的党组织可能遭到破坏、解体，不复存在。党员和革命者因叛徒的告密，指认而遭到逮捕杀害，代价惨重。因此中国共产党内对叛徒历来是深恶痛绝的。但叛徒并不是写在脸上的，特别是当上叛徒的初始阶段，常常或受敌人指派再次混入党内进行破坏，或带上敌特搜捕党员和革命者。叛徒在中共党内和人民群众眼里是极其可耻的败类。正因为如此，中共对被捕释放或发生特殊情况的党员在地下斗争年代一定要进行严格的审查，这是完全必要的。解放以后，虽然已处在执政党地位，但对历史遗留的问题，在战争环境下，以及地下党状态下难以搞清的问题，继续要进行审查也是完全正确的。但是对干部的审查也确实存在“左”的指导思想影响，偏离实事求是的原则，罔顾事实，上纲上线，遇上审查主管机构，经办主持人见风驶舵，好大喜功，这就发生了冤假错案。发展到“文革”，对“叛徒”问题的审查走向了扩大化，林彪、“四人帮”、康生之流利用这个问题陷害刘少奇为“大叛徒”，抓所谓“叛徒集团”就是实例。“文革”年代到处抓所谓“叛徒、特务、走资派”，制造了大批冤假错案。

定为叛徒是要以事实为依据的，云南省委组织部 1985 年审查报告：“关于康生说他‘4.12’后作了叛徒问题。‘文革’中进行了认真的调查，先后找了 162 个查证，并多次到上海、北京、南京、武汉等地查阅了敌伪档案和报纸，均未发现张致中被捕叛变。当时和他一起工作的同志证实，1927 年 4 月 12 日至该年 8 月，他任沪东区委书记期间，区委机关未被破坏，张仍坚持做党的工作，以后在沪西区(仅九天)，中央机关和湖北省委工作期间都没有发现被捕和叛变。说明这是康生对他的诬陷”。张永和 1927 年在上海工作期间，参加上级党召开的地下党部委书记会，见过康生，但不在一起工作，也无往来。康生在“文革”期间的特长是，想打倒哪一个老革命，甚至是老部下、老朋友，就信口开河指其为“叛徒”。交大的老校长、老书记彭康，“文革”期间就被康生诬为“叛徒”，被造反派在游斗路上活活斗死。

关于 1930 年出狱时写“悔过书”问题。省委组织部审查报告称：“1930 年 4 月，云南地下党出了叛徒，供出省工委负责同志和机关住址，敌特随即抓捕地下党员”。张从上海回来遇上被捕。报告结论：“1930 年被捕，虽然在悔过书一事上有错误，但未供出党的组织和重要机密。脱党后积极找党，在白色恐怖下继续从事革命活动，为党做了有益的工作，1948 年后又毅然投身武装斗争，并重新加入共产党，他的一生是革命和进步的”。人无完人，张永和也不是完人。1932 年写的那份应付出狱的“悔过书”，虽然以后的实践证明他“仍然坚信马列主义，始终不渝”。但登了报，还是造成了不好影响，因此结论称是“错误的”，但不是“叛变行为”、也不是“叛徒”。这份信仰没有悔过的“悔过书”，换取了提前一年出狱，却带来了解放后 30 年的墨面生活。云南省委组织部的结论：“他的一生是革命和进步的”。这句话张永和期待了 30 多年，终于在 83 岁健在时听到了。1992 年 12 月张永和逝世，他所在单位云南工学院党委对他盖棺论定：“张致中同志，无论是在国民党监狱中，还是在解放后受错误处理，‘文革’中又被康生诬陷迫害，身处逆境，仍然坚信马列主义，始终不渝，体现一个老共产党员的高风亮节”。

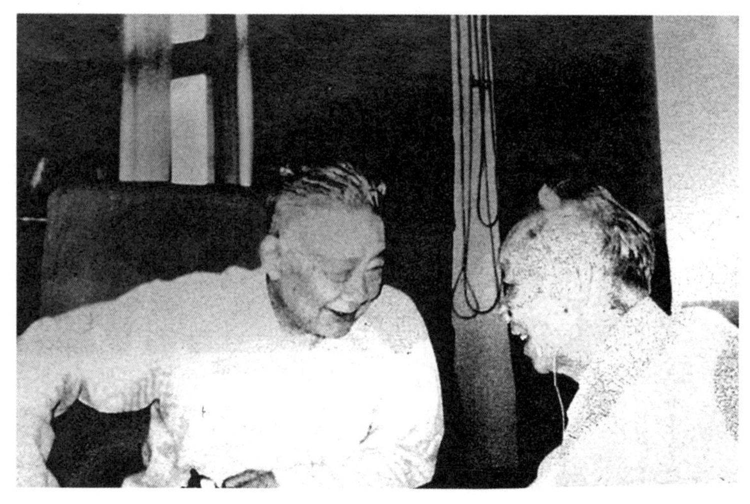

1986 年张永和(右)与分别半个世纪的陆定一在北京相聚

1985 年，省委组织部征求张永和对“结论”的意见，张永和说：“我参加革命时是交大学生，直接领导我的贺昌等同志前后都牺牲了。报告反映了实际情况，我没有意见。我现在年岁大了，耳也聋，眼也不行，讲多了也是放空炮。我们国家在发展中，儿女们追求进步，生活自立，没有挂靠。待遇上我没有什么要求”。

张永和 1977 年已经退休，以后改为离休，这时他已八十老人，不可能再担任实际工作，云南省委安排张永和任云南省政协第四届、第五届

委员。

1992年，张永和收到上海徐汇区委党史研究室寄来《中共上海市组织史资料》一册，他在复信中写道："我很庆幸能够看到上海市现在生机蓬勃地无限变化发展。张永和，时年九十，1992.1.13"。十一届三中全会后，张永和曾于1980年、1986年两次去北京，也会见了陆定一等交大老同学、老同志。但是没有能来上海，看看当年读书和走上革命道路的交通大学；看看五卅运动时他领导交大学生走过的南京路；看看他战斗过的徐汇区、卢湾区和杨浦区，看看他参加武装起义攻打的天通庵火车站旧址；看看他被工特绑架的现场……。特别是没有能亲眼看看母校的巨变和上海新貌。或许这是张永和晚年留下的一个遗憾。

老交大体育名师韩国人申国权教授*

一

1932年,交通大学体育主任申国权教授向黎照寰校长申请去美国,参观在洛杉矶举行的第十届世界奥林匹克运动会,以“考察所得,用作发展交大体育参考”。视野开阔的黎校长当即批准并补助旅费。1932年7月30日,洛杉矶奥运会开幕,第一次参加奥运会的中国体育代表队共6人。入场次序排在第八。高举中国国旗的是中国队唯一参赛选手刘长春,他走在最前面,随后是领队、中华体育协进会总干事沈嗣良,接着为刘长春的教练宋君复、中国留美学生刘雪松、交通大学体育主任申国权,最后是上海西青体育会主任美侨托平。从此,中国人开始了漫长的奥运之梦。

76年后,奥运会在北京举行,来自希腊的奥

* 本文写于2008年7月,收入《交大老教授》(上海交大校史研究室编,上海交通大学出版社2012年2月出版)。

运圣火经历五大洲后在中国各省市传递。2008 年 5 月 24 日，上海的一站选在交通大学闵行校区内传递，62 位火炬手中：有交大校长、老师、学生、院士；有上海知名人士、工人、店员、企业家；有外省市的代表性人物；还有外国人，他们共同谱写“同一个世界，同一个梦想。”

为什么奥运圣火要安排在交大校园内传递？传媒没有作详细的说明。是交大校园美丽？是交大人热爱体育？是交大新校区象征中国新的发展？……在一所大学校园内如此规模传递，或许奥运史上迄今为止是独一无二的，这个“为什么”？会有这样和那样的解释，猜想，评论。或许有一种猜想：为了纪念 76 年前出席奥运会、在中国传播奥运精神的先驱者之一、老交大体育主任申国权教授。

申国权在交大读了 8 年书，工作了 14 年，是老交大的体育名教授，他热爱体育，热爱交大；老交大的老师和同学也都喜欢他。

二

1896 年，申国权生于汉城。这一年也是奥林匹克运动会的诞生年，又是交通大学的建校年。三个“1896”，如此巧合，申国权与奥运、与交大结了“缘”，有“缘”的“梦”是一定会圆的。

申国权的童年和少年亲身经历日本对朝鲜的步步侵略，1910 年朝鲜沦为日本殖民地，半岛上人民不分南北奋起反抗，从 1910 年至 1920 年，流亡中国的朝鲜人达 20 万之多。在流亡浪潮中申国权到了上海。1915 年，他考入南洋大学附中读书，1919 年，升入大学部电机科学习。1922 年的南洋大学（当时交大校名）学生名册上申国权填写的“籍贯”为“吉林穆稜”，成为中国籍学生。当年和他同窗的有以后担任交大校长的朱物华院士，中国电机科学的元老钟兆琳教授等。但是申国权的学习兴趣却不在电机工程上。

身材高大，全班第一，风度翩翩，英语讲得十分流畅的申国权，钟爱的是体育。足球、篮球、棒球、网球、田径几乎样样是个好手，尤其足球，他踢中场，在与上海、江浙各大学以及其他系统足球比赛中，叱咤风云，屡建奇功，为学校争得很多荣誉，深为唐文治校长赏识。唐老校长在上海滩声望很高，儒学权威，西学积极引进者，又是一位体育迷，当时他已二眼失明，但还到足球场上“听”足球比赛，为南洋公学足球队鼓气加油。他资助申国权的学习和生活费用，鼓励他参加体育活动。1920 年冬申国权被选为南洋大学体育会长，1921 年 9 月，又被选为南洋大学青年会长。

由于申国权为南洋大学争光，威信很高，形象又亮丽，被校内同学和校外体育圈子里的人称为“南洋君”。1923 年，一位同学一本正经戏写了一篇题为“南洋君传”的调侃小作，刊载在“南洋大学年刊”上。文中说“南洋君侨居南海之南洋群岛，南宫万之后裔。前清其先祖应南洋大臣之召……遂随先祖来申，考入南洋附属小学读书，……越十有余年，乃毕业于南洋大学”。这篇戏作，把“南洋君”外形描绘成“脚着南洋盛一皮鞋，乘南洋汽车有限公司汽车，……戴南洋钟表公司手表，……与某女士结婚，曾作南洋蜜月旅行，……”，不到 500 字的小”传”，竟出现了 30 多个各式各样的南洋专门名词，却没有一处说南洋君就是申国权。配的一张半身照可又是申国权的，照片说明上又回避了“申国权”三字。隐去的申国权在“南洋君传”上俨然成了从南洋归国的富裕华侨。为什么要把申国权包装成南洋华侨？申国权考入交大后就参与组织“上海韩人留学生会”，这个组织反对日本殖民统治，争取朝鲜民族独立。南洋大学的校方、老师、同学知道他生在汉城，那时朝鲜已被日本灭亡，已没有独立的国。申国权说是中国人，校方也认可他是中国人。交大档案馆保存的教职员履历表和学生名册上他就是中国人。“南洋君”的外号也被引伸为南洋华侨，应了那句“假也真时真也假”。

1923 年 1 月，申国权决定放弃从事电机工程的学业，改为他热爱的体育事业，在学校办理了肆业手续。春天他入选中国国家足球队，夏天赴澳大利亚参加足球国际比赛。在澳大利亚期间，南洋大学于 9 月 12 日召开的校务会议决议：“申国权回国后充任体育教员”。秋天他回到母校担任体育教员、代理体育主任。1924 年，申国权和在上海的韩国青年发起成立“上海韩国青年同盟会”，从事争取民族独立的地下活动。1925年春，上海爆发了反对帝国主义的“五卅”运动。交大学生陈虞钦在南京路上被英国巡捕枪击，申国权闻讯后，立即赶赴医院、通宵守护，次日陈虞钦逝世。作为教师、校方人员申国权写了“陈君受伤后情形”和“血衣状况”两篇第一手见证材料和聂光墀写的“五月三十日惨杀始末”、骆美轮写的“陈君惨杀事略”，经学校提供给中国外交部作为交涉证据。申国权并担任学校“陈虞钦被难善后委员会”委员。

“五卅”运动后，申国权决定赴美国欧柏林大学攻读文学和体育。1927年，他拿到二个学位后，离开美国回到幼时离开的汉城，在延禧大学（现名延世大学）担任体育主任。在日本殖民统治下的汉城，他待不下去，到了沈阳。1929年，申国权受聘担任张学良任校长的东北大学体育科教授。在东北大学，他认识了以后担任刘长春教练的宋君复。1930年8月，他接受交大黎照寰校长的请，回到母校担任交通大学体育馆主任兼体育主任。

三

申国权担任的职务前为“交大体育馆主任”，后为“兼体育主任”，显然“体育馆主任”的份量比体育主任更重。为什么？这要从交大体育馆说起。

1925年，申国权已是交大体育主任，交大新的体育馆正在建造。在他赴美深造后不久，新馆落成了。

交大新体育馆当年在上海是耀眼的，是交大的“明珠”，在中国各大学中也是独一无二的，即使和社会上专门体育馆相比也决不逊色。

交大体育馆是一座三层结构的钢筋混凝土建筑，建筑面积2957平方米。底层为健身房、台球房、更衣室、淋浴室、办公室；二层可供篮、排、乒乓比赛的室内场地及会议室，赛场南端设计了一个小型讲台；非常巧妙的是三层乃是一条环形室内跑道，下雨天可作教学训练用；球类比赛时向下俯视就成为环形看台。体育馆屋顶采用大面积玻璃天窗，白天比赛、训练、教学都不需要开灯，20 世纪 20 年代设计者已想到“环保节能”。晚上如比赛，从校门处遥远看去，屋顶透出灯光，煞是好看，直到今天还是交大一景。与体育馆西侧相连建有一个室内温水游泳池，即使冬天也可上游泳课和供师生游泳。“温水游泳池”在 20 年代的上海也只出现在个别外国人俱乐部，中国人办的大学内是绝无仅有的。

如此体育馆，黎校长要找一位既懂行又能力强的馆主任成了必然。黎校长终于从东北大学把申国权吸引回母校。

在申国权离开母校的 5 年(1925—1930 年)，交大体育运动有点停滞，与外校的锦标赛成绩江河日下，一度称雄沪上的足球队几乎逢某校必输，江南八大学的运动会名列三甲之外。在普及方面也不够有力，一些高年级学生和不爱体育活动的学生被称为“老爷们”。申国权上任后采用普及体育和争夺锦标并重的方针。他在校内组织各种运动队开展比赛，把学生吸引到运动场上，自己身任田径、足球、棒球、篮球等 5～6 个运动队的教练。运动员因比赛脱了功课，申国权想方设法为之补上。1931 年 2 月 21 日，上海《申报》“青年园地”栏专门报导了交大为运动员补课办法：“聘请导师多名，课外教授学生，每一导师至多教授 5 名，将运动员所缺功课复授一遍，其功课内习题亦代运动员讲明，使其成绩不至于落伍”。在申国权和其他体育教师的努力下，交大体育又恢复了当年虎虎生气。

1932 年 6 月 24 日，申国权离开上海参加洛杉矶奥运会，10 月 14 日回到上海。三天后他即在全校纪念周会上用英文作了一次参加奥运会的经过及感想的演讲。申国权说：“开幕礼于 7 月 30 日在大会场举行，会场之大，座位十万五千，参加者 39 国，运动员约二千人。我国以一刘长春代表 4 万万人，为我国第一次之代表”。“中国四万万人中仅一刘长春出席，相差不亦太远哉”，“我国运动如再不景气，则十一届奥林匹克时不知如何解决也”。申国权的结论是“教育与运动，实有莫大关系，吾国仅谈其德智，对体育一道则均略视之。故无论何事均不能与泰西各国抗衡”。报告要点译成中文刊载在 19 日《交大三日》。申国权的奥运报告，从此开始了交大几代人的奥运之梦。申国权在美国期间看到了美国大学的体育运动奖励制度。1933 年 5 月 30 日，他主持召开学校体育运动会议，决定从下学年开始由各学院指定每周一小时的普及运动训练时间，由体育馆派 1 人指导，并分团体和个人进行奖励。1934 年 9 月 26 日，《申报》报导，“交大提倡体育普及运动，每个学生须接受体能训练，跑、跳、掷、泳中任择一种，四年修业内测验必须及格，否则不予毕业”。“一年级学生必须每周上一小时体育课，其他年级必须参加球类、田径和国术中之一种运动。”“团体竞赛，每季一次，全体学生必须参加”。从《申报》的报导可见，交大对体育教育的重视和作为体育主任申国权教授抓体育教育的认真和繁重。

1937 年 7 月抗日战争爆发，8 月 27 日起，每日均有日机多架在校园上空低飞侦察。9 月 18 日，一枚流弹飞过图书馆上空，落在南洋模范中学内。10 月 4 日上午，更有 5 架日机在学校上空飞来飞去，学校警报大鸣。在如此严重危急形势下，教育部仍不同意交大内迁，学校乃决定搬至法租界，借在震旦大学、中华学艺社、科学社等处坚持教学。11 月 12 日日军占领上海，12 月 30 日日本宪兵队侵占交大徐汇校园。战时交大的体育教学已没有徐汇校园那样好的场馆与设施，困难可想而知。申国权对学生说“国家存亡时，更应注意体育，以在需要时为国效力”。面对困难局面，1939 年学校成立 15 个委员会，分别负责教学和各项管理，申国权参加了其中 5 个委员会。交大在租界办学坚持到 1941 年 12 月 8 日日军偷袭珍珠港，太平洋战争爆发。日军随后进占租界，1942 年 8 月 18 日汪伪政府决定接管借在租界办学的交大，申国权乃决定离开交大。

四

上海是韩国人民反对日本军国主义的重要基地之一，1919 年 4 月 11 日韩国的仁人志士借在上海成立大韩民国临时政府。有材料称申国权很早就参加大韩民国临时政府领导的独立运动，并长期成为独立运动资金往来的中转者。交大学生和以后的教授身份成为他地下活动的最好掩护。离开交大后，他从事反对日本和韩国复国的秘密活动。日本投降后，申国权回到汉城曾担任韩国体育会副会长，并作为韩国体育代表团副团长参加伦敦奥运会。1948 年 8 月 15 日大韩民国正式成立，申国权曾担任大韩民国驻上海总领事。1965 年在韩国病逝。

日月如晦，日本横行的年代，申国权在上海交大读书 8 年，任教 14 年，他将参加洛杉矶奥运会考察到的经验，带回中国，带到交大。他认为美国大学体育的普及和竞赛之蓬勃，乃奥运会夺冠原因之一，他把普及与竞赛并重体育理念引进交大。采用学生运动员由于参加竞赛而脱课由学校帮助补课等有效的方法……。从申国权主持交大体育开始，交大主管体育的校系负责人一直认真实行普及与竞赛并重的理论和教学法，交大体育得以长盛不衰。

今日交大，学校中心已转到比徐汇校园放大十倍的闵行新校区。美丽的校园，漂亮的建筑，拥有 6 000 观众席的室内体育馆，6 000 观众席的光明体育场，还有游泳池、网球场……。来自希腊的奥运圣火能在上海交大校园内传递，老交大的一代体育名师申国权教授虽然没有能看到，但他和交大几代人的奥林匹克梦是实现了。

故人已驾仙鹤去，此地长留思念情。

钱学森的系统科学思想*

20 世纪中叶以来，世界科学技术突飞猛进，标志性的突破是高性能计算机的登场和普及，宇航和登月的实现；同时社会结构也发生了深刻变化，经济全球化，信息社会的出现，资本主义国家和社会主义国家，发达国家和发展中国家的内部关系和相互关系也出现了新的情况。马克思主义哲学必须与时俱进，丧失活力的理论将被人民群众抛弃，曾独占马克思主义，开口闭口要保持“纯洁性”而实际上思想已经僵化，社会已经停滞的苏联最后以解体告终。中国也曾经一度出现用“句句是真理”、“顶峰”论代替马克思主义认识论，对立统一规律则演释成“斗争哲学”，“抓主要矛盾”变成“以粮为纲”、“以钢以纲”、“以阶级斗争为纲”，甚至绝对化到“一抓就灵”。那个年代唯物论辩证法的走样给中国带来了落后和灾难，已是不争的一页历史。

20 世纪 70 年代末真理标准的讨论，马克思

---

* 本文写作于 2005 年 3 月 25 日，原刊于上海《文汇报》。

主义哲学在中国又恢复了活力和科学。就在此时，长期领导、组织我国国防科学技术，并且取得巨大成就的科学家钱学森 1991 年在一次隆重严肃的会议上宣布："我认为今天科学技术不仅仅是自然科学工程技术，而是人认识客观世界、改造客观世界整个的知识体系，而这个体系的最高概括是马克思主义哲学。我们完全可以建立起一个科学体系去解决我们中国社会主义建设中问题"。"我们是把马克思主义的认识论与现代系统工程的认识方法结合起来，这是件了不起的事"。钱学森讲这段话时已然胸有成竹。他提出的思想是建筑在科学技术的最新成就和深刻观察了中国社会和国际社会的发展变化基础之上的。如果说从钱学森 1978 年 9 月在《文汇报》发表"组织管理的技术——系统工程"算起，钱学森研究和创造"一个科学体系"迄今已有 27 年了。当许多人以为钱学森还在研究力学、导弹、航空时，他却说研究这些"已经是从前的事了"。事实上，钱学森 20 多年来已把他的主要研究精力放在创造"一个科学体系"上了，他发表了很多关于"一个科学体系"的论著，还举办一系列的讲座和研讨会，他把创建的"一个科学体系"定名为"系统科学"，并且认为可以和"自然科学"和"社会科学"并列在同一层次上。

"系统工程是个新生事物，说法不一。我们一定要从马列主义、毛泽东思想出发，不能一味跟外国人走；他们搞不清的，我们应该努力搞清楚"。这是钱学森研究系统科学的科学态度。钱学森认为"首先应该搞清楚'系统'这个概念"。"系统就是由许多部分所组成的整体，……具有特定功能的整体，……本身又从属一个更大系统"。"系统工程就是从系统的认识出发，设计和实施一个整体，以求达到我们所希望得到的效果。称之为工程，就是强调达到效果，要具体，要有可行的措施，也就是实干，改造客观世界"。"不能光空谈系统，要有具体分析一个系统的方法，要有一套数学理论，要定量地处理系统内部的关系"。钱学森关于系统、系统科学、系统工程的许多思想在马克思主义经典作家的书上是找不到的；当代马克思主义哲学家的著作以及现在大学哲学教材中也是没有的。这是什么？这是马克思主义认识论的新发展，"改造客观世界"方法论的新发展。但是,钱学森自己一再说,他是在马克思主义指导下对系统科学进行的研究。

钱学森系统科学研究的重大贡献之一是提出“开放的复杂巨系统”概念,他在进行深入分析后进而提出开放的复杂巨系统的“研究方法”。钱学森说:“实践已经证明,现在能用的,唯一能有效处理开放的复杂巨系统(包括社会系统)的方法,就是定性定量相结合的综合集成方法”。通常就是科学理论、经验知识和专家判断力相结合,提出经验性假设(判断或猜想);而这些经验性假设不能用严谨的科学方法加以证明,往往是定性的认识,但可用经验性数据和资料以及几十、几百、上千个参数的模型对其确实性进行检测;而这些模型也必须建立在经验的实际理解上,经过定量计算,通过反复对比,最后形成结构。钱学森说:“这样的结论就是我们在现阶段认识客观事物所能达到的最佳结论。是从定性上升到定量的认识”。“不能空谈系统,要有一套数字理论,要定量地处理系统内部的关系”。钱学森高度评价计算机的贡献,他说:“没有电子计算机的巨大计算能力,系统工程的实践将几乎是不可能的”。

钱学森著《智慧的钥匙》在上海书城首发式后

与钱永刚(钱学森之子左一)在休息室留影

毛泽东的“矛盾论”核心理论是要用对立统一的观点认识世界。钱学森的“系统论”要把自然与社会看成各种系统，从简单系统到开放的复杂巨系统同时提出认识“系统”的方法论。这是马克思主义哲学认识论的与时俱进。

汪道涵市长的学者风度*

2005 年 12 月 24 日，汪道涵同志在上海逝世。汪道涵同志曾就读交通大学，曾担任过上海市长，又是上海交大的教授，20 世纪 80 年代曾经有机会因交大的事，直接感受到汪市长待人处事的学者风度和高瞻远瞩。下面写的是一个基层干部眼里的市长、长者、学者的汪道涵同志。

一

1980 年中央调汪道涵同志任上海市长。那时的上海清查"四人帮"余党和落实各项政策将近尾声；面临的局面是积欠太多，百废待兴。人民企盼国家实现四化，上海发展振兴，家家生活提高。上海市长是很难当的。

三四十年前"少小离家"的上海人，在祖国开放的号召下，又纷纷回到故乡探亲访友，或考察环境，或寻找商机。映入他们的视觉，上海的外

* 本文写于 2005 年 12 月 28 日，收入由上海交通大学编，上海交通大学出版社 2007 年 1 月出版的《怀念汪道涵》一书。

形没有多少变化，时间好像凝固了，标志性的建筑还是那幢30年代建在南京路上的“国际饭店”。陈旧的街道，贫困的棚户，从前是这样，现在还是这样。地处徐家汇的上海交大也还是那个不大不小的校园。拥挤的教室、拥挤的宿舍、拥挤的食堂、拥挤的实验室，学校无法扩大招生满足人民对名校的期望，无法满足各方对交大毕业生的需求，也无法满足教师们的育人潜力得以释放。

80年代初，交大的管理层已认识到如不扩大校园，如不扩大招生，学校就没有出路。但“路”在何方？最理想也是最受教职工欢迎的是动迁相邻的棚户区；不然就得向郊区征地建一个新校区。于是，问题就报到教育部及上海市委和汪市长面前。交大要跨出的这步棋，对交大而言无疑是件大事，对上海市讲也并非小事。汪市长为此在康办小会议室召集专题会议，听取交大对学校规划的汇报。市委分管文教的夏征农副书记及教委党委陈铁迪书记还有市计委、高教局等负责人都到了。校党委书记邓旭初带领副校长孟树模和我参加。我们带去了校园平面图，汇报了困境和期望。汪市长则谈了上海发展的宏观思路，希望交大在此大背景下考虑扩大校园的选址问题。这不是一次“拍板”会议，交大同志的发言即使非常激动，他也以一种学者风度耐心倾听。经过这次会议，从交大讲了解了市委市府的意图；相信汪市长和市有关部门也对交大走出困境的急迫心情有了深刻印象。

会后，我们对动迁周边棚户的可能性又一次进行深入的调研。结论是即使把那时每年国家可能拨给交大的基本建设费，不买实验设备，不建教工住房，不造学生宿舍，全部用上，再翻上二番也没有可能动迁上海出名的紧密型棚户区。为什么？如要大面积动迁棚户区居民，必须先在郊区征地建“动迁房”，安置动迁“居民”。为建“动迁房”第一步顺序是征地动迁“农民”。如此折腾下来不知何年才能拿到周边土地。而且就算拿到一百亩相邻的土地，也是“杯水车薪”，根本满足不了交大千亩以上的“饥渴”。在这种情况下，学校又去了青浦、梅陇、莘庄、闵行等处实地的调查，最后在市规划部门引导下才下决心在闵行征地建一个新校区。

但此时学校内仍有不少人持反对态度，好在领导班子取得了统一认识。1983 年 4 月 16 日，学校终于向市政府写了书面正式报告，请求批准在闵行征地 1 500 亩建一个新校区；6 月 20 日又以同样内容上报教育部。主管交大的教育部于 7 月 20 日很快批复同意。落实征地的关键又回到上海市政府。

1983 年 9 月 2 日，汪市长在外滩市府小会议室召开“市长办公会议”，专题审议交大闵行新校区问题。除了各位副市长出席外，市计委、建委、规划局、教委、高教局的负责人也都到了。交大派了党委副书记陆中庸和我列席。这是一次具有“拍板”性质的会议。汪市长宣布开会后，我们汇报了交大的情况和要求。副市长和有关部门领导热烈发言，情绪激动，既支持交大新建校区，又集中到一点，说他分管系统内分不到交大毕业生，有点“牢骚”。汪市长也很兴奋说：“交大二部，三年前就定在闵行，你们有想法，当时就提到拆迁困难。发挥交大现有潜力，出发点正确，我们要支持”。会议形势很好，我说交大对在闵行征地建二部认识迟了一点，现在认识了，下了决心，1987 年全部一年级新生要在新校区入学，请市里支持。经过一阵讨论，汪市长总结：“交大要统盘规划，分期投资，总的支持你们”。

会后，市府办公厅发了一个此次办公会通报。市里有关部门一路开“绿灯”，闵行新校区“红线”外的道路、上下水、电、煤气、通讯等市政配套 3 500 万元全部由市政府承担。3 500 万是什么概念？闵行校区第一期征地费用总计也没有超过 2 000 万人民币。1985 年 7 月，在闵行新征的一片农田上举行开工典礼，倪天增副市长代表市政府出席，他说：“虽然交大说是扩建，实际上是新建一所万人大学”。

过了 2 年，1987 年 9 月闵行新校区第一批校舍建成，实现了本科一年级 2 600 名新生在闵行新校区入学目标。过了不久，已从市长职位退下来的汪道涵同志特地来到闵行新校区视察，我陪他在校园内参观。当我们在“中院”教学楼上远眺校园外周边环境时，汪老忽然对我说：“那次我要你们多征点地，交大发展需要啊”。这是一位对中国教育发展有真

汪道涵(右)在闵行新校区与交大何友声书记在一起

知的市长,在市政府财政还非常困难情况下的决策,也是一位学者的远见。今天交大闵行校区的发展已达5 000亩校园,3万多在校学生,完全证实了汪老的预见。

二

1983年,交大决定成立"南洋国际技术公司",并决定我兼任总经理。年底,我和管理学院杨锡山教授、科研处张炳钰处长、外事处张光曜处长一起访问香港,寻找商机。行前,香港中文大学潘光迥博士和冯公弼先生正在与张处长讨论交大和香港中大合办每期3个月左右的"高级企业管理干部培养班",方案是"上海招生,深圳上课,香港实习",但一直难以落实。因此我们一到香港就被热心教育的潘博士"抓"住了,邀我们访问他的办公室,听他组织的课,直至参加有学员参加的"圣诞派对"。按学校分工,我不管教学,但"高企班"对象是企业干部与南洋公司似乎有点关系,在报告学校后,我被"拖下水"了。任务是如何把这个当时急需的现代企业干部培训班办起来,充分发挥这个班"高层次"(参加学员)、"请进来"(海外教授)、"派出去"(去香港实习)的特色。

在改革开放的起步年代，上海要组织近百人的队伍去香港深入工厂、公司、酒店实习二周，难度极大。邀请十多位香港、美国、欧洲的教授来上海讲课，邀请手续和接待工作也非易事。此事必须取得上海市政府支持和批准，否则一切免谈。于是报告汪市长取得支持同意后，又和中文大学潘博士协商，将办班地点从深圳改到上海。就这样经过紧张筹备，终于办起来了。第一期学员 70 多人。香港中大李卓敏校长还专门来沪和学员见面。我记得每当这个班的外籍教授来沪，凡交大提出请汪市长接见，汪市长总是答允，从未拒绝，我记不起来有多少次。每当汪市长和海外教授讨论一些学术问题时，他是那样的认真、谦虚和透露出渊博的知识，陪同在旁的我得益匪浅。当培训班进入最后一个环节，要赴香港实习两周，这在当时是不折不扣的“创举”。香港方面也是第一次接受如此多“从内地来”的企业管理干部实习。汪市长十分重视，派市财贸党委潘其昌书记当团长率领学员去香港。现在某省委书记、某全国性商业银行的一把手等都曾经在这个班学习过。以后交大又和香港中文大学合办了“旅游管理干部培养班”。这两个班一共办了 16 期，参加学习的近千人。这是改革开放初期，在汪老支持下上海交大和香港中文大学联合开创的一条培养企业管理干部的成功的办学模式。现在这类性质的中外合作的培训班，已经遍地开花，但追索源头是和汪市长的支持和“浇灌”分不开的。

三

1932 年，18 岁的汪道涵以高分考入交通大学。1933 年 3 月在交大秘密加入中国共产党。从此，汪道涵同志投身中国革命和建设，70 年如一日。1984 年，中国几所交通大学成立“交通大学校友总会”，汪道涵校友被推举为名誉会长。1985 年，任交大管理学院顾问委员会主任，后又任名誉院长。1988 年还向学生讲授“当前城市经济问题”“关于企业管理”。汪老还出任“海协会”会长直到现在，他和台湾同胞打交道，为中国统一而奔走，誉满全球，受到世人尊敬。

按照中国传统的计算，2004 年 3 月 27 日是汪道涵同志九十寿诞。一些和汪老有交往的学生、朋友，或曾经在他领导下工作过的专家主要是大学的教授、研究所的研究员 24 日相聚在交大老图书馆会议室，回忆汪老的为人和研讨汪老的学术思想。

交大负责人去汪道涵(右五)家祝寿，
马德秀(右四)，翁史烈(右三)，谢绳武(右六)

说起汪老，大家都十分尊敬，几乎异口同声说这是一位学者型的高级干部。曾随汪老出访的好几位同志回忆，他无论到美国还是日本，有空就上书店，带回的是一箱箱的书。一次他去日本访问，停留 7 天，三次去书店，带回三箱书。国内出了一本好书，汪老常常会打电话问你有没有？读了没有？有何看法？也往往会在电话中讨论书中的观点。一次我亲眼看到潘光迴博士从香港带来 2 本海外新出版的经济方面的洋书送给汪老，汪老脸上露出的高兴劲，连我们在旁边的人好像也读到了那本书，印证了汪老自己所说："我一生最大的兴趣是读书"。

过了几天，汪老的一些学生、部下二十多人非常随便地和汪老一起相聚在"大变样"了的浦东。这是一次祝寿的聚会，但大家一句不说为他祝寿，说了他就不会来参加。没有贺卡，没有祝寿蛋糕，这是一次无拘无束的回忆畅谈，天南地北，古今中外。不知不觉4个小时过去了，汪老没有倦容，还是那样聚精会神听后辈的发言，也不时插话，清晰的思路，深刻的见解，对我来说是目睹一位对上海作出贡献的老市长的欢乐情景。也是我最后一次近距离听他的言谈，感受他的学者风度。

说起汪老对上海的贡献，作为基层工作的我有两件事特别难忘。一是：在讨论交大建新校区的市长办公会上，虽然市里各方面都支持，但谈到投资时，市计委领导说，"六五"(计划)上海没钱，"七五"有钱时拿。有位副市长说，中央给交大的投资先用。汪市长解释性说了一句："上海是中央财政。"短短的七个字，道出了市政府的难处，也教育了在基层做事的要从实际出发，即使上级支持的项目也不能"狮子大开口"。我当时了解上海当年的利税收入上缴中央，市政府要用再向中央申请，这和那时广东等地和中央"分灶"财政，"包干"财政是不一样的。我去北京或外地开会，碰到外省市的同行，他们也都说"上海财政收入上缴了，对全国贡献很大"，很同情上海。改革开放起步年代，中央财政是很困难的，上海生产比较好，多作贡献也是应该的。我们也都理解这叫"上海是全国的上海"。但也带来了上海活力不够，经济发展速度不及广东，"上海变化不大"的原因就在这里。汪市长将此作为经济学问题和城市财政学问题进行了研究，记得在解放日报头版发表了调查报告，中央也很关心，调正了上缴任务，实行"分灶财政"，上海搞"活"了，逐步走出了困境。二是："浦东开发"。10多年来，浦东的开发对中国，对长江三角洲，对上海的带动已经没有争论，也为国际所公认。开发浦东是小平同志最后拍的板，并且说"晚了"。1993年初，国家教委领导找我谈话要我参加教委开发浦东的项目。据我所知开发浦东中国高层领导中最早提出的是还在市长任内的汪老，他组织班子研究浦东的方方面面，提出要造南浦大桥，他论证上海举办世博会带动发展的可能性。在他72岁从市长岗位上退下来后还在继续研究，他把研究结果和自己的建议报告中央直到被采纳。"调整财政分配体制"、"规划浦东开发"这是两个关系到上海的活力，关系到上海走向世界的带有关键性的经济理论和城市功能定位问题;也牵动到改革开放后上海给世界以什么样的形象和中国崛起的步伐。汪老在市长任内和他的同事们一起从理论和实际的结合上做了有说服力的研究,使中央得以下决心,起了“前人植树”的功效。现在,一个世界上光彩夺目有活力的正在崛起的国际大都市上海和浦东的开发已被实践证明是正确有效的决策时,汪老从不提及他当年的努力,知道内情的部下和学生都钦佩这位老人的高风亮节。

读《老先生》*

香港世纪出版有限公司最近出版了《老先生》一书，上海淮海中路三联书店已有出售。老先生是谁？上海的老市长汪道涵。

1985 年，汪道涵从市长岗位上退居二线后，他的一些老部下和学生以及来往较多的知识分子背后尊称他为“老先生”，意为“年高学博”。20 年后，2005 年 12 月，90 高龄的汪老在上海病逝。《老先生》这本书主要收集了汪老的部下、学生、朋友、同事写的回忆文章。

《老先生》收集的文章几乎都是和汪老有直接交往的第一手回忆，有的作者大概可称为某一方面“权威人士”，内容翔实可信。文章作者有大陆的、台湾的、香港的；也有马来西亚、新加坡、美国、加拿大的。作者们对世界的认知虽有不同，但对汪老的尊敬却是相同。拜读《老先生》给我深深的感受是：

汪老退居二线直到生命最后，依然好学不

---

* 本文写于 2007 年 8 月，曾刊载于 2007 年 8 月 28 日《新民晚报》。

倦，探索未来。他立足上海，报效祖国，或建议献策（浦东开发、世博会、WTO……），或亲身实践（海峡两岸、中美友好，……），涉及的项目几乎都是战略问题和开创性的科学决策。

1985 年汪老从第一线市长退下后，即担任上海市政府顾问、国务院上海经济规划办公室主任，1991 年出任海峡两岸关际协会会长。这些职务对汪老而言，不是休闲性的名誉职务，也不是安排性的空头顾问。摆脱市长任上日常行政事务后，汪老进入上海的或全国性的“战略性问题”的研究，如上海定位、浦东开发、世博会、长三角开发……又如一国两制的实践，两岸人民的和谐……。

《老先生》文集中，国际展览局主席吴建民写的题为“呕心沥血，深谋远虑”的文章中说：“上海市市长徐匡迪告诉我说，在上海第一个提出要申办世博会的是汪道涵同志”。汪老对吴建民说：“广交会是战术性的，管一年；世博会是战略性的，管 50 年”。“汪老对世博会的意义的认识是何等深刻”！

中国改革开放许多战略性项目的“第一个提出”者，在《老先生》中可以读到“很多”。举世瞩目的浦东开发就是其中之一。早在汪老担任上海市长期间，他就提出要开发浦东，并且组织力量进行前期论证的规划。但是这样一个涉及全国性的战略项目，在决策高层中产生不同意见是很正常的。汪老碰到的困难，如果换了一位学识不高，公心不足，毅力不够的当事者，“浦东开发开放”可能已经放弃或者大为推迟。转机出现在 1989 年政治风波平息后，汪老审时度势抓住中央“改革开放得还不够”的精神，把开发浦东的规划方案经过杨尚昆同志直接送到了小平同志那里。小平同志慎重研究后一锤定音，以后小平同志甚至说上海和浦东的开发开放慢了是他“一个大失误”。《老先生》文集中还可以看到很多汪老的首创精神。如苏州河治理、开办证券交易所、土地批租、筹建交通银行、创办上海航空公司……。汪老在上海市长任上，他说他的任务是“上保朝庭，下保黎民”。当时国家财政六分之一来自上海，这要“保”；而上海老百姓的菜篮子、交通、住房更是使汪市长天天牵肠挂肚。

古人说:前人植树,后人乘凉。汪老就是植树人之一。20多年前许多海外来访的人说“上海变化不大”;20年后国内国外又都说“上海已经大变样”。造成上海如此巨变,不是一个人的功,有中央的领导,全国的支持,有上海人民的争气,其中汪老前瞻性的战略研究和建议,从《老先生》中看到他是起了很大的影响。

汪老是位“书痴”。在交通大学校园边,靠近汪老住所不远,有一幢办公大楼,其中二层是汪老的书屋,内藏汪老收集的当今出版的中外著作10万余册,采用密集书库布置,房屋由政府提供,内部管理井然,我曾有机会参观过,进门“道涵藏书”四个大字赫然在目,如果说古有“天一阁”,成为中国文化遗产之一,今日“道涵藏书”就我所见可能是当代中国私人藏书之最。区别在于汪老或用自己的薪金所购,或接受赠送,到晚年他全部交给了国家,这就是高风亮节,这就是“老先生”。

风雨过来人[*]

——王嘉猷同志

1998年7月17日，中共中央总书记、国家主席江泽民同志写了题为“忆厉恩虞同志”的文章，以怀念抗日战争时期，中共地下党组织在日伪统治下的南京，领导爱国进步学生发动的一场轰轰烈烈的“清毒运动”和运动的领导人之一厉恩虞同志。在这篇文章中江泽民同志说：“1946年冬，我的入党介绍人王嘉猷同志找到我，说恩虞同志从苏北根据地来，要在上海隐蔽一段时间，……”①。文章披露了江泽民同志的入党介绍人为王嘉猷同志。

王嘉猷何许人也？王嘉猷是江泽民的大学同学，曾担任中共交通大学地下党总支委员和中共上海地下党学委系统国立大学区委委员，1949年4月23日南京解放，28日即被刘伯承任命为南京自来水厂和清凉山蓄水池军代表……。风

---

* 本文定稿于2008年2月。

① 《江泽民文选》第二卷，175页。

雨一生，现在是一位离休老干部。

王嘉猷1925年出生在江苏南京一个开明知识分子的家庭，父亲王锦洲早年追随孙中山，参加同盟会，是一位留学日本的名医，母亲毕业于女子师范。抗战期间，王嘉猷的父母看到子女们参加抗日活动，很赞许，后来知道是在共产党的领导下活动，更是支持。解放战争时期，南京宁海路福音里3号一幢小洋房，王锦洲的住宅，门外挂着王医师"诊所"的牌子，实际上是地下党的一个为迎接解放的红色据点。王嘉猷父母给子女的是关心和支持，没有干涉。

王嘉猷的大哥王嘉谟，比王嘉猷大二岁。1940年，考入沦陷区南京的中央大学土木工程系，是学校出名的优秀生。1941年，中共南京地下党组织在南京中央大学成立秘密外围组织"青年救国社"，王嘉谟和厉恩虞同是"青救社"的领导。王嘉谟还把正在南京第一中学读书、16岁的弟弟王嘉猷引上革命道路，参加"青年救国社"活动。王嘉猷担任南京市中学生联合会主持人。解放战争时期王嘉谟已结婚，妻子傅积嘉、二弟王嘉猷、三弟王嘉训、四弟王嘉言也都是中共地下党员，这是一个"革命家庭"。

王嘉猷就是在这样的家庭环境中成长。

一、一位勇敢的战士

1943年，18岁的王嘉猷跳过高三，考入南京中央大学土木系一年级。同年，17岁的江泽民从扬州中学也以同等学历跳过高三和大一考入南京中央大学电机系二年级，他们就成了中央大学的同学，同属理工学院，虽相差一级，但同是中大低年级的新生。当时中大规模不大，王嘉猷与江泽民很快就认识相交了。王嘉猷是"青年救国社"成员，理工学院低年级同学就成为王嘉猷的联系对象。这年冬天在南京地下党领导下由中大高年级学生厉恩虞和王嘉谟出面利用敌人内部矛盾，抓住机会发动了一次出现在沦陷区的大规模的群众斗争——清毒运动。这次运动以中大学生为主力，王嘉猷的任务是发动低年级学生参加。王嘉猷通知江泽民，江泽民则发动电机系低年级学生参加。55 年后江泽民回忆说："当时我对为什么能在日伪统治下开展这样的运动并不了解，后来知道是由于我们地下党组织巧妙地利用了日伪机构的内部矛盾"。[①]

1943 年 12 月 17 日晚，厉恩虞、王嘉谟首次带领中央大学学生约 200 人走上南京街头，一路宣传"清毒"。当时南京街头吸鸦片的烟馆公开挂牌，有的还是"豪华型"，舞厅、妓院、赌场都设在一起。据日本在华经营贩毒组织"华中宏济善堂"事后内部呈报称："17 日夜 10 时左右暴徒（按：即南京学生）数百人结队巡行经过夫子庙地带时，即分头冲进云裳阁、百乐门两戒吸所内，捣毁牌照、家具，抢掠戒烟药膏（按：即鸦片）及戒烟工具（按：即烟枪、烟灯）并钱钞账簿等件，损失甚巨。当暴动之时，军警不敢过问"。[②] 学生宣传队伍进到了夫子庙秦淮河边，碰上了日本宪兵，一个日本宪兵挥动刺刀对王嘉谟头上砍了一刀，王嘉猷看见哥哥被砍一刀，立即上去撕下衬衫给王嘉谟进行简单包扎。王嘉猷说，这个宪兵衣冠不整，刺刀连着腰带拿在手里，一起挥过来，"刀"的力度弱化了，王嘉谟的头被砍上了，但没有砍深，不然他就完了。这时厉恩虞就站出来说，是"奉林柏生部长命令搞的"（林为汪伪政府宣传部长），日本宪兵于是打手摇电话到林柏生办公室核对，林办公室承认说：是他发动的。日本宪兵才说那我们今天不管了，离去了。当夜，地下党领导与厉恩虞、王嘉谟分析形势后决定趁热打铁，第二天发动规模更大的南京大、中学生上街清毒游行。南京地下党不同系统的组织分别进行了发动。18 日一大早，王嘉猷与同班同学一起去女一中发动女中学生参加，接着又去母校男一中，通过老同学也发动起来了。18 日下午，南京市大中学生 3 000 人走上街头，学生们从中大出发，一路上高唱"毕业歌""开路先锋歌"，见一家烟馆打一家。日本宏济善堂事后报告，作了如下描写：学生们"大呼铲除烟土口号……冲进桃花宫、广寒宫、逍遥阁、瞻国、衡庐等戒吸

---

① 《江泽民文选》第二卷，175 页。

② 《华中宏济善堂呈报各地特业商店被青少年捣毁情形》藏（南京）中国第二历史档案馆，全宗号 2010，案卷号 17468。

所内，复施同样伎俩抢掠，较之17日晚尤为厉害，……又分队驰赴昌兴、公泰、广昌、德泰、茂陵等零售号内，掠去存货、银钞、撕毁牌照帐簿，……令人不忍目睹”。① 游行队伍到国民大会堂时已近午夜12时，大家把收缴的烟土、烟具当场焚烧。厉、王二位学生领袖发表了慷慨激昂的爱国演说。当年参加这次斗争的学生，回忆往事时都说“终身难忘”，许多运动参加者从这里走上革命道路。

研究沦陷区历史的史学家经盛鸿在社会科学文献出版社出版的史学研究著作《南京沦陷八年史》对这次清毒运动评论是：“深受其害的南京人民则在1943年12月，如火山爆发似的掀起了沦陷以后前所未见、大规模反对日伪毒品贸易销售的群众运动——‘清毒运动’”。“中共地下组织发动与领导的南京青年学生运动，更是日伪统治期间南京人民反抗运动最光辉的篇章”。②

清毒大游行后，又搞了多次打砸烟馆，南京市上公开挂牌的烟馆已看不到，但暗中贩毒、吸毒还是存在。

1944年1月下旬，南京地下党组织打听到丰富路210号有一个外号“白面（海洛因）大王”曹玉成，这个毒王批发海洛因，危害极大。地下党组织研究后，决定对他实施打击，但要抓住真凭实据。1月30日，厉恩虞决定派王嘉猷去曹家侦察侦察。为什么派王嘉猷？当年地下党领导人潘田同志50年后回忆说：“因王嘉猷那时看起来年龄很小，不易引起注意”。③ 王嘉猷去到曹家丰富路上大门，见大门紧闭，又到石鼓路上后门，更是反锁着，他即回来拿了一个足球，对着曹家大门使劲反复踢去，终于撞得管门的开了大门，球踢进了前院，他以拣球为名跟着奔进去，穿过几进，虽被追在后面的看门人抓住了连揪带骂推出大门。但还

① 《华中宏济善堂呈报各地特业商店被青少年捣毁情形》，藏（南京）中国第二历史档案馆，全宗号2010，案卷号17468。

② 《南京沦陷八年史》，经盛鸿著，社会科学文献出版社，961页，1147页。

③ 《厉恩虞纪念集》，潘田：《抗日战争时期南京学生的清毒运动》，上海交通大学出版社，42页。

是侦察到这是一座深宅大院，旧式平房，好几进深，人却很少等情况。摸到情况后，第二天，1 月 31 日厉恩虞、王嘉谟组织 200 多同学包围了曹宅，20 多人进入曹宅搜查，各个房间翻箱倒柜，均无查到海洛因。此时“毒王”曹玉成躺在床上抽鸦片，还骂学生“是强盗，要抓去坐牢”。相持之下，王嘉猷发现曹住的内房比外面大厅短了一些，王随即爬上屋顶，发现一排天窗下有小屋，显为密室，大家随即将曹从床上拖下，翻开床垫，果见有一密室入口，从密室内学生们搜出海洛因一大包。学生们立即把毒王捆绑，先押到新街口，围观群众无不拍手欢呼，一致要求“枪毙曹玉成”，学生们随后把曹玉成交给汪伪首都警察厅。汪伪政府迫于群众压力，4 月 20 日曹玉成被押赴刑场枪决。

1944 年，中国抗日战争与世界反法西斯战争的胜利形势已经明朗，日本军国主义已陷入四面楚歌、日暮途穷的境地。1944 年 8 月 21 日，毛泽东致电新四军领导：“美军准备在中国登陆，要求和我军配合作战，……据有些美国人估计已不在很远。因此，请你们认真布置吴淞、宁波、杭州、南京间……工作。广泛地发展游击战争及大城市的武装起义，一师及苏中、苏南的党在此工作上应担负很大责任”。① 1944 年深秋，中共江南区党委（原中共苏皖区党委）与新四军第六师根据毛泽东指示，决定派遣敌工干部李涤非（又名李铁飞），潜入南京，秘密筹组“地下军”，准备在条件成熟时，举行武装起义，与城外新四军里应外合，夺取南京。李涤非入南京后，化名李庸夫，依靠中共地下党组织和亲友关系，打入伪财政部卫士大队，李立住脚后，即开始组建地下军工作。他根据中央指示精神，从三方面着手，一是伪军警，二是工人，三是学生。而策动伪军警起义又是重点。李涤非通过南京地下党党委负责人舒诚找到厉恩虞和王嘉谟，他们二人又找王嘉猷等参加。王嘉猷 60 年后回忆说：“这件事以后成了连累我们长达几十年的冤案”。在开展工作后，李涤非成立了一个中共外围组织“南京各界抗敌后援会”。经过党组织批准，1945 年 8 月至 9 月间，

---

① 《毛泽东年谱》中卷，人民出版社，537－538 页。

厉恩虞、王嘉谟、王嘉猷等又以“抗敌后援会青年组”打入国民党“军事委员会东南特派员公署南京联络站”青年组，弄枪支，搞策反。厉恩虞、王嘉猷等搞到了10多枝枪，由王嘉猷擦枪上油，放在大口坛子里，埋在王家地下保管备用。1945年8月苏军对日参战，日本宣布投降，厉恩虞、王嘉猷接到任务要摸清楚南京日伪100多个大小碉堡的位置和火力布置。这项任务由王嘉猷负责实施，厉恩虞掩护。日军碉堡一半建在地下，一半露在地面，前面有枪炮眼，后面有一个进出门。虽然那时日军已没有威风，龟缩在碉堡里也不敢出来，但如果没有借口去敲门，里面敌人拿枪打你是完全可能的。王嘉猷与厉恩虞等商量后决定还是利用王嘉猷个子小、像一个少年玩足球把球踢入枪炮眼里，然后敲门拾球，这也是王嘉猷用足球踢开“白面大王”曹玉成大门的拿手戏。为此王先在家里练了一阵，然后和厉恩虞一起去侦察。一路上王嘉猷把球踢进几个不同碉堡炮眼，趁日本兵开门把球拿出来时，看清了大的碉堡内有一门小炮，中的碉堡内有二挺机枪，小的碉堡只有一挺机枪，每个碉堡内日本兵也不多了，三个到五六个。王嘉猷和厉恩虞完成了侦察任务。王嘉猷还参加了印发和张贴我十八集团军总司令进军令、调查日伪军营仓库等情况。

1945年8月10日，中共中央曾发出《关于苏联参战后准备进占城市及交通要道的指示》，要求新四军军部准备南京、上海、武汉三市市长与江苏省省长的人选，视情公布，出榜安民。据此华中局和新四军命令各部夺取华中各大中城市与战略要地，其中，由新四军第一、第六两个师及其他部队占领南京、上海。① 中共苏皖区党委派遣特派员方休在南京近郊山上一座尼姑庵里设立“迎接南京解放指挥部”，②厉恩虞等在获得情报后，究竟如何配合新四军解放南京，急于和新四军取得联系。于是厉恩虞、王嘉谟二人出城找新四军联络点。在找到新四军弄清情况和任

---

① 《新四军文献》(5)，解放军出版社，41页。

② 《南京沦陷八年史》经盛鸿著，社会科学文献出版社，1179页。

务后，回南京城内的路上，由于交通带错了路，误入日军飞机场警戒线，日本兵把他们当作新四军进行拷打。二人被打得处于昏迷状态，王嘉谟被敲掉二颗牙齿。日本兵把两人扔在路边。深夜冷风吹来，他们开始苏醒，滚到了路边臭水沟里，又冷、又臭、又痛、又饿，反而全醒了。厉恩虞和王嘉谟就慢慢地爬回城里。他们二人这次找到新四军，才知晓：8月20日，中央根据当时形势的变化与自身的力量，指示华中局、新四军江南部队停止占领上海、南京等大城市。[①] 为迎接抗日战争胜利和中华民族的解放，王嘉猷作为战士参加了这一场惊心动魄的斗争。他也看到了厉恩虞、王嘉谟等同志的无畏与忠贞。

二、从交大学生到专职地下党工作者

1945年8月抗日战争胜利。9月，国民党政府宣布沦陷区的公办学校为“伪学校”，学生为“伪学生”；要“伪学校”的“伪学生”先学蒋介石的《中国之命运》，经过考试，“甄审”合格，才承认学籍。国民党政府又发布命令，先从南京的“伪”中学生考《中国之命运》入手。中共南京地下党领导人方休立即召集厉恩虞、王嘉谟、王嘉猷等研究对策，决定由南京的大学生团结中学生一起战斗，阻止这场“考试”。但厉恩虞、王嘉谟已经从中大毕业，而王嘉猷仍是中大三年级学生，由于王嘉猷曾当过南京中学生联合会的负责人，商量后决定由王嘉猷以“南京大中学生联谊会”会长身份出面联络大学生和中学生，劝阻中学生赴“考”。中共地下党上海学委系统转来在中大的钟沛璋等同志也参加领导，钟当时也是中大学生。经过各种方法的劝阻，国民党想从中学生入手的“甄审”考试的第一天，基本上没有中学生进场。国民党政府也清楚“劝阻”主力来自中央大学学生，于是宣布拆散中大，理工学院和医学院的200多名学生分到上海。工学院分到交通大学借读，先不给正式学籍，挂上“临时大学”学生名称，上海沦陷区800多名交通大学学生也同样变成了“临时大学”学生。南

① 《新四军文献》(5)，解放军出版社，51页。

京中央大学工学院学生能转到交通大学读书大家很高兴。但今后正式分到何处未定，所以王嘉猷的党的关系仍在南京未转到上海。

1945 年 12 月 6 日，王嘉猷、江泽民等 100 多名中央大学工学院学生从南京来到上海，他们上课在交大，吃饭在交大，但住宿有问题。徐家汇交大校舍先要满足从重庆交大回来的同学，而一部分被国民党新六军占用的校舍还未撤出，南京来的学生们住宿一时解决不了，乃先借住在徐汇中学，100 多位男同学，就挤住在一间大房间里。

王嘉猷等来上海之前及以后，南京、上海两地的“反甄审”斗争一直在地下党组织领导下不间断地展开。上海有六所大学被宣布为“伪大学”后，中共上海市学委为此调整党组织，成立以吴增亮同志为书记的中共临时大学区委，统一领导被划入临时大学各分部的“伪学生”的“反甄审”斗争。①

王嘉猷等中大学生到上海后不久，消息传来在南京“反甄审”斗争中，中大李树棠、杨诗厚等 8 位同学被捕，在狱中进行绝食斗争，这是很严重的事态。南京市地下党领导指示王嘉猷发动已去上海的南京同学包括分在医学院的赶回南京，支援被捕的同学。王嘉猷连夜回到上海，召集高锡安、王志遂等传达了南京反甄审斗争形势，决定由高锡安、王志遂出面，组织已分在上海的南京中大同学回南京支援被捕同学。这些同学回到南京后与留在南京的同学一起抗议、集会、游行。经过斗争，8 位被捕同学终于释放出来了。

1946 年 2 月，消息传来蒋介石将到上海，住在离交大不远的东平路(当时名贾尔业爱路)9 号。2 月 13 日晚，上海地下党组织决定发动交大等六校“伪”学生到蒋介石住处请愿。东平路是一条很短的东西向马路，全长约 300 米，中间与衡山路相交。对交大等学校学生要来请愿，国民党政府也有戒备，除了蒋住处周围布置军警宪特外，当学生队伍在东平

① 《解放战争时期上海学生运动史》，中共上海市委党史资料征集委员会主编，上海翻译出版公司，21 页。

路上集结时，从衡山路上突然向东平路请愿队伍开来两辆装甲车，机枪对着学生，摆出一付要“镇压”的架势。刚从南京参加营救被捕同学回来的100多位原中大学生和上海800多位学生，一起参加了上海地下党组织领导发动的这次到蒋介石住处的请愿斗争。王嘉猷是南京来的学生中地下党的“头”，他没有出面，但南京来的同学们也听他的，面对突然出现的装甲车，王嘉猷看穿了这是国民党的吓唬战术，他布置中大同学迎上去，大家背对装甲车坐下，就这样，国民党的装甲车也只好停下，车里的士兵也不敢出来。蒋介石派宣传部长张道藩对学生提出的“学生无伪，学校无伪”，“正常上课”，“不搞甄别”的要求作回应。张表示：“这些都可商量，你们回去，现在先不考了”。到天亮，学生们发现蒋介石已不在住所。对张的表态能否兑现，不得而知，但至少作了点承诺，达到了请愿目的，也教育了请愿的同学。这次上海学生“反甄审”斗争是抗战胜利后上海地下党领导的首次学生运动，地下党上海临大书记吴增亮、交大总支俞宗瑞等领导策划，周寿昌、胡国定等学生领袖则在第一线与国民党面对面斗争。斗争取得胜利，临时大学撤消了。从重庆回来的交大学生，在沦陷区的交大学生，从南京转来的中大学生，融合在一起都成为在上海徐家汇校园的“国立交通大学”学生。①

在那些斗争激烈、情况复杂的岁月，发生的一些事情，现在看来或许感到很特别，也不可思议，甚至带有一点传奇色彩，然而历史的事实就是这样。王嘉猷1941年已参加党的外围组织中央大学“青年救国社”，但他还是中学生，活动在中学。王嘉猷认识抗日战争时期南京地下党的一些负责人，并接受他们的领导，如：舒诚、潘田、李涤非、方休等。但王嘉猷加入中国共产党又在哪年？1945年深秋，王嘉猷要转到上海的交通大学去读书了。王嘉猷问直接领导他的地下党南京市委委员方休：“党的关系怎么转？”方休说：“你还不是中共党员”。王说：“我一直认为已是党员”。方说：“你没有办手续。你现在补办手续入党，市委已经批准”。

① 《江泽民和他的母校上海交通大学》，上海人民出版社，2006年3月出版，插页。

于是王就写了入党报告，办了入党手续。因此王嘉猷说他的入党时间定在 1945 年 11 月。这次谈话，方休同时交代王嘉猷：南京中央大学去上海的积极分子，你熟悉，你要抓紧发展他们入党。王嘉猷说当时认为是积极分子大约 20 人左右。1946 年春，这 20 位同学还组织了一次春游上海龙华，那里是国民党刑场，20 人走了一圈，结成兄弟，还拍了几张合影照。[①] 20 人中 19 人都是 1925 年前出生，王嘉猷排在 15，只有江泽民最小，1926 年出生，排在 20 位。这 20 人先后都参加了中国共产党。

到了交大后，王嘉猷就开始发展从南京中央大学转来的积极分子入党，他先后介绍了曹天忠、张公纬、傅积宽、江泽民、周效良等十一二位同学加入中国共产党。傅积宽 1947 年交大毕业后有机会去台湾搞日月潭建设，王嘉猷请示了上级组织，组织上说台湾需要人，就叫他去了。

1946 年春，王嘉猷党的关系转到上海。之后担任过中共交大地下党总支委员，党内分工先联系土木系及学生自治社团，后联系学生自治会等社团及宣传委员（当时党内叫“上层党团书记”）。1946 年秋，吴增亮、俞宗瑞、王嘉猷等总支委员商量后，决定动员同学们选周盼吾（重庆来的）、周寿昌（上海来的）、张公纬（南京来的）担任学生自治会正副主席，既增强交大学生内部的团结，也保证了地下党对学生自治会的领导。经过和交大学生中国民党势力的激烈斗争，交大地下党组织取得了对学生自治会的控制和领导，尽管以后自治会负责人一个又一个由于国民党迫害，或毕业，而不得不离校。但直至上海解放，交大地下党组织始终保持了对学生自治会的领导。

王嘉猷的党的组织关系虽转到地下党上海市委，但是由于南京市还有些事要王嘉猷办而王的家在南京，许多中学和大学的同学还在南京，他也经常来往上海、南京间。中央大学毕业生徐俊彦、杨知语分在铁路机务段，他们帮助王嘉猷无票进出车站乘车，王回忆说有时像“铁道游击

① 《厉恩虞纪念集》，贺崇寅：“崇高的思想　坚定的信念”，上海交通大学出版社 72 页。

队”，没有到站就跳车，由徐、杨送出车站。南京地下党组织也向王嘉猷布置一些工作。1946年冬，新四军北撤，厉恩虞从根据地回来找到王嘉猷，说组织上要他回南京工作，王当即向南京地下党市委委员方休作了汇报。南京市委考虑他在南京很暴露，不能活动，方休要王把厉安排在上海。为此，王嘉猷找了当时与王单线联系的江泽民，江泽民毫不犹豫地把厉安排住在上海海宁路上他姨妈家的一间亭子间隐蔽起来。当年生活都很困难。厉没有经济来源，江泽民还没有毕业，只在四川中路青年会职工业余学校兼一点课，江也介绍厉去兼一点课。江还把交大分发给大学生的联合国救济总署的物品分一点给厉恩虞。在交大一些和厉熟悉的同学如童宗海等也去厉住处看望。江泽民承担隐蔽厉恩虞的任务，虽然言明江泽民和厉恩虞没有组织关系和工作关系，但存在着如被敌特发现的牵连风险。厉在江的姨妈家住了近两年，直到1948年11月，由南京地下党组织安排安全撤退至根据地。王嘉猷和江泽民完成了这一掩蔽和帮助患难之中的同志任务。①

王嘉猷的特点是朋友关系多，联系面广，活动能力强，实干起来胆子也大。

1947年夏，按学制王嘉猷应从交通大学毕业了。7月上海地下党国立大学区委班子作了调整。书记吴增亮调任上海地下党市学委委员，国立大学区委书记由费瑛担任，副书记为浦作，委员王光华、俞宗瑞、王嘉猷。② 俞宗瑞还是兼交大总支书记，王嘉猷也还是交大总支委员。为此王嘉猷又选读二门课，这样好留在交大，住在交大。国立大学区委分工王嘉猷联系上海医学院、上海商学院地下党支部和宣传工作，还办了个秘密刊物“号角报”。1987年，“号角报”副主编袁嘉瑜回忆：“1947年秋浦作（国立大学区委负责组织的）和王嘉猷（区委负责宣传的）向我和一位复旦大学的同志布置要编印一份党内秘密刊物，取名“号角报”，王兼

---

① 《解放战争时期上海学生运动史》，101页。

② 《青春的步伐——解放前上海大中学校学生运动史专辑》，中共上海市教育系统党史文献，同济大学出版社，162页。

任主编，袁任副主编。共编了五六期，素材全部由王嘉猷提供，王提出重点，袁编就后，交王审定，由朱文甲刻写印制，有一次在蒋淡安家里讨论印制，因此蒋也知道。“号角报”大约到1948年夏天就停止了。王嘉猷还布置我向香港进步报刊写稿子，主要是揭露美国扶植日本和交大的学生运动。王嘉猷还策划上海大学生文艺会演，揭露国民党政府所谓“国大选举”，编排了一个叫“典型犹有”的节目在上海(交大)和南京演出，袁负责编写节目单”。袁嘉瑜是重庆交大转来的，也是中共地下党员，后曾担任交大总支委员。蒋淡安也是交大学生、地下党员。上医是上海历史悠久的国立大学，1939年就建立了第一个共产党支部。解放战争时期，上医学生中有中共地下党员30多人。1947年5月14日，上医党组织在国立大学区委领导下，趁交大护校斗争刚刚取得胜利的态势，上医学生提出要求“提高公费”，并宣布罢课，接着参加了“五·二〇运动”。5月30日，国民党军警包围上医，有6位同学被捕。由于这是一次全市性大逮捕，经过全市性斗争，40天后这6位同学虽被释放了，但同时学校开除和让一部分学生“休学”，一部分学生为安全起见主动转移。上医“党支部领导基本都换了新的”。“上级党领导由王光华转交给王嘉猷”。国立大学区委认为，上医党支部在“五·二〇”斗争中冲在前头，起了很大作用，但本身党员不多，运动中暴露过多，……“目前主要做团结群众工作，待条件成熟时再冲出来，避免无谓的牺牲”。1947年10月，浙大发生“于子三惨案”，王嘉猷向上医支部书记傅罗以传达了上级指示“要迅速发动群众，揭露国民党反动罪行。……”①

1948年夏，傅罗以被捕。经过营救，傅罗以第二天即被保释回家，傅向组织报告了被捕和保释经过。党组织决定傅撤退至香港，并立即通知上医有关的党员立即隐蔽。此时恰好上级决定调王嘉猷去南京工作，不再联系上医支部，也起了隐蔽转移的作用。

---

① 《青春的步伐——解放前上海大中学校学生运动史专辑》中共上海市教育系统党史文献，同济大学出版社，164页。

1947年夏，王嘉猷与中大一起转来交大的史继陶、周效良同住在交大南院一间房间。史是中共地下党员，在南京中大读书时党的关系也一直在上海市委系统，此时在全国学联工作。1947年下半年，组织上决定调史继陶到国际学联工作，国际学联设在捷克首都布拉格。史有一台能收短波电台又能发报的无线电设备。他们三人把住所窗台下墙体挖空，藏在里面，上面仍盖上窗台板。史要出国了，总得置一点行装，但都很穷，史把王嘉猷的西装和好一点的衣服穿了。史对王说："我留一个宝贝给你"，"宝贝"就是这台无线电设备。果然有用，王靠他收新华社消息，办"号角报"，也收外国电台。1948年，共产国际情报局开除南斯拉夫，王最早从收听中获悉事，当即报告市学委领导，两周后党内也作了传达。这个"宝贝"，解放后，碰上"左"的岁月，可发生了麻烦。1955年潘汉年冤案发生，王嘉猷也受牵连。"文革"时审查者说王嘉猷用这台设备向苏联莫斯科发报，……是"大特务"。

1947年5月30日，毛泽东发表了《蒋介石政府已处在全民的包围中》评论，评论说："现在又出现了第二条战线，这就是伟大的正义的学生运动和蒋介石反动政府之间的尖锐斗争。……学生运动的高涨，不可避免地要促进整个人民运动的高涨。……中国事变的发展，比人们预料的要快些。"4个月后，毛泽东发出"打倒蒋介石，解放全中国"的号召。从这时开始，上海和南京地下党组织已开始安排如何配合解放军，在解放上海、南京时顺利接管城市，最大限度地减少损失和保证老百姓的安全和正常生活。

在此三年前，即抗日战争胜利前夕，王嘉猷曾经在南京市地下党领导下做过对当时日伪敌情的调查，现在要做的是对在南京的国民党中央政府的驻地、仓库、国民党军队布防情况和主要工厂企业的调查，王嘉猷大概可说是"老手"。南京地下党市委书记陈修良通过中共上海局书记刘晓向上海市委提出将王嘉猷调到南京工作。此时，即1948年5月，王嘉猷也拿到了国立交通大学校长程孝刚颁发的土木工程系的毕业证明书。虽然毕业了，但仍住在交大校园内，而交大总务部门也一再要"已毕业"的王嘉猷搬出宿舍。王嘉猷没有社会职业掩藏,是一位专职地下党工作者。王嘉猷从1945年底到上海后,和南京地下党的关系一直没有中断,安排厉恩虞同志隐蔽在上海就是实例,上海和南京地下党有关领导也是清楚的。事实上,当时中共地下党南京市委也属刘晓同志为书记的中共上海局领导。1947年5月发生的,后被称为"5.20"学生运动就是刘晓与陈修良(地下党南京市委书记)在陈修良的上海住所,一间亭子间里决策的。因此当组织上通知调王嘉猷到南京工作时,一切是那样"顺理成章"。1948年夏,王嘉猷的党的关系便转到南京,回到了故乡。

王嘉猷回到南京后,地下党南京市委决定成立一个"家庭支部",专门调查南京市内国民党仓库、军队驻地布防、公共设施等情况。"家庭支部"成员为王嘉猷的嫂嫂傅秋宽,二个弟弟王嘉训、王嘉言。他们三位党的关系都从别的系统调入这个王嘉猷当书记的"家庭支部"。"据点"就是王嘉猷的家。1949年1月,王家从宁海路搬到王嘉猷堂叔去昆明后留下的石婆婆巷12号。他们白天外出收集情况,晚上回家写报告、绘地图,完成一部分就向地下党南京市委报送一部分,南京市委通过交通送至江北交给准备占领和接管南京的人民解放军有关部门。"家庭支部"的活动密度非常大,经常深夜灯火通明,已引起周边邻居对新搬来不久的这户的注意和怀疑。南京解放初,就有邻居向军管会"举报",这里是否为国民党敌特潜伏据点。直到解放军出来说明,周边邻居才清楚这幢小屋里衣着整洁,活动频繁的"先生"、"女士"原来是共产党的地下工作者。

三、当"军代表"到曲折岁月

1949年4月20日,中国人民解放军百万雄师渡江南下,4月23日南京解放。中国人民解放军第二野战军司令员刘伯承出任中国人民解放军南京市军事管制委员会主任。解放军首先要保证南京人民正常生活,这是解放初期军管会的工作重点。自来水和照明用电的不间断供给是一座大城市能否正常运转,人民生活能否安定必须要办到的。根据地下党南京市委的推荐，王嘉猷被任命为南京水厂的军代表。1949年4月28日，南京市军管会主任刘伯承，副主任宋任穷发布通知："本会军事代表王嘉猷前往接管三汊河水厂及清凉山蓄水池，即日起开始工作，到时希予协助"。那些日子王嘉猷穿起人民解放军军装，手上还拿了一张刘伯承、宋任穷签发的军队"特别通行证"，奔波于水厂、蓄水池、管道泵站间，可以想像当时的王嘉猷实在有点"威风"。为了保证南京市水、电正常供应，宋任穷找王嘉猷和电厂军代表谈话，宋说："一天也不能停电、一小时也不能停水，否则我们要军法从事"。王嘉猷对宋任穷说："我们地下党都讲信用，自来水停了，就是不军法从事，我们做错了事自己会处罚的"。宋任穷说："小王，你别笑，你一个小时也不能停水。我给你一个'特别通行证'，到哪里都通行无阻。就是你要保证不间断供水"。那时国民党飞机不时来轰炸，目标是水厂、电厂、火车站，一次水厂加氯室被炸了，王嘉猷作为军代表立即决定打开山上蓄水池保证了"一小时也不停水"，王也受到宋任穷的笑赞。

这张"特别通行证"王嘉猷珍藏至今，这是历史的记载。2006年，当他拿出这张珍藏的"特别通行证"给我看时，好像我也回到解放初期那些难忘的岁月。从他的脸部表情我看到他是那样的平和、欣慰和满足。24岁的王嘉猷就这样从"军代表"开始了新中国的人生岁月。

1950年，我国还处在国民经济恢复时期，然而朝鲜半岛爆发了战争，台湾海峡形势十分紧张，国内则正在进行土地改革等一系列政治运动。但是中国要进行大规模经济建设的前景已经提上日程。为此，1949年解放后接管的一些企业正在进行调整重组。中国要建组一批以重工业为核心的国营企业。华东军政委员会设立工业部，杭州市军管会副主任，也是交通大学30年代校友汪道涵调任为华东军政委员会工业部部长。王嘉猷在南京自来水厂的任务已经完成。1950年6月，南京市委调王嘉猷出任"南京机械厂"军代表。1950年6月28日，南京军管会发出"委任令"："令王嘉猷。兹委任该员为机械厂军代表，在军事管制时期代表本会前往该机械厂实施军事监督与办理一切接管事宜，除分令外，仰即遵照办理为要！此令。主任粟裕，副主任唐亮”。这个“机械厂”很快就组建为南京机床厂，王嘉猷任党委书记、厂长。而曾是王嘉猷的顶头上司、地下党南京市委委员方休出任上海机床厂党委书记、厂长。江泽民则担任华东军政委员会工业部主管的上海益民食品厂军代表、厂长。这个益民食品厂虽不是“重工业”性质，却带有军工企业性质，益民厂生产的压缩饼干和军用罐头可是当年战场上解放军、志愿军的最高档军粮。因此属华东工业部主管。这个厂可能也是当年中国设备最先进，规模最大的国营食品厂。王嘉猷在南京机床厂工作时间不长，被当时文化部副部长夏衍看中了，调到文化部电影局主管的南京电影设备厂担任厂长，时间是 1952 年。为什么会发生这样的工作调动？这里说一点背景情况。早在解放初，中央已指出中国经济建设高潮的出现，必然会随之而来的文化建设高潮。那个年代人民文化生活最广泛、最普及、最形象化、最大众化就是电影。那个年代中国没有电视，广播虽然覆盖面更广，但只有声，没有形；演一场戏最多几千人可看到，但一部电影却可深入到穷乡辟壤，走向千家万户。那个年代“一票难求”又是人民对电影的期望写照。“难”在那里？就在于电影放映设备和胶片生产的落后和产量的不足。解放战争时期，王嘉猷担任地下党上海国立大学区委委员时分工负责宣传，他参加上海电影界沙龙活动，认识了夏衍（现为文化部副部长）和司徒慧敏（现为中央电影局长）和赵丹等电影界知名人士。文化部生产电影设备的厂布点就在南京。文化部领导中分管电影的是夏衍同志，他看中了南京机床厂厂长王嘉猷，就这样调王嘉猷到文化部电影局的“南京电影设备厂”担任厂长。按照当年的管理体制，王嘉猷的党的关系仍属中共南京市委管理。

正当王嘉猷在南京电影设备厂搞得起劲时，1955 年 4 月“潘汉年案件”发生了。属于潘汉年情报系统的李涤非很快受到株连，李涤非又是 1945 年抗战胜利前夜中共党组织派到沦陷区南京组织策反，准备起义，迎接新四军占领南京的特派员。而厉恩虞、王嘉谟、王嘉猷等一批南京的同志就是在李涤非的领导下组织“抗日后援会”，并打入国民党“军事委员会东南特派员公署南京联络站”青年组，虽然时间不长，而且都是在中共地下党直接领导下进行的。现在潘汉年出事了，李涤非出事了，在“左”的岁月，大胆怀疑，凭空想象，无限上纲。没完没了的审查，没有“罪证”，也可作“有罪”结论。厉恩虞和王嘉谟先后被开除党籍，下放“劳动”。当年的清毒运动中的“小弟弟”王嘉猷，从南京到交大，从上海回南京，为党工作，既没有“辫子”也没有“把柄”，虽然被审查处理慢了半拍，但还是逃不过厄运。1962 年，文化部几经曲折把王嘉猷从南京电影设备厂调到了北京，担任文化部电影研究所总工程师，王嘉猷的党的关系也随之转到北京。可是在调动手续办完后，南京市委随之寄给文化部一个公文，给予王嘉猷“撤销厂长”、“留党察看”、“工资降三级”的处分。好在文化部的夏衍、司徒慧敏等领导嘴上不能说不同意，心里对潘汉年是尊敬的，对眼前这个王嘉猷也是有了解的，因此“处分归处分，重用归重用”，王嘉猷还是当他的电影研究所总工程师。

1966 年，史无前例的“文革”浩劫降临中国大地，文化部被打成“才子佳人部”，部长们都成了牛鬼蛇神，夏衍差一点被“整死”。从北京到南京，厉恩虞、王嘉谟、王嘉猷等当年清毒运动中的骨干一个一个被“打倒”。直到 1984 年“潘汉年案件”彻底平反，二十多年的沉冤昭雪，被株连的一大批同志也陆续得到平反解脱。

李涤非同志后为国家安全部咨询委员会委员、上海市国家安全局正局级离休干部，2000 年 9 月 19 日在上海华东医院逝世，享年 79 岁。

厉恩虞同志，当年南京清毒运动的群众领袖，他奉命打入敌特组织一事，一直背上历史问题“包袱”。1978 年 6 月 2 日，因患肺癌在南京故世，时年 59 岁。直到 1998 年，中共南京市委组织部复查作出结论，指出对他的这一段经历应予充分肯定。1998 年 7 月 17 日，江泽民同志写了《忆厉恩虞同志》，发表在《南京党史》1998 年第五期上。2006 年选编入《江泽民文选》(第二卷)。

王嘉谟同志 1952 年调到中国人民大学深造。但从 1955 年起即受到潘汉年案件牵连，深造中断，开始了长达 20 多年的审查批斗，开除党籍，下放到京西煤矿当矿工。文革后逐步落实政策。1983 年曾患脑溢血，但王嘉谟仍工作不息，获政府特殊津贴，1995 年 10 月在北京逝世。享年 72 岁。

经历了曲折岁月的王嘉猷，当我们和他谈起当年南京最亲密的战友、朋友、亲友许多已经作古这段往事，王嘉猷禁不住泪流满面。王嘉猷说他还是幸福的一位，他的所谓历史问题已经彻底平反。作为教授级高工享受政府特殊津贴。从 1955 年王嘉猷受牵连起，王就决意转向技术工作，在中国电影研究所任内曾获得国家二等奖、一等奖。

2004 年 8 月，王嘉猷突接医院诊断通知患了胃癌，需动手术。9 月 10 日，转到北京协和医院准备开刀，王嘉猷说“当时顾虑重重”，怕下不了手术台，觉得还是把病情告诉一下江泽民同志办公室，但又怕影响他工作。……没有想到 9 月 16 日晨协和医院医务处告诉我，今天江主席来医院看你。这天上午 9 时多，江泽民同志在医生和王嘉猷老伴杜华云陪同下走进病房。江泽民同志落座后第一句话是：“我昨晚已正式提出辞去中央军委主席职务，现在一身轻松。来医院路上，我脑子里出现了三段蒙太奇，当年大学校园里如火如荼的学生运动，……”。9 月 20 日，协和医院给王嘉猷动了手术，很顺利。9 月 27 日，江泽民又带了子女一

作者在北京访问王嘉猷同志

起去医院探望手术后的王嘉猷。王嘉猷说:“真是个意外,令我感动不已。我和江泽民同志相交60余载,我一生经历的坎坷,处于逆境时,从未疏远我,始终待我如兄弟。无论对同窗还是战友他总是真诚相待”。

79岁时的王嘉猷同志,切除了胃癌病变,现在康复得很好,精神也很好,还是像60年前那样“不安份”。他的“野性”和“大胆”,好像没有随着岁月流逝退缩。他不时谈到还在科学技术上探索这个、研究那个,说起来眉飞色舞,兴致勃勃。他还叙述正在研究收集当年日本军国主义如何想在中国推广种殖鸦片,让中国人广泛吸食鸦片,从而“不战而胜”的计划。王嘉猷同志的这些研究和探索,或许能取得好的成果或许没有结果,这都是正常的,都能理解。难能可贵的是一位老共产党员、一位离休的老干部,在追求真理,探索创新的道路上能永不疲倦、永不停顿。

估计交大人不知道的故事*

1964 年 10 月 16 日中国在地面爆炸第一颗核弹、1965 年用飞机、1966 年用导弹在空中各爆一颗核弹、1967 年用飞机在空中爆炸了一颗氢弹。

没有想到的是，这四次核爆都有交大船制系毕业的学生参加核试。他们是 1955 年毕业的徐秉汉、1961 年毕业的赵本立、1963 年毕业的丁永官、周殿邦。四位由于参加核试受到慢性放射性影响，先后得了消化系统的癌症。徐秉汉、丁永官、周殿邦都已故世。徐秉汉 1997 年被选为中国工程院院士。

四位毕业后都分配在无锡七院 702 研究所，从事舰船研究。他们参加核试的团队名称为：中国海军作战部核试验办公室技术中队，队长就是徐秉汉。

---

* 本文写作于 2014 年 1 月。丁永官的遗作刊登在上海交大 2013 年第二期《思源》杂志上。本文史实，摘自丁的遗作。本文作者看到丁永官的遗作后，曾询问多位船制系当年党政负责人及教授，均称不知悉自己的学生参加核试的故事，因此用了这个标题。

每次核试前，核试团队带着江南造船厂等制造的船舶结构样品和各种仪器设备赶到荒无人烟、极其艰苦的新疆罗布泊沙漠核试基地。2008年9月，丁永官写的回忆："核爆后，穿着防护服，戴着防毒面具，身上别着放射线计量笔。接到命令后，蘑菇云还未散净，毫不顾及到处是烟尘、炽热的空气及放射性尘埃，乘着卡车冲进试验区。取回记录资料，测量结构变形数据，拍摄变形破损实况，……回营地后立即检测判读数据……，如发现不好或缺少的，第二天进场补充拍摄测量，……回到北京后写成《我国核试验技术资料汇编》。"

他们的故事估计交大师生、校友都不知道。为什么？丁永官说：当年参加工作的人员必须做到保守机密："上不告父母，下不传妻子儿女；看在眼里，记在脑子里，烂在肚皮里，带进棺材里。"

最近，我看到丁永官过世前四个月在病房中写的"回忆"，才知道交大有四位这样的校友。"回忆"主要介绍核爆情况，如飞机如何投核弹等，涉及四位自己的业绩并不详细，也很低调。但仅从"回忆"文中透露的一点情况，已紧紧地抓住了我的心灵：我们国家有这样的专家，才有今天的崛起。交大培养出中国航母总设计师、航母首位舰长，深潜总设计师、导弹总设计师，名扬海内外；现在知道在核弹、核潜艇的研究制造方面同样有许多默默无闻，一生奉献，隐姓埋名的校友专家，我们尊敬他们，我们怀念他们。

与严晙教授的三年共事*

20 世纪 50 年代的 1955、1956、1957 三年，中国高等教育正在进行大的结构性调整。国家政治生活主题是建设和团结，但又是变化难测。这三年我与严晙教授在交通大学电力工程系共事，他是系主任，我为系总支书记。那年他 50 岁，我是一个 24 岁的青年，属于晚辈一层。严先生给我的第一印象总是面带笑容，平易近人，工作和教学认真，是一位学者和长者。

那个年代第一个五年计划已实行，大规模建设开始了，上级号召“一边倒”，全面学习苏联，中国高校引进苏联式高等教育模式，正在进行院系调整，中央决定交大迁往西安。电力工程系也来了二位苏联专家，教师们都认真学习俄文。那年头青年教师天天开夜车，一天实行“四个单元”；学生们的价值观是“为祖国学习，争当三好学生”，严先生当时担心的是学生不要负担太重，影响健康。

---

* 应西安交大出版纪念严晙教授文集，写于 2006 年。

交大电力工程系主任严晙教授

那时的政治生活也很活跃，知识分子的思想改造运动已告一段落，周总理召开知识分子问题会议，作了报告，传来一股暖流。毛主席又倡导“双百方针”，还发表《论十大关系》，要“调动一切积极因素”。“向科学进军”的口号在教师学生中也是深入人心。到1957年春夏之交，政治形势却来了个突变，“整风”变成了“反右”。交大已经迁了一部分到西安，此时却出现反对迁校的声浪，而且言词又很激烈，周总理不得不亲自出面处理交大迁校问题。

迁校问题告一段落，交大分设西安、上海二地，严先生去了西安。由于1956年秋党委宣传部长陈文健同志去了西安，党委任命我兼任宣传部长。学校分设两地后，党委决定我担任交大(上海部分)党委宣传部长，我和严先生的共事就分开了。以后我有机会出差西安见到过几次严先生。记得最后一次是在80年代，严先生已退休，严太太龚葆珣也已患病在家。严太太在上海高教局工作时和我太太张恂如是同事，我去严家探望，多年不见，分外亲切。以后我在报上看到江泽民总书记去西安交大视察和看望他当年在交大读书时的老师，江泽民同志和严先生在一起的照片。照片上的严先生还是那样满脸笑容,那样祥和,我感到分外高兴。

50年前的那几年,严先生作为系主任一个重要任务是要把电力工程系一直以美国的高等工程教育为样本转到以苏联高等工程教育为模式。电力系按苏联教育模式设置“工业企业电气化”、“发电厂与输配电”、“高电压工程”三个专业,对学生进行“专才”教育。系里来了二位高教部请来的苏联专家。三个专业从教学计划、各教学环节,到专业教材基本上都要抄苏联名校莫斯科动力学院。但是两国国情终究不完全一样,交大长期以来也习惯了“通才”教育,也还有自己根深蒂固的教学老传统。由此产生一些困难和不同意见也在所难免,如何处理好,也就回避不了。严先生在彭康校长和党委领导下既积极学习苏联,又从实际出发,很少硬来,也从不扣政治帽子。应该说两位苏联专家都是极其认真负责的学者,工企专业苏联专家舒金还是交大校长顾问。他们对系里行政工作从不干涉,严先生和他们关系也很好。50年后回顾这段历史,电力系的发展、青年教师的成长、研究生的培养、实验室的建设等,两位苏联专家是作了贡献的。怀念古人也忘记不了做了好事的外国人。

严先生一生爱祖国,爱学生,爱同事,爱教育。这从交大迁校和反右可看出他的为人。交大迁校这个特定时期的中央决策,当迁了近半,国际形势缓和,产生不同看法,并不奇怪。交大迁校不论经历如何曲折,一所中国知名的高水平大学在中国大地上由此裂变成两所同样高水平的知名大学,现在分别屹立在祖国的西部和东部,这是不争的事实,是交大对祖国独一无二的贡献。西安交大作为中国重点大学之一,面向世界、面向全国已成为中国西部地区规模最大、贡献最多的大学,对中国开发中西部所起的巨大作用和广泛影响,也是举世公认的事实。严先生是一位坚定的交大迁校支持者,西安交大今天的成就,严先生作了重大贡献,后人是不会忘记的。

回忆当年发生的交大迁校与反迁校的争论,在困难的日子里,严先生态度鲜明拥护党的领导,主动耐心做对迁校有疑虑的教师的工作,劝阻了一些可能出现的过激言论。由于系主任的鲜明态度和细致工作，电力系的教工们拥护周总理关于迁校问题的指示和随后交大分设二地的方案。在迁校问题告一段落，随之而来的鸣放和反右，这是许多人没有想到的风云突变，在“左”的路线下交大一些教工也被错划了右派，受到伤害。电力系由于严先生的为人，拥护党的领导他起了带头作用，而且提前做了思想工作，和他年龄相近的系内教授们也尊重他和听他的意见，因此“鸣放”时电力系的教师们就没有什么“右派”言论“放”出来，电力系的教职工也没有谁被打成“右派”，可以说这是严先生保护了电力系的同事。

1955年，中央提出要在高级知识分子中发展党员，作为党委书记的彭康校长和党委副书记万钧都对严先生有很高的评价。记得我去电力系工作前，他们二位就向我谈了严先生的情况，要我尊重他和支持他工作，我也努力这样做了。严先生对总支工作也总是关心支持。1957年初，他参加了中国共产党。这是建国以后交大高级知识分子中第一批入党的几位教授之一，记得和他差不多同时入党的还有朱物华、朱麟五、黄席椿等知名教授。

我和严先生三年不到的共事，已是50年前的事了，严先生已在十多年前故世。我也从青年步入晚年，回忆往事还是历历在目，如同昨日。写上这些，追忆故人。

我的和尚朋友*

——画家传法法师

100 年前，从南洋公学出去的才子李叔同，1918 年在杭州虎跑寺出家，法名弘一法师。

100 年后，交大又一位退休画家屠传法，2001 年在他的故乡绍兴新昌大佛寺落发为僧，法名传法法师。

1938 年屠传法生于绍兴，童年就丧父，家境很困难，新中国成立给屠家带来了希望。1953 年，15 岁的屠传法进入上海久新搪瓷厂当学徒，学的是搪瓷喷花工。那个年代，在新婚家庭的新房里总能看到一对色彩鲜艳、上有吉祥花鸟的搪瓷面盆，这是人们幸福美好的希望。屠传法在车间一天又一天从事给人"美好希望"的劳动，从工业性喷花鸟，渐渐爱上了艺术性画花鸟。

经历了 1957 年"反右派"折腾的知识分子，跨入大跃进的 1958 年，在"知识分子劳动化，劳动人民知识化"的口号下，下厂下乡参加劳动，成

---

* 本文写作于 2012 年。

为那时知识分子思想改造的必修课之一。上海画院集中了上海著名画家，画家作为知识分子理所当然要放下画笔下去劳动。画院的组织者看来考虑到画家们的体质和专长，让劳动与画画结合，于是和久新搪瓷厂挂钩。画家们上午到车间，这是体力劳动；下午在工厂画室里搞创作，这是脑力劳动。已经20岁的青年工人屠传法抓住这个机会跟在唐云、程十发、邵洛羊、周练霞等画家后面，认真看他们画花鸟。画家们发现有位青年工人好像迷上画画。一天唐云问屠传法姓名，当听到“屠传法”三字时，唐云突然扎下眼镜，仔细打量眼前的青年工人，自言自语：“缘份，缘份”！接着说：“你知道吗？传法是个和尚名字，唐朝有传法寺，传法碑，上海静安寺第一代大和尚是传法法师。日本也有一座传法寺呢”！唐云是位对佛学有研究的居士，不少大和尚是他的好朋友，一听“传法”二字，就能讲出这样一篇背景材料。

不久的一个夜晚，唐云独自去到搪瓷厂单身工人宿舍看屠传法。只见一张木板床上，被头卷在一旁，摊着纸张，屠传法俯着身子，全神贯注在作画，此情此景深深感动了唐云。屠传法见过唐云后，从床底下拿出一卷习作请唐云指教。唐云说：“传法你真想学画，我就收你为徒”。画家要收自己为徒完全出乎传法意料。就这样一个大画家收了一个小青工当徒弟，这可引起画院和上海新闻界的注意，当时的报纸作了报道。从报纸上新闻，屠传法知道老师的名气很大，社会地位很高。拜师后，唐云发现徒弟经济困难，缺少画画的工具，便送了他一大堆文房四室，笔洗、印泥，自己还专门为传法刻了一方图章。此事被一起下放在工厂劳动的画家江塞汀看到了对传法说：“这是艺术品，你要好好保存。”

为迎接建国十周年，唐云受命为北京“人民大会堂”作巨幅中国画《和平颂》。唐云对屠传法说：“机会难得，你好好看我作画的全过程，从立意、构思、布局到大胆落笔，细心收拾，如何用笔、用墨、用色好好看。从感性认识开始，自己画起来，少走弯路”。1959年，炎炎夏日的整整一个星期，屠传法就在唐云画桌旁磨墨、理纸、挥扇，认认真真看老师怎样画《和平颂》。唐云喜欢饮一点酒，休息时，学生陪老师也饮上一口。

同年,上海画院成立美术专科学校,屠传法作为调干生考入就读。在搪瓷厂时屠传法已认识一些画家,在画院唐云又引见上海画坛的前辈画家如赖少其,张乐平、董天野、王个簃、俞子才……等。唐云说:“各位前辈都是你的老师,你要好好学习”。画家们课堂上的传授,课外的指点,屠传法在成长,1962 年毕业了,按照当时的制度,屠传法回到久新搪瓷厂担任美术设计。

1966 年,“文革”动乱降临大地,上海画院的画家纷纷被打成“牛鬼蛇神”,戴上“黑画家”帽子,他们的画成了“黑画”。什么是“黑画”? 现在说来真是不可思议,超越正常人的思维,但当年却闹得很凶,上海大报用整版的篇幅,吓人的语言一本正经大批“黑画”。一幅鸡冠怒张,精神抖擞的金鸡报晓图,被“批”成公鸡怒目是“对新社会的仇恨、不满”;画家笔下美丽鲜艳的花草“上纲”为“鼓吹资产阶级腐朽思想”……。唐云也被斗倒在地,闷闷在家。消息传来唐云的好友傅雷夫妇不堪折磨双双自尽。屠传法怕老师想不开,登门劝老师“留得青山在”。这天,唐云慎重地对徒弟说:“你一定不能去批斗老师,做丧天害理的事”。“文革”十年,屠传法牢记老师教导,没有去画院贴过一张大字报,参加过一次批斗会。唐云被隔离在画院,屠传法去看望还带去一点食品,被造反派发现了,但屠传法身上挂着“工人阶级”护身符,对他也就开一眼闭一眼。

“文革”收场,大地回春,屠传法调到上海轻工业学院任美术系中国画教师,后升为副教授。屠传法开始走出上海,游历祖国名山大川吸取养料,写生画画,到现在他曾十次登黄山。1983 年屠传法在上海首次举办“传法花鸟画展”。对屠传法展出的画,画家、也是艺术评论家邵洛羊的评论:“传法刻意揣摩(老师唐云)并取法华嵒、任颐诸前辈,笔力劲挺,设色清丽,能得乃师韵姿,……深悉必须神与物游,才能摄取真趣,熔入丹青,并可以逾越师规,自出新路”。1985 年,屠传法应邀赴福建举办“侨乡泉州传法花鸟画展”,人大副委员长叶飞为此题字。同年 6 月,又参加上海美术馆举办的“书画义展”,所有画家展出作品,义卖所得悉数捐赠上海市妇女儿童中心。1986 年,屠传法又在上海展览中心再次举办“传法花鸟画展”，展出作品全部售出。那个年代能在上海滩举办如此规模的个人画展，没有一点功底是很难立足的。屠传法的经济有了明显好转。

在改革开放的大潮下，不安份的屠传法在思索，中国画也要走出国门。1986 年，在上海展览馆的“传法画展”上，机会出现了，参观画展的日本画家和企业家找到了屠传法，他们认为屠传法的画“功底深厚，水墨淋漓，气韵生动”，乃盛情邀请他到日本作画、讲学、办画展。1987 年 1 月，应日本山犁县甲府市邀请，屠传法首次踏上日本国土，在日本讲中国画。在甲府市政府作画时，日本电视台专场直播，“传法作画”的动态镜头走进日本千家万户。日本“朝日新闻”1987 年 1 月 23 日作了报导，NHK 电视台则播放传法画展情况。1987 年 4 月，日本长崎美术学院聘屠传法为中国画教授。就这样屠传法出家前八次赴日本讲学，办画展。

本文作者在日本东京的一次聚会上“有缘”认识了屠传法。当时上海交大的管理层已作出要加大力度，恢复和发展交大的人文学科，在用人上坚持开放、包容。回到上海后我向学校有关部门作了介绍。在上海交大有关方面和谢绳武校长、王宗光书记的关心下与上海轻工业学院协调后，屠传法 1994 年调入上海交大，并担任思源书画艺术研究所所长。来到交大后，屠传法一边向交大学生上绘画课，一边自己创作。在交大 102 周年校庆时组织出版了交大《思源画集》和画展，开幕式那天，交大浩然高科技大厦的展厅高朋满座，市老领导夏征农、杨士法亲临剪彩，这些活动为交大校园文化增添内涵。屠传法出家前几年还出版了《唐云先生佚事》、《传法中国画集》、《传法花鸟画集》等著作。

2001 年春，63 岁的屠传法从交大退休。同年 3 月 1 日，屠传法写信给他工作的上海交大领导和准备落发的寺庙所在地故乡绍兴市领导，信中说：“我生逢盛世，有缘拜大画家唐云先生为师，后又有缘在交大思源书画艺术所任所长。从艺 40 多年，在师友指点和党的培养下，从工人到画家，搞艺术教育，不知不觉到了花甲之年。经过多少年的思考，因缘到时，我决定走无悔之旅程——出家修行”。几年后，传法和尚在“画集”序上又说:“老年出家,六十六岁受三坛大戒。弘一法师明示:自责之外,无胜人之术,自强之外,无上人之术。人生苦短,艺海无涯,夕阳无限好,今日在黄昏。有一份热,发一份光,以戒为师,管好自己,……做勤奋修持的画僧。”

屠传法出家前夕,曾来我家告别,说他主意已定要出家当和尚。我虽感意外,但看来他是非常认真。我既不劝他留俗,也不支持他出家,也不深问他的动机,尊重他的信仰。在我看来他的出家也是“可敬而不可学”。记得当时谈了一些他出家后的家庭安排和未来的和尚生活,听来他都作了细致的安排。一年半后,屠传法——此时已是传法和尚,在他出家的绍兴新昌大佛寺举行了一次“画展”,展出出家后的一些作品。这次画展,王宗光书记、谢绳武校长、杨槱院士等许多上海的朋友都专程到绍兴出席开幕式,我也去了,我的感觉传法的画风在起变化。2004 年 4 月,日本中国佛教协会会长杨兆清评论:“传法法师出家后,三年多来静心修行,创作珍品,先后上九华山、普陀山、五台山、少林寺等……画风大变,有了新思路,新感悟,新内容的作品,由花鸟画拓展到山水画、佛像

四海云游归来的传法和尚(左)来访本文作者

画、罗汉、观音，充分发挥中国画水墨淋漓，大泼墨画风和勾线之中国画技法，使作品栩栩如生，幅幅感人，画出了‘佛在人间，人在佛中’”。

传法和尚画弘一法师

出家后的几年，传法和尚还远渡重洋，去了法国、马来西亚、印尼、菲律宾、日本……，拜师访友，见识大千世界。这几年创作了近百幅人物画，除了达摩、观音、如来、罗汉的佛像外，还创作了弘一法师、李白、陆游、陶渊明等人物画。出家前我只看到他画的“花鸟”，现在已是明显的不同。花鸟的美已不能表达画家对人物美的追求。锁在庙里的传法和尚，摆脱了人世间的烦恼，能够静心绘画，或许是一个原因，总之画风变了。传法和尚的书法也有变化，有多幅书法是学弘一法师的书体。传法和尚的人物画，在我看来他是按照人间现实的喜怒哀乐在画佛，按照佛国想像的慈祥美好在画人。行踪飘忽、云游四海的传法和尚，留在人间的将是“善哉，善哉！”

六十年来的交大一把手*

一所知名大学的党政一把手，对这所大学，以至对国家贡献如何关系甚大。六十年的交大，一共 15 位实际到任主持工作的一把手。

“文革”前：吴有训（主任），李培南（书记），彭康（校长、书记），谢邦治（校长、书记），余仁（副书记、副校长、代书记）共 5 位。吴、李、谢三位主持校务时间短，一年左右。还有一位兼职校长刘述周，没有实际到位。

“文革”后：杨恺（书记）、邓旭初（书记），朱物华（校长）、范绪箕（校长）、翁史烈（校长），何友声（书记）、王宗光（书记），谢绳武（校长），马德秀（书记），张杰（校长）共 10 位。

彭康在交大 14 年，前 7 年在上海，后 7 年在西安。彭康一生最大的贡献是在中国大西北办起了交通大学，这在中国教育史、中国开发西部史上具有深远影响的举措。

中国一所著名的老大学离开她诞生发育、而

* 本文系 2009 年 9 月 23 日在上海交通大学庆祝新中国成立 60 周年座谈会上发言。

且经济发达的故乡，迁到经济还不够发达的地区，难度极大。1955 年，出于当时紧张的国际形势，中央选中处于国防第一线的交大，迁往战略后方西安。决策是对的，当时交大教师也是拥护赞成的。一年后亚非会议召开，中美开始华沙会谈，国际形势有所缓和，中央决定沿海地区又可建设了。于是，已迁了一个年级学生和相对应的教职工及教学设备的交大，对于是否继续西迁产生了不同意见。1957 年春，全国开始整风，出现“鸣放”高潮。反对继续迁校以一种极其激烈的形态表达在全国人民面前，成为“骑虎难下”，必须由周恩来总理亲自出面召见交大代表和有关省市、中央部门负责人晋京。周总理在充分听取意见，说清情况后，把交大继续迁还是已迁部分迁回等方案交给学校，总理要交大师生讨论后正式提出意见上报国务院决定。

作为交大一把手的彭康如何应对，压力之大，责任之重可想而知。彭康早年留学日本京都帝国大学哲学系，懂英、日、德三国语言，翻译过多本马克思、恩格斯、普烈汉诺夫等的经典著作和文艺理论，也发表过不少政治和哲学文章。1928 年入党，1930 年被捕，坐牢 7 年。抗战开始，出狱后曾先后任中共安徽省工委书记，华中局宣传部长，华东建设大学校长等。新中国初期任中共山东分局宣传部长，1952 年他“不当官，办大学”，成为交大历史上唯一一位由毛泽东签发任命书的校长。

1957 年 6 月初，彭康从北京带回周总理关于迁校问题指示，他在高教部和上海市委领导支持下，白天找很多教授干部分别听意见做工作，晚上几乎天天开党委扩大会，地点在他住家楼下一间可坐 10 多人的会客室，听取汇报，分析情况，讨论方案。彭康二次把高教部杨秀峰部长请来参加扩大会。会一般从晚上 7 时开始开到后半夜一二时，有时直到黎明。为什么开得那么长？彭康很民主，耐心听发言，不记笔记，没有倦容，香烟一支接着一支。参加会的交大同志都属中青年，和他相差 20 多岁，事关重大，也都打起精神，没有顾虑，七嘴八舌，热烈争论。会议过程中彭康还不时和高教部、市委，在西安的交大同志通电话。在 6 月 23 日的党委扩大会上，彭康归纳多数意见和传达杨部长指示后提出交大分设上海、西安两地,“一个系统,统一领导”的新方案,党委一致同意。随后又召开校务委员会,讨论后一致通过,正式上报审批。由于交大迁校新方案涉及上海、西安其他有关院校的合并调整,得由两地省市委和杨部长出面做工作。1957 年 9 月 5 日,周总理致函杨部长说,国务院正式批准交大分设两地新方案。就这样解决了交大迁校问题。1958 年“大跃进”开始,中央把交大(西安部分)和交大(上海部分)作为两所独立大学下放给陕西省和上海市主管。但时间不长,1959 年春又收回,并确定为教育部直属的中国 16 所重点大学中的 2 所。1959 年 7 月,国务院决定交大两个部分正式独立为西安交大和上海交大。

交大迁校问题的实质是根据国家需要把一所历史悠久,国内一流,名教授成群的大学裂变成两所同样水平,同样知名的中国重点大学。放在大西北的交大要坚持下来,得到发展,难度极大,经过彭康和交大人的努力,这个目标实现了,这是交大一把手彭康的最大贡献。对于交大迁校,1981 年,时任教育部长的蒋南翔评论:“是我国在调整高等教育战略布局方面的一个范例。……值得大书特书。”交大迁校半个世纪后,2006 年 4 月,教育部长周济的总结性评论:“正是交大的西迁,改变了整个中国西部高等教育的格局,……引领和带动整个西部地区的高等教育乃至整个教育的蓬勃发展,形成了一马当先,万马奔腾的大好局面。”

“文革”灾变发生,1968 年 3 月 28 日,被造反派夺了权的彭康校长,在校内游斗路上被造反派中杀手活活夺走了生命,彭康无奈地告别他一手创建的西安交通大学。十年后的追悼会上,中共陕西省委书记的悼词称:“彭康是马克思主义教育家、哲学家,是党的好干部,为党为人民做了大量工作,为中国人民解放事业与共产主义事业贡献了全部精力。”为了永远的纪念,西安交大校园内矗立了彭康校长的铜像。2007 年中央教育部出版了《共和国老一辈教育家传略》介绍 18 位教育家,彭康是其中之一。

1960 年初,原华东化工学院党委书记余仁调到交大担任副校长、副书记。同年 10 月,谢邦治校长调任市委秘书长,但仍兼校长,余仁开始实际主持交大工作，但遇重大问题报告谢邦治，至1962年4月谢调离上海。1963年9月，上海市刘述周副市长兼任交大校长，但实际主持工作的仍是余仁。1964年7月，余仁任交大代理书记。"文革"中交大造反派高喊"打倒余张邓"，排在第一的"余"即余仁，不是刘述周。

1960年7月25日，国防科委、海军、高教部在青岛召开代号"七二五会议"，上海交大余仁参加。余仁的传达给我非常深刻的印象是海军和国防科委"看中了上海交大"。如何贯彻？余仁要教务处提出调整专业，为海军建设培养人才的方案，当时涉及到的部门无不十分兴奋，认为是交大的光荣和责任。1961年2月，中央决定上海交大划归国防科委主管，定性为"国防工业院校"。

余仁作为一把手的六年，他的主要贡献：①团结交大教职工，积极稳妥地转到主要为国防建设服务；②政治落实业务，积极实践老交大教学传统。

交大定为"国防工业院校"，如果在学科专业设置上把与国防无关的"关停并撤"，从"左"的观点看是"坚决贯彻为海军服务"，但余仁等党委领导没有这样搞。尽量向国防科委和海军方面做工作，使好像与国防无关的学科和专业得以保持，同时上了一些海军建设急需的新专业。在用人方面，"左"的做法是打着"政审""保密"旗号把经历、家庭复杂或有海外关系的知识分子调离交大，交大也没有这样做，这和余张邓的团结、尊重、信任交大教师的思想是分不开的。那个年代，上海交大的办学方向是稳妥的，师资队伍是稳定的。

书记分工余仁一直主管教学。60年代交大制定的"教学工作十七条"，受到广大教师欢迎，对提高教学质量起了很大作用，这个文件由教务处起草，但是余仁在抓的，是用学校名义下发的。"文革"中被攻击为复辟资本主义的《老交大教学特点座谈会纪要》，虽然是由教务处整理成文并用教务处名义上报的，实际上是报告余仁同意后搞的。余仁对交大招生"门槛高"是很重视的，有一位成绩很好、品行很好，姓芮的女同学报考研究生，但家庭出身复杂，是否录取有分歧，我报告余仁、张华，他们两人开党委会拍板录取。60年代林彪鼓吹突出政治，提倡政治可以冲击业务，到处挥舞“语录”和“老三篇”。余仁一直在学校工作，懂得教学质量好坏不是背语录喊口号喊出来的。余仁的办法是接过“语录”和“政治口号”用来包装交大“基础厚”、“严要求”。他一个接一个召开一节课、一本教材、一个实验室的现场会，自己到场讲话，表面提倡“一条语录统率一堂课”，“一句口号突出一个教学活动”。当时有的实验室挂满政治标语，我傻呼呼在实验室说了一些不赞成的话，“文革”一开始也就成了“反对毛泽东思想”、“反对突出政治”打翻在地。余仁用标语口号保护自己，搞的是政治落实业务，当然以后也没有逃过劫难。划归国防科委主管后，因工作关系我经常和国防科委八局及海军军校部的领导和干部交往接触，我感到他们对余仁是满意的。国防科委如对余仁不满意完全有权向交大派书记或校长，也可请上海市委派，但没有。相反，1964年任命余仁为党委代书记。当然余仁要取掉“书记”前的“代”字与前面几位一把手比，资格还不够“老”。

林彪垮台后，中央落实老干部政策。1972年10月，杨恺作为原华东局宣传部副部长派来交大任党委书记。其时上海仍在“四人帮”马徐王控制之下。但“文革”已到后期，“四人帮”搞的一套，如反击右倾翻案风，交大大字报很少，杨恺也不积极，引起“四人帮”上海代理人不满，但还来不及对杨动作自己就垮台了。粉碎“四人帮”后，1976年12月杨恺调至市里工作，后任上海市副市长。

1977年6月，市委决定邓旭初接任党委书记，到1986年2月离任，长达9年。这一时期先后担任校长的是朱物华、范绪箕、翁史烈。邓旭初任党委书记后抓了清查“三种人”，平反冤假错案、落实各项政策、真理标准讨论等拨乱反正措施。邓旭初的贡献是：重振交大雄风，鼓励交大人要敢为天下先。在王震、柴树藩等领导支持下，他组团访美，走出国门，走开放之路；他发动群众，进行了校内管理改革，打破大锅饭、铁饭碗，实行人才流动和毕业生分配改革；交大率先接收海外赠建……由于上海交大改革的成功，邓小平同志在上海接见交大代表，肯定交大改革。

1984年国务院向人大作的《政府工作报告》写了一段肯定交大改革的话。邓旭初高瞻远瞩看到需要改变上海交大的上级主管部门。经过邓旭初向各领导部门和领导人进行深入的沟通，交大从中船公司主管又回到教育部主管，这为交大以后列入“国家重点建设”、“211工程”、“985工程”，以及向多学科办学创造了必要前提。交大113年历史中，除了盛宣怀曾主动要求清政府商部主管南洋公学外，其余主管上级的多次变动全是被动的。

1986年2月，何友声接任党委书记，校长仍是翁史烈。在何、翁二位一把手的协力下，交大走出了徐汇校区，诞生了“交大新的希望”闵行校区。建设闵行校区决策是在邓旭初、翁史烈时期，落实是在何、翁时期，二位一把手筹集建设资金，顶住各种干扰，制定新校区管理模式。经过全校广大教工支持和国家教委、电力部、市委、市府的关心以及设计、施工单位的努力，1987年秋闵行校区迎来第一批2 600名新生入学。这天，江泽民同志在闵行校区十分高兴，既讲了话，又题了词，他第一次提出交大要办成一流大学。

学校由于突破了狭小的办学空间，解放了生产力，上海交大从创办新学科新专业，到人才的引进，招生的扩大，以及海外资金和国家资金的引进都创造了广阔的前景。

1992年6月，王宗光出任党委书记，校长仍是翁史烈。这年春天小平同志发表了著名的南巡讲话，深化改革成为学校各项工作主题。王宗光担任书记至2003年共11年，是建国六十年来，作为交大一把手主持工作时间最长的书记，而且在这之前还担任了9年副书记。王宗光经历了丰富的办学实践。在王宗光主持党委工作期间和翁史烈校长，后为谢绳武校长一起在交大迈向世界一流大学目标指引下，把上海交大从规模、学科、教学、研究、管理、对外交流等方面全方位上了一个台阶。现在在岗位上的交大人都看得见，摸得到，不需要我引数据，举实例。29年前我第一次去美国访问，到了哈佛、MIT、哥伦比亚等大学走马看花，也曾住进学生宿舍，那时我想那一天我们交大也能建成这个样子？今天可以说，至少在校园环境方面上海交大已是世界一流水平。

2003 年王宗光的一把手棒交给了马德秀，2006 年张杰接过了谢绳武校长的班。他们二位一把手坚持把国家需要放在办学首位，把培养人才放在首位，把内涵建设放在首位。实现了和上海第二医科大学的合并，新的上海交大实力大增，与 60 年前相比，校园扩大了 10 倍，在校学生翻了 20 倍，2 万中共党员，1 000 党支部。交大没有停顿，天天在前进。跟着中国的崛起，交大一定会成为世界一流大学。

回顾 60 年历程，深深感到，我们靠的是中国共产党与时俱进的领导。而管理好交大的体制只能是党委领导下的校长负责制，这样的体制下两位一把手的品德、才智、干劲和协力又是起了关键性作用。

附　录

从我的经历谈人生*

——与交大密西根学院研究生座谈

研究生同学出了一个题目：从我的经历谈对人生的认识。

我今年81岁(1931年生)，入党64年(1948年初入党)，在交大57年(1955年春到交大)。

第一，是一个非常平凡的人。我是一名大学的教育工作者，中国8200万中共党员中的一员，一个九品芝麻“干”。做起事来一直很自信，自认为没有架子，别人说我主观性强；从不自卑，也不拍谁马屁；信奉“严要求”，得罪一些人，50年代犯过“左”的错误，但1959年却作为“右倾”受到批判。一生与学校、教育、同学、教师在一起。1955年调到交大先当了二年电力系总支书记，接着四年任党委宣传部长，马列主义教研室副主任，然后六年任校教务处负责人。“文革”打倒在地，扫过地，关过一年多“牛棚”，后在附属工厂铸工车间当清砂工人。半解放后任附属工厂“教

* 2012年与研究生座谈会发言稿。

育、生产、技术组长”，负责试制 2 000 马力军用高速柴油机，051 护卫舰用 50 马力燃气轮机消防泵等。“文革”结束后，调我到市招办具体负责恢复高考后首届统考命题工作和上海首届研究生统招工作。接着大学扩招调去参加筹建“交大机电分校”（即现在的上海工程技术大学）。一年多完成任务，回到交大，先后任校计算中心主任、基建办主任、南洋公司总经理、副校长级总务长、闵行二部主任，副校长等。1993 年，浦东开发，国家教委调我去任中国高科集团公司副总经理和中国高科房地产公司总经理。1996 年我要求离休，获批准。2000 年开始，发挥余热，参加校史研究迄今。

第二，是一个十分幸运的人。1947 年初，我在上海法学院附中读高一，参加了反对国民党政府学生运动。我们班上有位女同学是被国民党特务暗杀的，李公朴教授的女儿。我住的学生集体宿舍下铺是一位地下党员（当时不知道）叫李积之，他能吟诗，懂音乐，讲哲学，论时局，对郭沫若、茅盾等大文学家，照样说三道四；建国后任黄浦区团委书记，1957 年打成右派，作为感情脆弱的诗人，自杀身亡。我主要受他影响，参加学生运动。暑假开始，上海法学院附中把他、我共 14 位学生“勒令退学”。14 位同学中个别去了解放区，多数转学到别的中学。我经李积之的介绍考入了储能中学。储能校长段力佩是地下党员，教我们班大代数的老师马飞海，解放后才发现他是中共上海地下党市委委员。1948 年 3 月，我加入了中国共产党，担任高二班长和校反迫害联合会主席。6 月，我们班同学胡国安被特刑庭“传讯”。陶大铮参加反美扶日大游行在南京路上被捕。夏天组织上通知我“已暴露”、“有危险”，决定离开储能，要我报考光华大学，原名范祖雍，改名范祖德。我于是跳了一级考取了光华大学法律系。那时规模不小，2 000 学生的光华大学只剩 2 个地下党员，秋季开始中学考入 12 个，我们这个 14 人地下党支部到上海解放时，发展到 44 个，成立总支，我任总支委员。解放后，许多党员参军从政，总支又改为支部，支书去市委党校学习，我代理几个月，下一期市委党校又开学，我被调去学习。学习结束后，分配到中共上海市北站区委任组织员，联系区内中学支部。1955年春，市委组织部调我到交大。“文革”开始，即被打倒，戴的帽子是“反革命修正主义分子”、“鼓吹复辟资本主义老交大传统”，“交大总理”。后一顶帽子其实是“正面的”，批我事情做得多。由于后一顶帽子，作为中层干部居然1966年8月12日在大操场开了一个全校万人批斗大会，成为交大最早也是全上海最早的有组织的万人斗争会。戴了一只特制的高帽子，事后许多同事、同学告诉我，高得可破迪斯尼记录，可惜我自己低着头，没有看清楚，只感到头上重重的。校党委组织工人名为纠察，实为保护。“文革”我没有被斗死，实属万幸。打倒后我“六亲不认”，以免害人。我有点乐观，坚信中国不会如此下去。“文革”结束后，先分配我在校外做一些事，回到交大后先后具体负责筹建校计算中心，包兆龙图书馆，南洋公司，闵行二部新校区等。从1980年起，有机会先后几次出访美国、日本、香港。在美国参观了近30所大学，住过美国大学生宿舍，拜访过美国、香港一些知名大学校长，开阔了眼界，坚信中国一定要开放，改革，发展，交大也一定能办成一流大学。离休后，发挥一点余热，写一点文章，交大故事，随笔杂文，研究校史；提点建议。不采纳，没有下文，决不生气，正常的；采纳了当然很高兴，如交大建钱学森图书馆是钱老九十寿辰时，我提的建议，被学校、钱老本人、中央采纳了，我当然很高兴。

我很幸运：①解放前没有被捕；②“文革”时没有被斗死；③“文革”后有幸参与最早的解放思想、改革开放、发展建设，也做了一点实事。

我对人生的认识：

(1) 我信仰唯物论与辩证法。相信世界是物质的，物质是运动的，世界是无限，人对世界的认识也是无限的。是与否，真理与谬误靠实践检验。我认为这是马克思主义精髓。我不信宗教，但尊重别人信仰，我有一位和尚朋友，我写《弘一法师与交大》的文章，但不提倡学生跟他学出家当和尚。

十八大文件肯定马列主义、毛泽东思想。但如何定义马列主义、毛泽东思想？没有展开。马、列、毛著作、讲话浩瀚。我的认识，马、列、毛讲的做的实践检验对的就属于马列主义，毛泽东思想。不符合实际，实践检验不对的就不是马列主义、毛泽东思想。不能把过时的不适当的拿来称马列主义、毛泽东思想。1956 年秋起，我胆子很大，曾经向交大教师，有教授也有青年教师，约 300 人系统讲“唯物论辩证法”，1957 年春整风运动开始乃中断。为了讲，当年我实在认真读了一点马列著作。

（2）一定要把国家、人民、党的利益放在第一位。具体讲首先要和党保持一致，服从党的决定。同时要处理好保留不同意见和自己要善于“扬长避短”。“文革”后我曾三次“辞职”，第一次是机电分校，分校由六个局级单位组成，交大负责教学。当分校规模、模式，教学管理定下来后，我“见好就收”，辞职回交大；第二次，闵行二部建起来后，在校学生已超过本部时，我提出撤销二部改变主任负责制为条条负责制，当时已经有人说我“独立王国”，而实际上也确实“负责”不了，要实事求是，主动提出，我不要这个“权”。第三次，1996 年，与高科公司主要负责人搞不到一起，我负责的房地产一块赚了钱，高科公司主要靠房地产，已对得起国家教委领导的信任和托付，也能向各投资高校交代，要见好就收，我提出要离休。在工作职务上，知难而上，知难而退，以退为进，见好就收，……都要从实际出发，考虑党的利益，也要考虑个人的能力、环境、处境、利益，总之不能僵化，不能盲目讲大话，拍胸脯，不可不懂装懂。

（3）一定不要发牢骚，一定不要背后讲别人坏话。对人可以不评论，但背后当面一个样，多包容，多宽容。不开空头支票，不吊别人胃口。不要骗人，这是做人起码道德；也不要被人骗，这是自己的水平。不要做别人讨厌的人，当然做一个人见人爱的人是很难的，也做不到。

（4）生命不息，劳碌不停。我一直说是“劳碌命”。活着，只要身体健康，头脑清爽，要学习，要做一点事，要劳动。直到无事可做，至少也要做一点家务劳动，当不能动弹时，高高兴兴告别世界。

“老有所为”和“创先争优”*

中国共产党已经走过91年的风风雨雨。党领导中国人民不断赢得革命、建设、改革的胜利，也是党不断实现、保持、发展自己先进性和纯洁性的历史。中国共产党的胜利是靠马克思主义与中国革命实践相结合。“马克思主义”是什么？我们入党时认识和现在的认识并不一样。从马克思在世起，定义和内涵一直在发展。今天的中国化马克思主义，我学习的理解是：实事求是，与时俱进，科学发展；为了人民，依靠人民。党的“十八大”即将召开，中央号召全党“创先争优”，鼓励老同志也要参加。“创先争优”和“老有所为”是一致的。退下来的老同志能“为”些什么？能“创”些什么？我想：

首先，不要为党和国家添乱，我指政治上。国内外敌对势力总是想搞乱中国，想在中国搞“颜色革命”。一有风吹草动，谣言满天飞。有了

---

* 本文是2012年6月18日在上海市教育卫生系统离退休老干部“创先争优”交流会上的发言稿。

互联网传播又快又广。我们要能识别,顶得住,和中央保持一致,听中央的话。人老了容易糊涂,但在这点上绝对不能糊涂。

其次,就熟悉的事和现在认识的问题,向有关部门或领导提一点自以为有益社会的意见或建议。不是写信发牢骚。我主要向党委和校长提,也有写信给中央、市委、教委党委提点建议。但不把采纳与否作为对意见是否重视的认识。采纳也好,没有下文也好,不采纳也好,都是正常的,绝不生气,因为我看到的只是一个方面。但不可以乱提意见,不要跟着起"哄",也不要硬提意见,提不出就不提。钱学森同志90寿辰,交大举行祝寿座谈会。会后谢绳武校长请钱学森儿子钱永刚,钱办主任涂元季吃饭,共10多人,我奉命作陪。饭前校档案馆馆长陈华新要我向钱办和钱永刚索要钱老用过的办公用品等,交大收藏。我在美国曾参观过"肯尼迪总统图书馆"。我想美国可以为总统建图书馆,中国应为大科学家建图书馆,在桌上交谈时我创议:"在钱老母校上海交大建钱学森图书馆,收藏钱老文物……"。当即获得谢校长的完全支持,以后又获得钱办、钱老家属和钱老本人的赞成。后来钱馆从"学校建"发展成"国家建"。去年终于落成开馆,我的创议成了现实,我当然很高兴。

再次,就文史方面一些问题,写一点文章。2011年纪念建党90周年,我根据档案史实和考证了一些问题,写了一篇"交大地下党"近一万字,从1925年交大建立第一个中共地下支部起,到解放前在国民党统治区被称为"民主堡垒"的由来和影响。7月13日,中共上海市委《党委中心学习组》编辑部作为"参阅稿"印发"本市各大单位党政负责同志、部分理论部门、新闻部门、文艺部门、出版单位有关同志"参阅。也刊载在交大校报上和上海市地方志办公室编的文集《风雨同舟》内。我的想法是既要宣传党的领袖,也要宣传党的基层组织。

1896年盛宣怀创办南洋公学(交大最早校名),这是爱国强国之举。1986年版《交通大学史》把创办交大定位为"封建主义文化和帝国主义文化结成同盟和洋务运动的产物,为洋务运动的兴衰作了陪葬”。这样说当然不妥。最早在南洋公学任教办学的美国人福开森，他为交大引进西学做出开创性贡献，老校史称福氏：“为帝国主义侵华效劳，为洋人培植奴才”。也不符合事实。为此，我写了“交大的创建与盛宣怀的爱国”及“百年前的美国专家福开森”两篇文章，引“证”据典，为盛氏、福氏正名。刊登在交大校刊上，后又收在2002年出版的我的文集《风雨交大》中。这两篇文章发表后，交大不再出现对盛氏、福氏的不实之词，二位对交大的贡献得到肯定。今年，闵行新校区矗立一尊盛氏全身铜像，校内一条马路取名“宣怀大道”。写文章是给别人看的，要考虑社会影响，认真谨慎，不能无根据乱写乱发挥，空话、套话、假话不要写。

2005年，支部同志推选我担任交大离休第一党支部书记。当时一支部共27人，年老体弱，现剩19人，走了8人，30%。我们支部建议利用医学院资源，在医学院研究生党员中聘请二位担任支部工作助理，让年青的学生党员参与老同志党支部的工作，这样既带来了支部工作的活力，又便于老同志进行医疗咨询。得到党委、老干部处批准。支部一位老同志骨头开刀，医学助理在场，这位老同志后来说，“踏实多了”。现两位研究生助理已是学校老干部处的医学“顾问”。

2005年时支部每月二次活动，老同志都很认真要来参加，实际上有的实在很困难，要请假，打招呼。我提出要量力而行，不能来不必事先请假。老干部处也同意。后来改为每月一次活动，去年建议活动结束后在学校用餐后回家，在校党委、老干部处关心下解决了，大家很高兴。

交大一部分离退休老同志多年来坚持参加歌咏活动，唱革命歌曲，以歌会友，振奋精神，并多次参加校内、市里表演和比赛。我虽没有参加，为表示支持，去年写了一首诗，题为“晚霞”，交大离休干部、音乐家陆宜同志谱了曲。后来又写了一首名为“大学退休者之歌”的歌词，市教委老干部处请音乐学院郑贤发教授谱了曲。今天用这首歌词奉献给各位，以结束发言：

“我们相聚在东海之滨，我们是大学的退休者。几十年的风雨，几代人的辛勤，先烈的血，先人的汗，浇铸了今日的辉煌。国家的栋梁，科学的斗士，学校的教师，企业的高管，建设的能手，从我们校园走出。饮水思源是我们永远的情怀，爱国荣校是我们不变的抱负。崛起的中国，我们是一片晚霞，幸福的晚霞。”

退休以后，开心第一*

今天相聚的都是交大“老”字号人物。老教师、老职工、老教授、老干部、老同事……，我们这些老人都在交大服务了10年、20年……50年，现在都已退休。什么叫“退休”？退休就是已完成了拼搏任务，已尽到了人生责任，现在国家叫你休息、休养、安度晚年。中国人得到这个权利并不容易，前提是国家要稳定，要发展，要开放，要小康。以阶级斗争为纲，动不动搞政治运动的年代，那时也有退休，但不安宁，谈不上安度晚年。30年的改革开放中国具备了这个条件，这就是“伟大”。

退休后如何“过好”老年晚年？想来想去，过得开心就是过好。要把开心作为晚年人生目标。为什么？因为国家已不需要你去拼搏了。这叫享受社会主义，也叫社会主义好。问题是怎样才能开心？主要两点。

第一，选好载体，找好“圈子”。看书、读报、

* 本文刊载于2001年1月6日《上海交大报》

上网、摄影、画画、写字、养宠物，这些都是开心的载体。会友、饮茶、聚餐、唱歌、跳舞、搓麻将、打扑克、结伴旅游……这些不是一个人可独乐的，要有一个圈子。圈子好就能开心。还有照看后代、烧菜洗衣、料理家务等都可使人开心，其乐融融。退休后选择载体，找好圈子的自由度极大，没有兴趣，合不来就不参加，“拜拜”！载体和圈子可以多个並交叉，总之开心就好。

第二，少计较，多宽容；少发牢骚，多点鼓励。为了一些小问题，为了几元钱、几十元钱生气不值得，“吃亏就是便宜，糊涂就是聪明”，这是有用的哲理。社会上存在许多问题和阴暗面，中央比我们了解，并且在不断处理，老年人看到听到不要激动。关心国家大事是绝对正确的，但人到老年一激动，一计较，一发牢骚，血压就会升高，心跳就会加速，手脚就会发冷，一个不巧也会“拜拜”。和青年人相处，尤其不要摆出“老资格”的态势。这也看不入眼，那也不以为然，青年人嘴上不说，心里可想碰到了一个讨厌的老头(老太)。和青年人在一起要平等、理解、宽容，实在需要提点建议，也是“要言不烦，谨供参考”。关心下一代是一定的，问题是要考虑效果，喋喋不休的说教，是不会受欢迎的。

刚退下来，有机会发挥一点余热，这也是开心的一种方式。终究已是“余”热，当自觉体力已不行或头脑已开始糊涂，自己就要适可而止了。

老年人的开心要有二个支撑。一是健康，参加一切开心活动要从各人实际出发，适可而止。病了也得开心、乐观，整天想自己的病，愁眉苦脸，闷闷不乐，无助治病和康复。二是经济条件也要从各人实际出发。我的观察经过票证经济磨练的老年人舍不得消费还是主导一面。中国人传统留点给子女，即使很少一点，可以理解。但是子女已经自立，就不必省吃俭用为后代，老年人对自己要好一点。至于不孝子女的索要，要顶住，趁自己健在时立好遗嘱，省得将来折腾。

实地看世界*

高山大河，阳光风雨，茫茫沙漠，浩浩海洋的地球，自从有了生命，有了人类，有了社会，地球激活了。人来到世界，落在地球极小的一点上，从这点上感受世界的美与丑、冷和暖，欢乐与悲哀，幸福与苦难，但有很大的局限。

离开极小生存点，走到广阔地球的这里、那里，用自己的眼睛和肢体实时实地感受世界，是短暂人生的美好期望，是了解地球的最佳选择。现代社会，人们几乎每天离不开从书报、电视、网络上看世界，但无论如何和亲身感受亲密接触不是一回事，否则，旅游业就没有生意可做了，经营者的实地考察也无此必要了。

"世界"是什么？太平洋、南半球、地球的另一面……；金字塔的所在地、文艺复兴的发源地、长城故宫……。这样的大千世界，有限生命的人，谁也不可能看完。说"看"无非是走马看花，蜻蜓点水式瞄一下，碰一下地球的这一点那一

* 本文写作于 2004 年，原载《上海交大报》。

点，但引起的振荡，留下的记忆，或许是难忘的。

实地看世界，并不容易，很不容易。闭关锁国年代，基本不可能，客气一点说是“异想天开”、“头脑发热”；给你上纲则是“别有用心”、“你想出走”。现在办护照很方便，问题出在想去的国家签证与否？签证解决了，关键又是经济条件如何？健康允许否？老态龙钟时，想去看看，却已力不从心了。

从 1980 年以来，有机会踏上北美洲、欧洲、澳洲、东南亚、东北亚的土地；从飞机上看到过太平洋、北冰洋、地中海的浩瀚。每次外出总有一种“行万里路，读万卷书”的感觉，似乎在消化书本上读过的历史、地理、民族、宗教、社会。到了实地，有时突然感到过去不理解的某个概念“懂”了，兴奋异常，虽然大概还是似懂非懂。但至少突破了旅行社给你的框框：欣赏风景名胜，品尝风味美食，购买名牌特产，观看当地演出。看看世界除了旅行社划定的这些功能外，还有一些好处值得开发。这些好处在我看来：

使人冷静谦虚。哲学家说认识世界是为了改造世界。这句至理名言推动无数科学家发明创造，革命家造反改革。想改造世界，先要认识世界，其实要正确认识世界是很难的。科学家对世界认识不完整或错误时动手改造世界，会造成损失，有时代价也很沉重；但如果一个国家负责人自以为已经正确认识了世界，对世界或自己国家乱说乱动，其后果就严重多了，有的成为“浩劫”。“文革”年代处于狂热状态没有阅历的红卫兵，把外部世界看成“悲惨世界”，不了解中国正在搞贫穷的社会主义，却张口大言要“解放全人类”。现在看像是讲笑话，当年可那么认真。问题当然不出在被煽动起来的年轻的学生。现在许多党政负责人有出国考察的经历，有的还曾在国外留学，见多识广，冷静沉着，不唱高调，不充好汉，说发展是硬道理；强调以人为本；放下架子，要和国际接轨。中国崛起了，人民生活提高了，出国旅游成了人民可触摸的现实。近年来，国际上讲中国、说上海，好话很多，捧场的虚话也不少，也有对中国搞“高估冒算”，制造“中国威胁论”。其实走出国门“浅层次”一看（还不需要“深层次”），我国诸如交通道路、居住环境、卫生礼貌、社会保障与一些国家比差距还是很大。一切顺利，可能还得几十年、上百年，多数中国人生活才能赶上今日的发达国家。

感到世界是很小的。世界究竟是大还是小？回答这个问题，取决于以什么作座标。如果以孤立的人的视野为座标：看到的是茫茫人海和无边无际的山川土地，当然世界“大”。如果作为社会的人，搭上飞机，不超过 24 小时，可以到达世界的另一端，如最遥远的城市南非首都，这时，世界又是“小”。李白名诗：“朝辞白帝彩云间，千里江陵一日还。两岸猿声啼不住，轻舟已过万重山”。读起来动感十足，人像飞一样，那时诗人的超前遐想，一天也只是走了长江上的一段，现在的世界比 1 300 年前李白时代难道不是小多了。有一次在北京，一位日本朋友说，我们预测东京明、后天的天气，就看今天的上海，上海今天下雨，东京明天或后天也会下雨。2003 年春天，我在澳洲一座小城市的马路上闲逛，突然碰到过去的一位同事，“他乡遇故知，世界实在小”。也是那年春天，我和妻子从悉尼到千里之外的凯恩斯玩。导游接机、陪同我们一路玩的就是我们夫妇二人。她说你们走后，她也要离开旅行社，另找职业，中国发生“非典”，没有人来玩了。世界难道不是太小了吗？世上各国社会制度不同，文化背景不同，民族历史不同。这种“不同”，让人感到世界的“不相容”和地球上似乎处处在搞对立。但是，20 年前和一位日本朋友在东京一家小餐馆随意边吃边聊。这位日本朋友从 50 年代开始作为第一代友好人士，已几十次来华，还是周总理的朋友。这天他谈兴十足说：讲社会主义，日本有的地方比中国还社会主义。我的思维定势一时完全不可想象“日本的社会主义比中国还社会主义”，我脑海中立时闪过是不是他酒饮多了，胡说八道？他接下去说：我已近 70 岁，我的财产是一幢住宅，去世后，传给子女，房屋的约一半将作为遗产税要缴给政府，这不是社会主义吗？日本人财阀富不过三代，就是靠这个办法，日本叫遗产税，其实是社会主义。中国还没有开征遗产税，不是比中国还社会主义吗？这位朋友对“社会主义”下的定义可能和我们理解不完全一样。但发达资本主义社会，也有社会主义因素，难道不是吗？世界各地在控制或调节贫富差距上可借鉴的又是那么的近。“小小”地球上不同民族、不同文化、不同生活方式的人，可能更要相容借鉴才能生存发展。

认识世界是脆弱的。1980年我首次到美国，飞机降在纽约，一出机场，感到空气味道与上海明显不一样，这是什么异味？汽油排放出的尾气。后来到其他美国城市也一样，吸入这种味道，我不适应，回到上海没有了。我深深感受到美国人的高消费和汽车汽油不分离。20多年后，上海也出现购车热，虽然其规模和纽约还不好比，这种“异味”在上海也似乎没有出现，或许是我嗅觉退化了，慢慢习惯了，还是汽车量还不够多？在美国、在欧洲到处是加油站。石油是不可再生资源，如此用下去。用完了世界怎么办？有的说，世界上石油还可开采50年，也有说70年，但没有看到说可超过100年。石油采完了，怎么办？又有人站出来说，人类总是有办法的，到时再说。船到桥头自会直，当然言之有理。问题虽然回避了，但至少表示世界也有“软肋”，不是无所不能，也不是永远不倒。纽约的世贸大厦我曾登顶，那时是世界最高建筑，雄伟挺拔是美国标志性建筑之一。9月11日那天一个朋友打来电话，说:“纽约出大事了，世贸中心被炸了，你马上打开电视凤凰台正在实时实播”。我立即打开电视，看到一架飞机撞向另一幢，然后二幢大厦相继倾倒的景象。我真的难以相信，世上唯一的超级大国，竟被几个恐怖分子如此摆布，脆弱极了。从这以后，每从传媒报导世界上发生自然灾害也好，人造苦难也好，每次都加深我认为大千世界人类社会是很脆弱的。这种思想是不是过份悲观，失去信心了？我想不是。看世界也不能“报喜不报忧”，应该看到世界确实有脆弱的一面。

实地看世界，天南地北，天上人间引发的感受和思索，因人生经历、教育、价值观的差异而不同。上面写的这些“开发”出的看世界的“好处”无非是我的一种看法，就算“姑妄言之”。世界在差异中存在，构成大千世界；又在包容中发展，因为“我们只有一个地球”。

能走出国门看看世界，对多数中国人来说机会还是难得的，难得的机会如何利用好？也是一个值得思考的问题。

迷人的人造之“谜”[*]

随着中国的昌盛，中国人开始跨入了旅游的年代。人不分老幼，地不分中外，景不分古今，都成了旅游经济开发标的。但人们一听说要去“人造景点”往往又立时兴趣索然。这是有道理的。那些不三不四的“西游记”造型；粗制滥造的“红楼梦”建筑；走了神的微缩“凯旋门”……等等人造景点真的使人望而却步。

前不久游了两个人造景点，却是迷人的，引发起对“人造景点”的新思索；问题不在于景点是否“人造”，而是“造”出了什么水平。

先说第一个人造景点的迷人之处。去年夏初一行十余人由春秋旅行社带领去皖南参观已列入世界文化遗产的西递、宏村的明清古建筑。在回沪路上导游说不远处有个需要购门票的人造景点“花山谜窟”，是人工开挖的很大的山窟，江总书记题名，大家如有兴趣汽车就开过去。这下车上议论纷纷，有的人一听“人造”，立即大摇

* 本作写作于 2003 年，原载《上海交大报》

其头，不去；有的听说江总书记去年刚去参观过，又亲笔题名，当地人总不敢骗总书记，要去看看；有的认为门票不算太贵，试试看。结果三分之一在车上休息，三分之二去了。我属于后者，看的结果是："不看不知道，一看吓一跳，留下一个谜，中国真奇妙"，我们的祖先开凿这么大，这么多的石窟干吗？

这是 2005 年作者第二次游"花山谜窟"时与同事们在进口合影。

"花山谜窟"位于屯溪东郊，新安江边，已探明共有 35 个石窟，现清理出三个，开放游览两个。石窟就是人工开凿的可以住人以及其他功能的山洞。我看到的两个石窟就其大小而言，在我的印象中绝不比曾去游览过的江、浙、桂林等地著名的天然石洞小。"花山石窟"内层层叠岩，洞中套洞，洞内一个个水池清澈相连，窟顶、窟壁、窟柱布满斧痕凿迹，清晰整洁，既是艺术的杰作，又是"人造"的证明。我们在两个石窟内不停地走了一个小时，可见其大。我脑海中除了惊叹工程如此浩大之外，涌现出一片疑问：古人开凿了这么大的石窟干什么用？囤兵、储粮、防空？（可那时还没有飞机，更谈不上导弹袭击），还是其他什么用途？是什么年代开凿的？在一个不大的地域开挖这么多山窟需要多少人力？……

当地的导游是一位“正宗”旅游学校毕业的女学生，她说石窟迄今没有找到文字记载，“土著”居民也都不知道有这些人造“石窟”。在一处窟壁上看到滴水形成的白色结晶，导游说地质专家取样分析形成已有 1 700 多年了，就是说这个石窟至少已有 1 700 年以上历史了。是否可靠？姑妄记之。当时想买一点介绍“资料”，可什么也没有买到。后来在上海开的一个“旅游展”，终于拿到一份极其简单，语焉不详的“古徽州花山谜窟”简介，有一段文字照录如下：“2001 年 5 月 20 日，中共中央总书记江泽民亲临花山石窟群考察时对此赞叹不已，‘真是太绝了，是个谜，真是个千古之谜！这真是个宝呀！要是宣传到国外去真不得了！’并欣然为景区题词命名为‘花山谜窟’”。是呀，这群“人造”的、神秘的、奇妙的、无数的“谜”链接起来的石窟，不要说外国人不知道，连消息灵通的东邻上海人也知道甚少。我也差一点在厌恶劣质“人造景点”的思维定势中与它失之交臂。

再说第二个人造景点。又过了一个月不到，有事去四川，友人相邀去成都以北约 40 公里的“三星堆”遗址博物馆。对于“三星堆”不像“花山谜窟”那样不知道，早有所闻。去年去四川，时间不够没有能去成，很是遗憾。“三星堆”是个地名，我们去参观的是一座现代化建筑“三星堆博物馆”，内陈列近年来从当地两座大型祭祀坑出土的大量文物，有青铜器、金器，有人物，有鸟器，有树木，还有“三星堆”文字等等。据介绍已有三千多年历史，并且称青铜造型为“光怪陆离，奇异诡秘”。我的感觉与北京、西安、上海等地中国顶级博物馆中看到的中国各地出土的青铜人物造型都不一样，如有一尊定为“国宝级”的大型青铜侍女，高体型、瘦腰身，长裙一袭，飘逸潇洒，简直像现代时装模特，在其他博物馆从未见到过。博物馆导游称“三星堆”是独特文化，又说是“古蜀文化”。说“独特文化”，我这个外行思想蛮有道理。“三星堆”留下的人物形象，简直要幻想成他们是来也匆匆，去也匆匆的外星人。但是把三星堆出土文物与“蜀文化”挂钩，虽然博物馆墙上挂着一些文字介绍想说明这点，但看来看去还是一头雾水，不得要领。三星堆出土文字至今也没有破译，又如何与“蜀文化”挂钩？我脑海中四川土地上的刘备、孔明、杜甫草堂，还有李白“两岸猿声啼不住”等等巴山蜀水形成的文化意境似乎也和“三星堆”出土文物联不起来，总之是一个“谜”。当然在巴蜀土地上出土的三千多年前的文物，把她称之谓“古蜀文化”也是说得通的，但作为科学，如此丰富集中又有自己独特风格的出土文物，确实还有待学者专家的研究、考证、解读。然而对于普通旅游者，古迹的迷人之外有时或许恰恰在于这是一个大写的“谜”，一个永远引人入胜，永远难以解开的“谜”。

一个月里，游览了祖国东部和西部两个迷人景点，引发了我对“人造景点”的思考。细细想来所有旅游景点不外乎三类：①完全自然。如长江三峡，九寨沟等；②完全人造。如故宫、金字塔、兵马俑、东方明珠等；③自然与人造相结合。有的以自然为主，人工为辅，有的则相反。长城是人造的，但八达岭的雄伟险要地形又是自然的；西湖是自然的，但构成西湖胜景的白堤、三潭印月等又是人造的，而且直到现在还在人造新的雷峰塔。新雷峰塔的秀丽雄姿和戏剧中面目可憎的镇压白娘子的雷峰塔完全不同。因此，问题不在于是否“人造”而是造的水平如何。改革开放的年代，开发旅游产品和开发其他产品一样也是鱼龙混杂，也不可避免冒出一些人造的伪劣景点。如何让旅游者欣赏到优质景点的美和文化价值，传媒、旅行社、导游的作用实在起了关键作用。如果对一些非常有价值的景点，劈头定位为“人造”并且用带有贬义的口吻介绍，这个景点也就“死”定了，导游也就成为“误导”。景点的投资开发管理部门如果自以为手里拿的是个“宝”，不怕不识货，不作有文化内涵的、有深度的，但不是信口吹牛、胡编乱造的对外介绍，只是埋头开发，抱着姜太公钓鱼式的愿者上钩，这个“宝”也只能默默无闻，“闷”在那里，“花山”谜窟就是如此。

江南新园林“静思园”散记*

提起江南园林，离不开苏州的“拙政园”，吴江的“退思园”，扬州的“个园”，上海的“豫园”……。江南园林是有特定文化含义的中国园林建筑，不同于自然山水，是人造的景观，沉淀了中国江南的传统建筑、民俗文化、人与自然的互动，也凝聚了中国人眼中的“美”的许多元素。江南园林是中国的，也是世界的文化遗产。

近百年来，随着岁月的流变和时不时的天灾人祸，江南园林一直在缩减，鼎盛时近300所，而到现在只剩60余所，有的被移作他用，有的成了危房，拆除了之。人民共和国成立后，几所名园，定性文物，得到保护，这几所受到文物保护的园林躲过了像“文化大革命”这样的浩劫，支撑着中国江南园林的文化象征。改革开放以来，国家欣欣向荣，现今的江南大中城市，都在大兴土木，广造高楼。在住宅小区，块块绿地也能看到这里建了个亭子，那里造了一座曲桥，或许一座假山出

* 本文写作于2003年11月12日，原载《上海交大报》。

现在你面前。作为小品，这些美化环境的手笔显露出一点江南园林文化余韵。但即使胆大能吹，善于包装的房地产商也不敢吹他新造了什么“江南园林”。也有为了拍摄影视，搭建了某些江南园林式样的布景，拍完以后，没有拆除，留了下来，开放收费，市场操作，更有者服务员穿上明清服装，招揽游客，美称为“影视城”，其实这是现代“影视文化”，不是经典园林文化。就上海地区讲近 70 年来新建的能称得上“江南园林”这个特殊概念的大概只有上世纪 80 年代建于青浦的“大观园”和 90 年代初造在交大闵行校区的“南苏园”。前者大气，对外开放，落在淀山湖畔；后者小巧，藏而不露，不知何处寻访。但二者都属于国家投资，不是私家园林。至于私人投资建筑园林，前几年没有可能，也没有听说。总之江南园林文化似乎还没有走出低谷守势。

不久前从友人处获悉，苏州吴江市将在几天后(即 2003 年 9 月 12 日)揭幕诞生一座新的江南园林，相距著名的“退思园”约 3 公里。友人又说，投资建设者是当地从事玻璃钢生产的民营企业家陈金根先生。陈先生大约 15 年前就开始收集苏州地区和上海市拆旧房时有价值的建园材料，如楠木大梁，状元宅第的砖雕等。又用了 10 年时间一点一点建园。落成前，还请社会学家费孝通先生为园题名，费先生是有声望的文化名人，他为新园题名“静思园”，取这个园名明显和“退思园”是有牵连的，是“克隆”？是“抄袭”？想“超越”？想“突破”？……友人又说园未开放，园中收藏一块石头已获“大世界吉尼斯记录”，当然有案可查，很难吹牛作假。听了如此这般介绍，对我而言剩下的，就是百闻不如一见了。

酷暑刚逝，秋高气爽，正是访园寻景的好日子，我们从徐家汇出发，上沪青平高速，越东方绿舟，经大观园，化了不到二小时到了目的地。“静思园”已建成部分占地 66 亩；正在造的二期还有数十亩，如此规模与江南地区其他园林相比大概属于大的。江南园林的水、山、石、砖、楼、堂、亭、阁、厅、廊、轩、舫、花、草、树、木等元素一应俱全。陈先生满面春风，接待了我们，作了介绍，也一一回答了提出的问题。在“静思园”落成前后多家媒体做了报道介绍，人民日报上的标题是：“苏州重现私家园林”。媒体几乎都肯定民营企业家能把资金投入建造弘扬中国传统文化的江南园林是难能可贵的。

陈先生的造园动作，结束了一个世纪以来苏州地区只有拆旧园林，没有造新园林的历史。对新的“静思园”，人们从传统文化、园林布局、单体设计、施工技术、造园材料等等，以不同的视角，发出不同的评论是很正常的。园林是艺术，建筑是艺术，园林建筑更是艺术，艺术和审美观，仁者见仁，智者见智是难免的。

写到这里得回到“静思园”，说一点我这个既非园林专家，又不是建筑里手的游客的印象。

印象之一：桥。跨进“静思园”一座体量很大的三孔拱桥突显在面前，桥面上有廊有亭，这样的桥在我的记忆里似乎在江南园林没有见到过。江南园林作为私家园林多的是“小桥”流水，即使在开阔的池塘湖面上看到的也大都是又低又瘦，又没有坡度的“九曲桥”，极少体量高大的多孔拱桥。“静思园”的这座“鹤亭桥”却成为园的中心视点，打破了江南园林以“藏”为主的布局。传统的江南园林进门有影壁，不让你一览无遗；园内空间又被廊、壁、山、水、树，反复压缩隔断，或藏头露尾，或神龙见首不见尾。你在园内任何一点都看不到全貌，峰回路转，曲径通幽的视觉效果在“静思园”是淡化了。为什么？传谋对“静思园”的介绍几乎都在突出“又见私家园林”，其实陈先生的出发点恰恰相反，他把“静思园”定位在向公众开放的“公众园林”。明清年代造的全是私家园林，是供达官士绅，官商豪门，退休高官独家居住享用，园林布局以“藏”为主也在情理之中。陈先生造的“静思园”尽管人们给他戴上“私家花园”的帽子，却对不上号，或许这是落成在21世纪初江南园林造园手法上的推陈出新，与时俱进。在“静思园”中感觉不到某些园林的阴森森冷冰冰的孤独沉闷幽思的气氛。同去的朋友说，“静思园”有一股蓬勃的朝气和进取的动感。江南园林是中国文化遗产，已有的要保存好，而新的理应创新，如果照抄“退思园”，社会效果可能就是“一般”，甚至“失败”。“静思园”能做到这点是不容易的。陈先生曾想与“退思园”相对应定名为“进思园”,后又觉得太张扬,乃改为“静思园”,其实这一字改动,“进”藏于“静”,更使人感到新园的与时俱进。但是话得说回来“静思园”是不是全都“露了”?“静思园”有一餐厅,这个餐厅不算小,有几十个席位的规模,就“藏”了起来,不象有的公园内的餐厅灯笼高挂,菜单花俏,诱人入室,园林文化变成了美食文化。

江苏吴江新造江南园林“静思园”内的桥

印象之二:廊。“静思园”造了三百多米长的九曲回廊,大体是沿园内围墙布局的连廊。“静思园”的廊比传统江南园林的廊要宽,有人说走了样。陈先生说园向游客开放,不是面向几个人的,游客多,廊窄了,遇上雨天,满足不了需要。“静思园”的廊壁还布置历代科学家事迹的碑刻等等。廊在中国园林建筑中占有重要的地位,北京宫廷园林的廊,展现的是皇家大气的庄重,江南园林的廊则是透露民间灵气和活泼。江南园林的廊可以任何形式的转折,可以依山,可以傍水,可以引导你前进,也可以阻断你的视野,把空间极度压缩,透过廊上的镂空又会看到另一片景色,但却可视不可及。廊可以把整个园林包藏起来,又能把园分割成几个景区。廊的美在于多样化,在于奇变。“静思园”的廊从量上讲很长,但多变的功能似乎还没有用足,可进一步推敲。

印象之三:石。“静思园”的“石”,或许可以称得上超越前人,“笑傲”

江南园林。“静思园”收集了千余块奇石，遍布园内各景点，又把一部分集中在悟石山房。有二块奇石定为镇园之宝。一块高 9.1 米，重 136 吨，遍体镂空，大小洞穴 1 600 余孔，其中 188 孔相通，打破了上海大世界吉尼斯记录，成为“天下灵壁石之最”，另一块灵巧的“凤凰石”，陈先生将她深藏在某厅堂。为了收集奇石，从 1988 年起陈金根自己五下安徽灵壁县，深入北宋时代开采“花石纲”的老坑区，象考古发掘那样化了二年多时间，在地下三米处，发现了 1 600 孔的巨石。为了从山区运到“静思园”，又在灵壁修了 3 座桥、5 公里道路。灵壁位于安徽境内，据陈金根介绍，灵壁石具有 76 种颜色，是中国著名的奇石产区之一，产量稀少。陈先生下了苦工，付了代价，历时十年才得已千石归园。

印象之四：21 世纪造的江南新园林不会像，也不可能像 200 多年前封建社会小农经济时造的“私家花园”。“静思园”的文化价值在于从构思、设计、选材、管理都是有意无意在社会主义市场经济的轨道上运作。陈先生的介绍虽然没有政治术语，但陈先生能成为民营企业家，拿得出资金造园林，本身就是改革开放的产物，是他办的玻璃钢企业赢利的产品。“静思园”的定位不是“私家住”，而是“大众玩”。这样的园林不仅弘扬了吴江市的文化传统，而且也为吴江市的发展注入活力。“静思园”的建筑有一些名贵的材料如楠木大梁，砖雕木刻等，从苏州地区和上海市拆旧房“故居”处收购来的，化了十年时间。陈先生用商业的方法，无孔不入把可能废弃丢失但有价值的东西保存了下来，让大家得以欣赏，有心人做有心事。

初访“静思园”后，因为陪几位离休老同志，于是又一次访园观石。相隔虽然只有一个月，却已有二点归之于市场运作的新印象：“静思园”门票已从开幕第二天的 10 元一张，调整至 30 元一张，园内已出现导游举着三角小旗的旅游团在穿廊入室，兴致勃勃观赏奇石。

告别“静思园”时，一位饱经沧桑、见多识广的老同志对我说，“静思园”是正宗的江南园林，但有新意，不虚此行。祝“静思园”继续开拓打磨，成为江南新园林的精品。

交大女子元老篮球队出访北美记实*

体育运动能振奋精神，增进友谊，凝聚民族，对青年如此，对中老年同样如此。2007 年深秋，气候宜人的美国洛杉基举办了全球华人篮球邀请赛，来自美、加、中国大陆、港澳台、新马泰、印尼、菲律宾等地 150 支中老年篮球队，2000 多人参加了比赛盛会。比赛场地在安那罕市美国体育中心，这是个室内体育馆，拥有 16 个标准篮球场，32 支篮球队可同时比赛，规模之大，不愧为 NBA 之国。

23 年前发起全球华人篮球赛的龚树森，55 年前是上海的篮球裁判，之后一直在台湾、美国从事体育工作。龚先生说："我的树根在大陆，树干在台湾，枝叶在美国。我已逾八望九，万念淡空，唯独割舍不下全球篮球赛。强健身体，以球会友，微显出炎黄子孙血浓于水的珍贵情谊，凝聚成一股民族团结的力量。篮球是媒介，体育是桥梁，生生世世，球缘情缘，流传万世"。开幕式

* 本文写作于 2007 年 12 月。

上，龚老先生坐了轮椅，上台发表贺词，使人感动。今年全球华人篮球赛的实际组织者是高启正会长。高先生是一位头发花白，但仍身穿球衣出现在赛场上的篮球运动员，为了组织此次比赛，奔波全球各地。比赛期间从接待来自全球篮球队报到，安排食宿到组织比赛，一切是那样井然有序。高先生说："我的宗旨是籍着篮球融合我们民族感情，求胜不是最重要的，以球会友才是目的"。

访北美女篮球队在洛杉矶赛场上合影

篮球是上海交大的传统体育项目，一直为师生喜爱。45 年前上海交大男女篮球队曾作为上海二队参加全国甲级篮球队联赛。当年的队员毕业后，散居海内外，如今都已退休，但相互间来往不断，情谊长在。当收到比赛组委会邀请，海内外老队员纷纷表示愿自费组队参赛。队员们说，祖国即将举办奥运会，我们要表达中国人人参与体育的奥运精神。于是组成了上海交大女子元老篮球队，打出的小横幅"访北美，迎奥运"，大家又推举 45 年前我这个老领队再次担任领队，老队员马开桂担任队长。这支由 16 位已退休的老太、老头组成的出国外访篮球队，大概破了交大有关"记录"，上场比赛的队员年龄平均达 65 足岁，又破了交大"记录"。总之，没有比赛，记录已"破"。赛场上队员们已没有当年的虎虎生气，但一个动作，一次投篮还是透露出对篮球的痴迷之心，对交大的感情之恋，处处显现出还是从前那样。半个世纪前，中国体育比赛曾风行“友谊第一，比赛第二”，后由于参加国际性比赛日益深入和扩展，对这一提法的认识出现歧见，乃逐渐淡出。这次华人友谊赛，让“友谊第一”得以回归，并成了主旋律。当交大队和一支球队场上相遇，对方领队说由于某种原因，希望交大队借一位队员给他们，交大队当即同意，这场球赛在二位美国黑人裁判主持下“友谊第一”顺利结束。赛后双方队员和裁判又一起合影欢笑留念。

2008 年，全球华人篮球友谊赛将移师上海，在闭幕式上，上海市代表接过会旗。上海体育总会副主席王肇基说，“相信 2008 年的篮球邀请赛绝不会让大家失望”。

结束洛杉矶的访问，应加拿大交大校友会会长刘弘涛教授邀请访问加拿大。交大元老队和加拿大交大校友篮球队相聚在多伦多。随后又去蒙特利尔参观了 1976 年奥运会的主会场。加拿大为移民国家，访问期间正值加拿大官方公布人口普查结果，3 100 多万总人口的加拿大，说华语的 101 万。多伦多和温哥华是华人聚居城市。除了遇见不少老的华侨华人，也认识了很多新的华侨华人，估计明年将有好几支加拿大华人篮球队来上海参赛。元老队队员们说，真是感到了“篮球传友情，华人思乡心”。

去太原看卫星发射*

已记不清从电视上多少次看火箭发射卫星，但实地看，活到八十，仅此一次。我深信“实地看”与“电视看”不是一样感受。

北京传来消息，2010 年 8 月 10 日凌晨，要在山西用长征火箭发射中国制造的卫星，有此机会，半个月前虽有点小病，还是要“聊发少年狂”，赶往山西去看发射。

8 日晚匆匆踏上去北京的动车，车遇暴雨，尽管设备先进，还是拗不过老天，晚点二小时。一到北京立即换乘去目的地的汽车，翻过八达岭，驶上京藏高速，擦过张家口，横穿河北省，进入山西北部。一路上汽车沿着长城内侧疾驰，“京藏高速”是北京通往西藏的国道，上了这条“道”，不由人想入非非，好像拉萨就在眼前。这段路路况平稳，跑的车十辆中八辆是运煤的“大块头”，一种车型，紫红色，不难看，22 只车轮，20 只密集排列用来支撑一节装煤几十吨的挂车，厢

* 本文写作于 2010 年 8 月 25 日。

体封闭，一辆接一辆，与我多年前看到的公路上尘土飞扬运煤卡车杂乱情景已换了人间。远眺窗外，平行的大秦铁路上运煤专列在行进，从头看不到尾，二个机车头牵引，中间还有二个机车助推，远处连绵的山岭，气势如虹。国道二侧还不时见到风电设备的大型叶片在高空中悠悠运转。此情此景在我脑海里充满“煤炭”、“能源”、“环保”、“低炭”、“风能”、“运输”……这些热门词汇，思索不断。赶了一天路，当晚到了离发射地还有二小时路程的一个“塞外驿站”休息，可睡 4 个多小时。

10 日凌晨 2 时半，继续出发，驶上了“非高速”，路况就很差了，清晨 5 时终于到了发射基地。公路左侧一根柱子赫然标出“太原卫星发射中心”，这就是举世闻名的中国三个卫星发射中心的一个的大门。“太原卫星发射中心”其实是在山西省西北部的岢岚县内，离太原还有 200 多公里，地广人稀。行家说发射卫星要选在人烟稀少的地方，但也要找一个大城市背靠。守卫基地的解放军出现了，年轻的战士有礼貌很认真检查了证件。接着又行驶了半个多小时，才到了观看地。“发射中心”是个小盆地，四周环绕着不高的山岭，中间的开阔平地为“发射区”。雄伟的发射架抱着“长征四号丙”运载火箭和装在她头部的“遥感卫星十号”已静静地矗立在那里，等待去太空。“观看区”是一片自然山坡，在发射中心的东部，面向西，没有路，没有棚，野草丛生，属原生态。观看区与待发射的火箭相距估计 3 公里左右。火箭顶部比我们站的地方约低 100～200 米，称得上是俯视，特别清晰。“长征”火箭威武雄壮，白色亮丽，有人说看见火箭体上国旗和文字，可惜我视力不够，也没有带望远镜，就看不清了。观看的人，非常兴奋，纷纷拿出相机或 DV，照相录像，没有人干涉，来时“不准照相”的设想和“偷偷照几张”的盘算一扫而空。中国的“开放”步子之大由此可见。

那天岢岚的早晨，天气特别好，6 时不到天色已明亮，清晨的微风，分外和煦，东边山顶太阳在慢慢升起。连绵的丘岭，碧蓝的天空，初升的太阳，在上海是很难看到的。从电视上看发射多了，也都会讲几句“术语”，如发射要选择好的气象条件和时间，称为“发射窗口”。今天如此好的气象环境，外行们都说“窗口”选得好，发射一定顺利。

手机上传来消息，发射定在 6 时 50 分。山坡上的人群目不转睛射向“长征四号”。6 时 45 分，二颗红色信号弹升空，待发射长征四号边上几辆中巴有序驶离。观看区没有高音喇叭，也听不到“倒计时”，突然一响巨响，只见火箭底部喷出强烈火焰，脚底下的山坡也微震了几下。火箭垂直升空，发射区支撑火箭的底部冒出一团浓浓的白色烟雾。我眼乱手忙，想看就顾不上照相，想照相就错过了看。暴露了我观看准备之不周。一刹那火箭已升至高空，很快从头顶上转向东南方向飞去，高空火箭经过处出现一条不长的白色云雾，像绻曲的白龙。在场的行家说这表示二级火箭已分离成功。蓝蓝的天空，一个非常明亮的很小的亮点在快速前进，我拿起相机“卡”、“卡”地照，接着查看，荧屏上只留下蓝天和白龙，找不到“亮点”。她已远走高飞。记录的时间为 6 时 50 分，拍下的第一张火箭点火照片，则为 6 时 49 分，实地看火箭发射只有一分钟。此时空气中有一点异味，但很快就消失。

中国“太原卫星发射中心”于 2010 年 8 月 10 日 6 时 49 分
用“长征四号丙火箭”发射我国“遥感十号卫星”
这是本文作者从观看区摄下的火箭点火升空的那一刹那与观众互动情景

看完发射，航天主人带我们到发射区参观。发射区安静整洁，几分钟前突然咆哮发威的火箭已远去，巨大的蒸气团也已散尽。发射架相当上海国际饭店高，也是24层，钢结构，每层工作面，对着火箭，中间伸出几个拥抱火箭的大臂。安装火箭底座的地面下有一个直径与火箭直径差不多的洞，多深多大不清楚，据说贮水几十吨。点火时火箭喷出的火焰温度极高，水用以降温，那团白色“烟雾”，就是几十吨水一刹那化成的蒸气。发射现场也有不多的工作人员在检视场地，他们的神情是自信从容。几位解放军战士则严肃警惕地在站岗警卫。参观发射区也可以照相，发射架上八个垂直大字“太原卫星发射中心”成为观看者要留影的又一标志。

返回路上，经过了为建设太原卫星发射中心而牺牲的战士和军官的陵园。据主人介绍，半个世纪共有100多位，他们为中国的强盛和航天事业长眠在此。

从苛岚回北京，已不需要赶路。途经应县参观了正在申遗的“木塔”，木塔也有火箭那么高，但全部木制，这是中国古老的建筑文化，与现代火箭卫星相映成趣。好多老外也在参观木塔。进入北京，已是万家灯火。司机说，来回走了1 400公里。

第二天上午，去机场路上又遇上了雨，早晨从宾馆电视新闻预报得悉今天太原也是下雨。太原卫星发射中心“科学”选择10日晨6时50分“晴空微风”为“发射窗口”，在我的记忆里将刻上一个字：“准”。

11日回到上海，看到发射当天10日下午上海出版的《新民晚报》，已刊登了新华社的即时消息：“今天6时49分，我国在太原卫星发射中心用‘长征四号丙’运载火箭成功地将‘遥感卫星十号’送入预定轨道”。卫星和火箭“是由中国航天科技集团公司所属上海航天技术研究院为主研制的。卫星主要用于科学试验、国土资源普查、农作物估产和防灾减灾等领域，将对我国国民经济发展发挥积极作用”。11日的《环球时报》则以《美媒猜测中国新卫星有军事用途》为标题，报导了美国宇航局“空间飞行”网站就我国发射遥感卫星十号发的消息和评论，美国人在回顾了中国发射的前几颗遥感卫星后说:“该遥感系列卫星存在军事用途”。《环球时报》的报导还引用台湾《亚太防务》的评论:“大陆遥感卫星可用于反航母作战”。8 月 24 日《参考消息》又报导了此次发射引发“美国智库猜测”称:“该(遥感卫星)系统被认为解放军努力在未来战争获得情报优势的关键组成部分。”并给它戴上中国“间谍卫星”帽子。

看了中外媒体这些报导和一路所见,更使我感到中国的崛起和国防现代化谁也阻挡不了。改革开放的中国、自主创新的中国实在可爱。中国的航天人、中国的解放军实在可敬。不虚此行。

回忆黎明前光华大学地下党的斗争*

1948 年 7 月初，上级党领导陈源同志找我谈话："你在储能中学已不安全，组织上决定要你报考光华大学，那里需要党员。"一个月前，6 月 5 日同班同学陶大铮参加"反美扶日"大游行时被捕，胡国安被"特刑庭"传讯。当时我在储能读高二，同学们选我当班长和校反迫害会主席，参加学生运动。一年前我在上海法学院附中读高一，因参加"五・二〇"运动，暑假开始和 13 位同学一起被校方"勒令退学"。这次是"主动离校"。于是改名范祖德（储能时名范祖雍），跳了一级考入了光华大学法律系。储能的老师和同学都不知道我去了哪里，这是地下党的纪律。

一、光华大学是所什么样的大学？

光华大学是反对帝国主义、维护中国国旗尊严而创建的私立大学。

1925 年的中国，山雨欲来，北伐即将开始，

---

* 本文于 2013 年 6 月 3 日应中共上海市教委党委征文而作。

后人称为“大革命时期”。1925 年 5 月 15 日，上海日资企业内外棉七厂工人顾正红率领工人要求复工和发工资，被日本厂长击毙，激起了上海工人、农民、学生以及各界人士极大愤怒，纷纷走上街头抗议。中共中央领导了这次斗争。5 月 30 日，上海各大、中学生 3 000 余人，其中交大 400 人在市中心游行抗议反对帝国主义。英国巡捕在南京路上突然向游行队伍开枪，打死 13 人，其中之一为交大附中学生陈虞饮。“五卅”惨案激起全中国人民反帝斗争的高潮，上海全市罢工、罢课、罢市。曾在圣约翰大学读过书的交大学生聂光墀当晚奔赴圣约翰大学，向该大学同学通报惨案经过，被美籍校长赶出校门。

圣约翰大学是一所美国教会办在中国上海、注册却在美国华盛顿州的教会大学，名声很大，规模也不小，一千余名在校学生，校长为美国人卜舫济。6 月 3 日，圣约翰大学学生集合在图书馆前，升起五色中国国旗，并降半旗致哀。卜舫济立即出面干涉，扯下中国国旗，勒令学生离校。针对帝国主义侮辱中国国旗的蛮横压制，张祖培等 553 位圣约翰大学及附中学生 6 月 4 日在上海《申报》上发表声明：“永远脱离”圣约翰大学，“誓不再来”。第二天圣约翰大学孟宪承等 17 位教师也在《申报》上声明：“辞职离校”，以示抗议。

圣约翰大学爱国师生的反帝斗争，震动全中国和全上海。爱国人士王省三、张寿镛、朱经农、孟宪承等当即发起“创办中国人自己的学校”。王省三宣布捐出大西路上土地 60 亩（现为延安西路上东华大学的校园），并向社会各界筹集资金建校“以容纳离校诸君”。朱经农（后为民国政府教育部次长，光华大学校长）提出新办大学取名“光华大学”，来自古诗“日月光华，旦复旦兮”。参加筹备的各方人士推张寿镛（曾任民国政府财政部次长）为校长。筹建期间先在市内多处借房办学。9 月 7 日举行光华大学开学典礼时大学及附中学生达 970 人。1926 年，大西路上校舍建成，即迁入。

1937 年 7 月，日本发动侵华战争，8 月战火烧至上海，光华师生为避乱，又在市内借房办学。“光华”成为日本军国主义的眼中钉，11 月 12

日、13日日军炮火将大西路上光华大学教室，礼堂，图书馆，科学馆，师生宿舍等校舍全部炸成废墟。1941年日本发动太平洋战争，同时占领上海租界。“光华”为避日军打击，文学院改称“诚正学社”，理、商学院改称“格致学社”，附中称“壬午补习班”，教学如旧。大学部学生520人，附中学生715人，规模之大，上海之冠。

抗战开始，1938年中国共产党先在光华附中建立支部，支书张本（女，解放战争时任地下党上海市学委书记）。同年，地下党员邵洛羊虽然艺专已经毕业，奉地下党命，考入光华大学。1939年建立光华大学党支部，邵任支书。邵洛羊为著名画家，解放后任上海画院负责人。从此，党在光华大学和附中的组织和党员，虽然经历一次又一次的镇压、被捕、开除以及主动转移，但始终压不垮，打不断，直到上海解放。

光华大学和附中从1925年诞生到1949年上海解放，先后在校读书的学生约12 000人。教育家孟承宪（解放后任华东教育部长，首任华东师范大学校长），廖世承（南洋公学学生，光华校长，首任上海师范大学校长），钱钟书（文学家），周有光（文字学家），朱公谨（数学家，曾任光华副校长），吕思勉（史学家），王志稼（生物学家），张志让（法学家，新中国首任最高法院副院长）等学者曾在光华大学任教任职。曾任中共中央政治局常委姚依林、乔石、尉建行，南京军区政委谢云晖，中国致公党主席黄鼎仁和董寅初，解放战争时间地下党上海市委书记张承宗等以及文化名人艾思奇、邓拓、周而复，储安平，田间，周有光，夏鼐等，还有台湾的沈昌焕等都曾在光华读过书。

1945年日本投降，在华日本人遣返，光华校舍已被日军炸光，市政府乃将日本人在虹口欧阳路上已关闭的一所敌产日本学校校舍给了光华大学及附中。校舍不够，热心教育人士又赠建女生宿舍、图书馆、大礼堂、游泳池等。1946年乃迁入。战时在成都创办的光华大学分校，也有一部分学生来到上海光华读书。

1945年校长张寿镛病逝。1946年朱经农任校长，1948年11月朱作为中国出席联合国教卫组织首席代表出国，由廖世承代理校长，解放后廖任光华大学校长。

1951 年，人民政府决定高等院校进行“院系调整”。以私立光华大学和大夏大学为基础，调整组建华东师范大学。孟宪承任首任校长。廖世承任新成立的上海第一师范学院院长，后一师与二师合并为上海师范大学，廖为校长。

二、爱国学生运动前赴后继 1948 年秋组建光华大学地下党支部

1946 年国民党发动内战。

1947 年 5 月，从南京开始，到上海，到全国爆发了反对国民党政府的学生运动。5 月 18 日，蒋介石发表讲话称：“共产党在北方加紧其武装之叛乱，……共产党潜伏各大学内之捣乱分子，……多方煽动，扩大学潮。”同日发布“国民政府令”声称：“学生请愿以十人为限”，“如罢课示威，……予以解散。”5 月 20 日，南京、上海、苏州、杭州等 16 所专科以上学校学生代表齐聚南京，举行大游行，向国民党政府请愿，提出增加教育经费等五项要求。当队伍到达珠江路口，遭到军警毒打、猛冲，被殴伤、流血学生 104 人，重伤 19 人，被捕 28 人。国民党的血腥镇压，引发全国人民的更大的反迫害斗争。史称“五・二〇”运动。

十天后，1947 年 5 月 30 日毛泽东为新华社写了评论称：“中国境内已有了两条战线。蒋介石进犯军和人民解放军的战争，这是第一条战线。现在又出现了第二条战线，这就是伟大的正义的学生运动和蒋介石反动政府之间的尖锐斗争。”

五・二〇南京镇压消息传到上海后，光华学生在党的领导下，宣布罢课等一系列斗争。国民党则加紧镇压。5 月 30 日诸衡（党员）、王大生（党员）和魏良在家里被捕。还有党员潘秋香被捕。党员金慧玉在路上被捕，金被关押在镇江。诸、王、魏则先关在蓬莱分局后送至曹家祠堂（现漕溪公园）“训导”。这是一所“集中营”，关了上海几所学校 57 位学生。市长吴国桢、警备司令宣铁吾、共产党叛徒张国焘等都到“班”“训

导”,但一无所获。关押了这批已向社会公开的学生,最后只好逐步释放。光华小特务还开出黑名单,训导处宣布开除10位学生。地下党则主动撤离一批党员和积极分子。

尽管国民党加紧镇压,但“第二条战线”斗争,仍是一波接一波。如1947年下半年“反饥饿,反内战,反迫害”斗争,1948年上半年的“反美扶日”运动等都沉重打击了国民党反动统治。1948年8月26日深夜,在便衣特务带领下国民党军警又在全市大专学校进行大搜捕。光华大学宋剑平、李家栋、王静瑜、朱伯龙、高伯纯、汤岭梅、张培恒、徐主平等八人被捕,前三位为中共党员。关押在蓬莱分局“特刑庭监狱”。关在一起各校共90多位同学。李家栋一直关到1949年元旦蒋介石宣称“下台”,才在除夕夜释放。而汤岭梅因在狱中受折磨,释放时已患精神分裂症,于1953年故世。

1948年7月学期结束时,根据“黑名单”学校又开除一批学生。地下党则又主动撤离一部分党员和积极分子。

1948年秋季开学时,光华只剩高淑珍,孔繁舜二位地下党员。学校内除一些小型“团契”外,系和校的学生自治组织一个也没有,表面上校内一片静寂。腰佩手枪的特务学生张丹秋,诸忠等则张牙舞爪,气焰嚣张。

地下党上海市学委从各中学动员12位党员考入光华大学,加上原在的,共14位组成新的地下党光华支部。支部书记陈咸鸿,支委高淑珍、朱宗正、陈一飞、范祖德。1949年初扩建成总支时,增加戚允章为总支委员。支部按文、理、商学院分成三个党小组后为三个分支部。上级联系人为杨佩景,她曾经是光华学生,支部书记,对学校情况非常了解。

新的支部把重点放在开展交朋友活动,团结基本群众,壮大党的力量。光华国民党势力也不是铁板一块,有少数几个是军统特务,凶恶敌人,如张丹秋。也有一些“不露声色”戴上黑眼镜,盯哨,开黑名单,领了军警抓人的小特务,还有一些和张丹秋等混在一起,鼓噪起哄的国民党三青团分子。也有一些人,已看清国民党的腐败和反动,因而实际上已不参加国民党三青团的活动。光华有不少抗战时参军，战后复员回校念书的青年军，他们中相当一部分人在几次群体性争论时不跟张丹秋走，甚至支持我们的主张。总之，对国民党势力要深入分析了解，区别对待。

经过约三个月的工作，光华支部已经站住了脚，约1300在校大学生的光华，党员和可靠的积极分子队伍已达六七十人，加上接近我们的中间同学，影响面150～200人，我们已经有力量和校内国民党反动势力展开合法斗争，以争取更多同学站在进步力量一边，孤立敌人，迎接中国革命的胜利。

三、争取群众组织领导权的激烈斗争

解放战争时期“第二条战线”的胜利，中央和地下党市委正确领导是第一因素，而上海地下党基层党员团结群众，组织和领导各种合法的和不合法的组织，这是地下党的力量所在。

1948年末1949年初，光华支部决定先夺取同学们关心的被国民党势力控制的“青年食堂”领导权。“青年食堂”是光华唯一的学生食堂，300～400人用餐，由用膳学生推选出的“委员会”管理。当时被国民党分子控制，他们从中渔利，伙食很差，八人一桌，早餐时稀饭、一只馒头、一点酱菜，中餐一大盆青菜、萝卜，几根肉丝，难得吃上一块肉，晚餐全素。年底又到了推荐管委会，支部就推出戚允章、寿祖庚二位党员去竞选，选上了。这出乎反动分子的意料，展示了我们的力量。

此时，辽沈、平津、淮海三大战役基本结束，解放军即将渡江南下。1949年元旦，蒋介石宣称“下台”，由李宗仁代理，提出要“和谈”，国民党统治区表面上也得做些“民主”、“和平”的姿态。支部在上级党领导下，决定发动各系成立学生群众组织系会或学会。经过激烈的较量，光华17个系中大约一半以上由我们或靠近我们的中间同学控制。系里选举过程十分激烈，军统特务诸忠当众拔出手枪用枪炳打击我地下党一位同志的头。这种暴力行为告到校长室，廖校长对此也无能为力，不了了之。

当各系都已成立系会或学会后，支部决定发动各系学生组织推出代表选举产生“校系科联合会”。刘德懋，朱恩全，俞慧钧，寿祖庚等几位党员出头露面参加竞选；军统特务张丹秋等也提出候选人。选举那天大礼堂气氛极其紧张，最后我们提出的候选人当选了，国民党势力方面也有几人当选，主席是我方的。系联会成立后，每次开大会小会总是斗争不断。4月23日在大礼堂讨论成立“应变会”的大会时，我方主张由系联会负责即可，反动学生则坚持要另选主席，他们甚至找来军统便衣特务守候在校门外想抓捕系联会主席，我们这位同志在地下党员高淑珍、韩能雪和校女同学会的护送下先转移到女生宿舍，化妆后混出校门到不远处吕思勉教授家躲避，没有被逮捕、绑架。

系和校的学生群众组织成立后，支部提出要开展各种活动。首先是课余文化艺术活动，支委陈一飞和曾被捕过的非党积极分子朱伯龙多才多艺，他们组织歌咏队、舞蹈队吸引不少同学参加。在教学楼四楼门厅排练节目，唱《山那边啊好地方》，《团结就是力量》，跳解放区的“秧歌舞”。国民党特务见此咬牙切齿，记上黑名单。不久“四·二六”大逮捕中被捕的一位女同学平时并无政治性言论，爱跳秧歌舞，人也漂亮。她的被捕，可能就是因为“跳解放区秧歌舞”。

临近上海解放，国民党政府曾企图策动一些学校“南迁”应变，这在光华教授队伍中除了个别人外，没有人响应。地下党支部要保护好学校，迎接解放，与校方是一致的。支委朱宗正的老舅张芝联，他是老校长张寿镛儿子，当时担任校长室秘书。张芝联解放后在北大任教，是研究西方史学的知名教授，曾任全国政协委员。朱通过张经常和廖校长沟通，而廖则是中国知名教育家，为人开明，追求民主，不满国民党统治，1948年初夏，廖对听他课的教育系学生张恂如说，“你快点走，黑名单上有你名，我划掉了”。张于是离家赴青岛“避风头”半年。1949年初蒋介石“下台”，张又回来复学，廖见了说：“你怎么又回来了？”

四、逃跑前的“镇压”，发现一包“中统”特务材料

1949年4月1日，南京政府派出“和平谈判代表团”到达北京和中

共代表团谈判，拟定了《国内和平协定》，15 日中共代表团将最后修正案提交南京政府代表团，20 日被南京政府拒绝。当晚人民解放军发起渡江战役，23 日南京解放，解放军兵临上海。

蒋介石元旦自称“下台”，实际上还是操控国民党党政军大权。4 月 1 日，南京大专学生 6 000 余人游行示威，要求国民党政府接受中共“八项和平谈判条件”，南京卫戍司令指使军警特务凶兆殴示威学生，死二人，伤一百余人。消息传到上海，地下党领导认为上海的国民党军警特务同样会进行覆灭前的镇压。光华总支也把工作重点落实在党员、积极分子以及可能被捕的同学的安全转移上，规定：一有危急情况出现，已出头露面暴露在特务分子张丹秋之流眼前的党员和积极分子一律不能留在学校和家里，也不要到校活动。

因此，当南京政府拒绝和平协定，解放军渡江，不出所料，上海国民党反动派于 4 月 26 日对全市大专学校又进行大逮捕。当晚 10 时许，大批军警包围光华校园，由特务学生带领，逐个寝室搜捕，抓走 14 人，朱伯龙、汪国炽、乔平、徐媛、傅斐影、王干、陈绍泰、林曾纯、杨青、严田贵、屠立望、彭舜、杨文惠、王泰经。内没有中共党员，被捕同学平时对国民党不满，被特务认为是“危险分子”。27 日，上海各报刊载“中央社”消息：“警备司令部对各校共产嫌疑分子，平时从事于鼓励或领导非法组织，唱反动歌，跳秧歌舞，贴反动标语壁报，呼反动口号等，……已于 26 日……集中管理”，“计 325 人”，并公布了各校被抓名单。被捕学生全部被关在建国西路达人中学内。廖校长和张芝联教授等展开营救，在社会压力和解放军已兵临城下，大部分乃交保释放，剩下一部分移送到虹口中州路上海商学院关押。26 日早晨，看守的国民党士兵穿了便衣逃走了，门锁也已打开，被捕同学于是走出虎口。光华 14 位同学先后获得了自由。大逮捕后第二天，4 月 27 日，国民党淞沪警备司令部下令解散交大、光华等上海 15 所国立和私立大专学校。住在光华校内宿舍的学生，不管上海有无住处，全部被赶出校园，校园随即被淮海战役中国民党败兵装甲兵占领，学校操场上停满铁甲车。

从三月底开始，我根据总支意见，已不住在校内宿舍和家里，常“这里住，那里住”。大约是 4 月底，我住在光华党员厉维雄介绍的、武进路新陆师范一位中年女教师提供的其美路（现称四平路）上一套旧日本式里弄空房，二层不大。无意中在一只盛放书的木箱中，我发现一包中统特务材料。至今记忆很深的是，内有一份中统分子在杨浦区的花名册，一封中统局长叶秀峰写的毛笔信原件。因为看到这二件，我认定这包是中统特务材料，当即报告总支书陈咸鸿。陈立即报告上级领导杨佩景，杨当即报告上级领导人乔石。我们请示如何处理？拿走？抄送一份，不动声色离开？……这时朱宗正、陈一飞二位也来了，大家一起猛抄。不久，陈咸鸿来传达上级指示，“全部带走，人也撤离”。此事，对光华支部而言是做了应该做的事。解放后，这位女教师所在单位曾来我处调查，我如实写旁证材料。这位女教师借的住处为什么有这包材料？材料涉及的中统特务后来如何处理？来人没有说，我也无权追问。“文革”开始，审查我的专案组“追查”此事，想揪出一点什么“名堂”，我如实告之。过一阵，专案组“红卫兵小将”对我说，“这件事，算你便宜！”

五、发展党员，成立“解放社”，组织“人民保安队”，迎接上海解放

中国革命形势的快速发展，上海即将解放。上级党组织认为“大量吸收新党员，既是形势的需要，也具备了客观条件”。光华总支根据上级要求，从 1949 年初开始到上海解放，共发展了 30 位积极分子入党，党员达到 43 人。这段时间也有个别党员调离光华。当年发展党员非常慎重，总支、支部、小组反反复复进行分析讨论，最后经上级党组织批准，并且有一年预备期。地下党时期入党介绍人只有一人，不可能也不适宜有二人。4 月上级通知暂停发展党员，上海解放时全市学校系统地下党员约 3 000 人，大约到 1949 年底又开始发展党员。

1949 年初，上级党通知要组织秘密的党的外围组织，光华总支提出取名“解放社”，得到上级批准。20 世纪 80 年代，光华“解放社”和上海

地下党其他基层组织的外围组织经市委组织部和中央组织部审定并通报确认。光华“解放社”一共发展约50人，其中一部分同志有的解放前，有的解放后就加入了党。“解放社”没有独立的组织系统，由党的各分支部负责。

3月底4月初，光华总支又接到上级指示，成立“人民保安队”和“人民宣传员”，配合解放军进城时维持社会秩序和宣传党的政策。到5月27日上海解放时，光华组成170人的人民保安队，分成17个小组，接受沪北区指挥部指挥，在北四川路底一带维持社会治安。人民保安队队员都有一张全市统一的布质臂章。由于人民解放军威武有力，上海人民的拥护解放，光华附近地区和上海其他地区一样，没有出现无政府状态，也没有发生流氓地痞、败兵游勇，潜伏特务的抢劫捣乱，因此光华人民保安队队员很快就完成任务，回到学校复学。

临近解放，光华大学内反动组织瓦解，带枪的特务逃离上海。张丹秋去了台湾，1955年作为“派遣特务”改名张锦堂潜回天津，进行破坏活动，被我公安破获。人民法院判处死刑，当年枪决。1955年“人民日报”曾作为典型镇反案例详细报道。另一个曾任国民党光华区分部书记的反动分子(已毕业)在安徽被捕，他们二人分别交代了光华反动组织的名称，结构，人员名单。因光华已撤消，外调人员找到我这里，我抄录并留存外单位外调人员调查得到的光华国民党、特务头子的交代材料，以供别的外调人员参考。“文革”时抄我家，这些材料统统抄走，“文革”后没有归回，不知去向。解放前光华地下党对国民党反动分子的判断是“听其言，观其行”，并没有看到反动组织的花名册、党证之类文字根据，光华地下党也没有派同志打进他们内部。

1949年6月初，全体光华大学地下党员在支委朱宗正江苏路上的家首次相聚，大家分外高兴，原来只知道党内姓名的，这天见了真面目。相聚后总支43位党员的大多数，根据革命需要和个人意愿，奔赴四面八方，天涯海角。总支书记陈咸鸿调到团市委，委员朱宗正去了解放军，高淑珍和陈一飞先调到北四川路区委，高后调解放军总参，陈则去新华总社，戚允章调市委组织部，我调北站区委，后到交大。有的同志随西南服务团奔赴大西南，有的随南下服务团去了福建……也有继续读书。

1949 年是革命激情燃烧的年代，革命的需要，党的决定，党员也好，积极分子也好，拥护共产党的同学也好，一声令下，拿起背包就走，既不要报告学校，也没有户口问题，也不想有没有“文凭”，毕业不毕业。据不完全统计，1 300 人的光华大学参加西南服务团随“二野”进军大西南的 65 人，参加南下服务团 45 人，参加华东革大 150 人，这三项已达在校学生 20%。还有参加华东军大，青干班，市政班……以及市委、区委、政府部门的抽调。

光华的师生在党的领导下，为中国革命的胜利作过一点事，从全国范围看很小很小的一点，但对六十多年前的参与者说乃是永恒的记忆，永远的“自傲”。

光华大学地下党一部分同志半个世纪后在上海合影

忆廖世承校长*

1948 年夏，地下党领导通知我，在储能中学已“暴露”，需撤离，要我报考上海光华大学，姓名从储能读书时的“范祖雍”改为“范祖德”。我按组织决定考取了光华大学法律系。光华校址在虹口欧阳路，在校学生近 2 000 人，大部分是走读生，校长朱经农，他又是国民党南京政府教育部次长，因“出国考察”，由廖世承代理校长，廖是知名的教育家。

考进光华后不久，组织上决定我参加光华地下党支部工作，担任支委。经过“五・二〇”运动和“反美扶日”，光华进步力量受到很大打击，很多党员和进步学生被迫离校。1948 年夏，只剩下二位地下党员，校内学生社团都已解体，学生们除了上课，没有任何社会活动，而国民党反动势力却很嚣张，特务学生诸忠公然佩带手枪上课，一次还拨出手枪用枪炳敲击一位进步同学的头，为此争吵到校长室。1948 年秋，和我一样考

* 2002 年上海师范大学召开纪念廖校长诞辰 90 周年座谈会上，本文为发言稿。

入光华的还有12位党员。在支部领导下，我们14位党员经过艰苦的工作，团结和发动同学，各系开始纷纷成立学生组织。我作为法律系学生代表与校方打交道，就这样我这个17岁的小青年多次得与廖校长接触。解放后，有一段时间我在负责光华地下党组织工作（当时党还没有公开），和廖校长仍有接触。

廖世承（1892—1972）曾就读南洋公学。留美研读教育。教育家。曾任兰州师范学院院长，上海光华大学校长，华东师范大学副校长，上海师范学院院长

廖世承校长在光华地下党同志眼里不是搞政治的人，是一位学有专长、德高望重的教育家，地下党领导交待不能把他看成国民党，也不能要求他象共产党，要尊重他，团结他，争取他。1948年底，我们发动群众自下而上，从班级、年级到系，到校，要求开会成立全校性学生组织时，国民党、三青团先是反对，反对不了时和我们争控制权，又是争吵，又是辩论，当训导处设置障碍，不借会场，不准贴通知布告等，为此我们常常就直接找廖校长解决问题。我们也知道廖校长的难处，国民党政府对他的压力一定非常之大，因此不提他办不到的要求。有时他对学生代表的要求，

采取不置可否的态度，我们也就公然做起来，但也不说廖校长如何如何，不使他为难，国民党方面也没有把柄可压廖校长。1949 年初，光华地下党力量已发展到 40 多名党员，成立了党总支，还建立了党的秘密外围组织“解放社”。我们提出，要召开全校学生大会成立光华大学系科联合会，校方同意借大礼堂开会，国民党方面只好和我们在大会上激烈争选票，争领导权。尽管校门外特务、便衣云集，他们争不过我们，选出的委员进步同学占了多数，系科联合会终于成立了。之后，学生代表经常要跑校长室，我的记忆里廖校长从来没有训斥过学生代表，有时婉转要求我们注意安全。对于廖校长“不置可否”的态度，特务学生对他也没有办法，同样廖校长对特务学生也是不起作用，没有办法。例如那位用手枪柄打同学的特务学生，廖校长只能不了了之。

上海解放前夕的岁月，各大学的校长都很难当的。战争逼近，人心浮动，物价飞涨，校长要按时向教职工发薪水，要让学生能把书读下去，不失学，是很不容易的。1949 年初，光华大学校园和校舍的一部分被国民党军队征用了，大操场上停了撤退下来的装甲车，部分学生宿舍成了败兵的兵营，其乱可知。地下党提出要成立“应变会”保护学校，我们找到廖校长，他很赞成，留校学生们在食堂大饭厅召开大会推举委员，应变会成立了，和校方一起，保护了学校财物，迎接解放。

廖校长是教育系教授，他在教育系开的一门课，采用新的测验方法，出了 100 道试题，量很大，要学生在规定时间里交卷。许多学生不适应，有一位女同学答了个最高分，大概给廖校长留下了深刻的印象。这位女同学当时还没有入党，因参加学生运动，1948 年夏，廖校长对她说：“黑名单上有你名字我划掉了”。光华地下党组织也通知她有危险，要她离家休学“避风头”。这位女同学休学去了青岛亲戚家。1949 年初，蒋介石“下台求和”，政治空气有所变化，她又回到光华读书，给廖校长看到了，当面就说：“你怎么又回来了，他们提的黑名单，要抄你的家，我把你的名字划掉了”。半个世纪后，回忆廖校长，这位女同学谈起此事仿佛就在眼前。

廖校长诞生于 1892 年，1972 年故世。他 1902 年就读于南洋公学，1915 年留美研读教育学，1919 年学成归国。抗日战争时担任兰州师范学院院长。解放后仍任光华大学校长，1952 年院系调正，出任华师大副校长，1956 年，上海市成立师范学院，廖校长即长期担任上海师范学院院长，实现了他桃李满天下的理想。

“失去”的三位中学同学*

1947—1948 年的上海，是国民党崩溃前夕的黑暗岁月，更是中国人民和青年看到了曙光已在前头，革命斗争意气风发的年代。我当时在储能中学读书。半个世纪后，每当我回忆起这段经历时，在我脑海中三位不幸失去的同学的形象，他们的音容笑貌总是时隐时现，不能忘怀。

人总是要回忆的，人老了更会回忆起青年时代的生活、学习和斗争。我的这三位同学，一位是高我一班的李近基(李积之)，一位是高二同班的女同学徐淑茵(徐茵)，还有一个是低我一班的黄馨官(任民)。他们有一个共同的特点：对革命坚贞，生活俭朴，对同志对同学无限热情友爱。他们又都是非常的不幸，过早地非正常地离开了我们，离开这个他们非常热爱的祖国，他们为之奋斗一生的新世界。

李积之是在 1957 年被错划为右派，而非正常离开人间的，他当时在黄浦区团委工作。徐淑

* 本文写于 1997 年，收入文汇出版社 1997 年出版的《青春无愧》

茵在“文化大革命”中造反派要把她打成“叛徒”，而被迫害致死。黄馨官则在1970年下放嘉定外岗农场劳动，在运木料途中从卡车顶上摔下而过世。他们都没有能看到十一届三中全会以后，我们的国家欣欣向荣，大多数人民的生活真正得到了改善。人们常说，道路是曲折的，前途是光明的，革命是要付出代价的。我在想，我的三位储能同学就是为了我们的今天，做了曲折道路上的铺路石子。

我认识李积之是在1947年初，当时我在上海法学院附中读高一，李积之是高二。学校在江湾路虹口游泳池对面。我们都是寄宿生，宿舍在北四川路底的麦拿里，要走半小时。我和他同住在一个大房间，我上铺，他下铺。我那时只有16岁，他比我大几岁，但也不会超过20岁。在社会剧烈动荡变化的环境中，人们都成熟得早了。李积之在我眼里是位成熟的老大哥，我们虽然不在一个班上课，但住在一个寝室，平时嘻嘻哈哈，我们叫他”烂桔子”(李积之谐音)，他也称我们绰号取笑。李平时爱好十分广泛，写诗，像个诗人；谈贝多芬，像个音乐家；讲哲学，又像个哲学家。他会对郭沫若的历史观进行评述，也会批评茅盾的某本小说。在我眼里他是个无所不知无所不晓的天才老大哥。他的家住在原法租界望志路(现兴业路)，遇到星期日，我和别的同学相约去他家里听他说古论今，既增进了知识，又学到了如何看社会。

1947年5月爆发了抗暴斗争，上海法学院大学部的一位女同学被捕，我们附中在李的发动下与大学部一起罢课，一起游行到国民党市政府请愿。这一年暑假开始，上法附中校方宣布包括李积之和我在内的14个同学“勒令退学”。我当时还不是党员，我认为校方没有道理，要去说理，李对我说没有必要，换个学校再和国民党斗。因为我们拿的是“勒令退学”，操行是“丁”的成绩报告单，国民党时代的市立中学见了就摇头，考也是白考。李就介绍我考储能中学。储能中学地下党力量很强，校长殷力佩是中共地下党员，王元化、周建人、楼适戈、冯宾符、杨晦等许多文化名人和名师都曾在储能任教。1947年秋天，我进了储能读高二，而李则进了别的学校，过了半年他也转到储能，这时我们又是同学了，但大家不在校住宿。我已入党了，我想李一定是党员，按照地下党纪律相互不能说破，不能搞“横关系”。我们来往反而少了。储能进步力量很强，我感到他的工作好像不在储能，但始终没有问过他。半年后我离开了储能，他也离开了。

1957年后他被划为右派，不幸过世。他身上有不少文学细胞，又有诗人的愤怒，还有政论家的幽默。他敢于指点名人，可以想象有些水平不高的领导不会在他眼里，他“鸣放”一点意见，在所难免。他这些特点在极“左”路线主导的日子里，一定在劫难逃。假如他不当团区委书记，当个职业作家也许能得到宽容，逃过这场灾难，也许还是逃不过。

徐淑茵是位个子矮小，戴着深度近视眼镜的女同学。她和李积之的风格完全不一样，既不会讲什么理论，也没有见她写过什么诗文，但是在我们班级里大家十分尊重她，把她当成“老大姐”，其实她的年龄也没有超过20岁。学生会和班级搞助学运动，她是财务总管，外出游行、集会，要买纸张等宣传用品，就找徐淑茵。她家住在浙江路北京路口，离学校几步路，同学间一有事就找她。同学中经济上有什么困难，她想方设法帮助，勤勤恳恳当我们这群进步同学的“后勤部长”，我从来没有看到她灰心丧气，埋怨别人，总是任劳任怨为大家服务。事实上，在那十分困难的环境中，就是进步同学中也会有一些动摇和退缩；而徐淑茵是那样的坚定，把困难留给自己，方便让给别人。如果说我在李积之身上感受到的是要学革命理论，要探索，对名人也不要盲目相信一切，那么在徐淑茵身上留给我最深刻的印象是在困难面前要坚强。

我和黄馨官不是同班，但在他进储能前我们已认识。当时上海各中学成立一个反迫害联合会，他代表绍兴中学参加，我代表储能中学参加，在会上大家意气风发地发表议论，就这样认识了。黄馨官说话总笑嘻嘻，有点摇头摆脑，带上一点乡音，一副正经样子。在我离开储能后，没能再有机会见面。“文革”结束以后，听说他在下放嘉定外岗农村劳动时，在一次出车运木材的路上，他原坐在驾驶室内，因天冷，他把这个位置让给了一位同事，自己坐到了卡车顶上，在车辆转弯时摔下，不幸过世。

生活就是斗争。我的三位储能同学，他们的生活经历就是人生斗争的折射。他们斗争的理想就是祖国的解放，人民的幸福。为了实现这个理想，徐淑茵解放前被敌人逮捕，“文革”中又被造反派打成“叛徒”致死；李积之在“左”的路线下含冤过世；黄馨官在劳动中为了别人的健康，自己付出了生命。储能中学要编印一本回忆历史的小册子，留给现在的青年同学。我的三位储能同学都已经失去，他们不是烈士，没有留下可歌可泣的事迹，也没有留下豪言壮语，现在储能的教师和同学都不认识他们；就是现在还健在的，——当年的同学、同事——随着岁月流逝或许也会逐渐淡忘。但是这三位普通革命者的经历不是也折射出我们共和国的成长历史吗？不是也写出了储能历史的小小一曲吗？

晚　霞*

清晨从东海升起，傍晚就要下山，挂在天边是淡淡的晚霞，

自在潇洒，却是短暂的。

曲折和收获，应对和拼搏，已是旅途的记忆。

风雨不再来袭，得失无需盘算，留下的遗憾已经化解，

来时赤条条，去亦不带走一丝一毫。

还能期望什么？力所能及，开心度岁余，

平静中将要消失，待到告别时，不留麻烦。

崛起的画卷，已经展现，她比昨天更美丽。

光照大地，温暖人间，这是我的中国。

---

* 本文为参加 2011 年春节联欢会所作。